ANDALUSIEN

Maria Anna Hälker

ANDALUSIEN

Inhalt

LAND & LEUTE

UNTERWEGS IN ANDALUSIEN

Westandalusien

Inhalt

Inhalt

REISEINFOS VON A–Z

ANDALUSIEN-ATLAS

LAND & LEUTE

»Den alten Griechen zufolge befand sich in Andalusien der Garten der Hesperiden, und angefangen bei den arabischen Chronisten bis hin zu den letzten romantischen Reisenden von heute hat sich der Eindruck, in einem Garten Eden gewesen zu sein, nie verflüchtigt.«

A. Muñoz Molina

Land der Sonne, Land des Lichts

Im Frühjahr überzieht ein bunter
Blumenteppich das ganze Land

SPANIEN WIE AUS DEM BILDERBUCH

Andalusien ist ein Stück Bilderbuchspanien: blauer Himmel, blendendes Licht, kraftvolle Farben, der Wohlgeruch von wilden Kräutern, Traumküsten mit Goldstrand und Palmenpromenaden, Hänge mit tausendjährigen knorrigen Olivenbäumen, Berge mit bescheidenem Hirtenleben, in denen man noch die Wurzeln einer uralten bäuerlichen Kultur spürt. Andalusien ist auch das Land der großen Stierzuchtfarmen und Pferdegestüte, der reichen Großgrundbesitzer und Sherrybarone, der frommen Wallfahrten und ausgelassenen Feste. Nicht zuletzt verbindet man mit Andalusien den Flamenco: Im feurigen Tanz mit seinem komplizierten Stakkato-Rhythmus und im heiser-klagenden Gesang des Südens scheint Arabien fortzuleben.

Klischees sind der Stoff, aus dem Urlaubsträume gewebt werden. Zahlreiche historische Reiseberichte verklären den Südzipfel Iberiens zum ›Orient Europas‹. Théophile Gautier, Gustave Doré, Chateaubriand oder Washington Irving entwarfen in ihren Büchern ein Andalusien-Bild, das die Tourismusmanager seit Mitte des 20. Jh. gern aufgriffen und weiter verkitschten: Kastagnetten-Geklapper und feurige Tänze, zigeunerhafte Frauen in Rüschenkleidern und heroische Stierkämpfer, arabische Paläste wie aus tausendundeiner Nacht und kühle Patios, fromme Wallfahrten und rauschende Feste sind die Facetten eines Zerrbilds. Denn zum einen ist Andalusien von der ›Europäisierung‹ und Globalisierung, von der Zersetzung seiner angestammten Kultur nicht verschont geblieben. Was die gängigen Klischees zudem verbergen: Andalusien ist nach wie vor die spanische Autonome Gemeinschaft (Comunidad Autónoma) mit den schroffsten Klassengegensätzen; es ist ein Land, in dem Tagelöhner mit dem Ernten von Oliven und Wein ein karges Dasein fristen, und es ist ein Land mit hoher Arbeitslosigkeit.

In der Realität haben Modernität und Rückständigkeit, das Raffinement urbaner Lebensweisen und abgelegene Bauernhöfe ohne Strom, PS-starke Autos und fortpflanzungsunfähige Maulesel ebenso nebeneinander Bestand wie High-Tech-Anlagen und archaische Riten, Technomusik und Flamenco, Motorradrennen und Stierkämpfe, Drogenkonsumenten und Wunderheiler. In Andalusien gibt es immer noch Analphabeten, die jedoch dichten können, und Pilger, die allenfalls auf dem Papier katholisch sind. Insofern beginnt die eigentlich spannende Entdeckungsreise durch Andalusien erst jenseits aller Klischees.

Die Spuren einer weit zurückreichenden Geschichte und sich übereinander lagernder Kulturen häufen sich im spanischen Süden. In 800 Jahren Herrschaft prägten die Araber – auch Mauren genannt – den Landstrich und führten ihn in eine kulturelle Blütezeit. Majestätische Bauwerke wie die Alhambra von Granada, die Mezquita von Córdoba und die Kalifenpalast-

STECKBRIEF ANDALUSIEN

Lage und Größe: Andalusien liegt im Süden der Iberischen Halbinsel. Mit gut 87 000 km^2 ist es fast so groß wie das benachbarte Portugal. Die Entfernung zu Afrikas beträgt in der Meerenge von Gibraltar nur 14 km.

Die größten Städte: Sevilla (700 000 Einw.; Hauptstadt Andalusiens), Málaga (530 000 Einw.), Córdoba (315 000 Einw.), Granada (250 000 Einw.), Jerez (185 000 Einw.), Cádiz (140 000 Einw.)

Staat und Verwaltung: Andalusien ist eine von 17 spanischen Comunidades Autónomas (Autonome Gemeinschaften), die wie die deutschen Bundesländer ein eigenes Parlament und eine Regierung bilden. Deren Sitz ist Sevilla. Andalusien wird vom sozialdemokratisch orientierten PSOE (Partido Socialista Obrero Español) regiert, der die Wahlen im Frühjahr 2000 gewann. Im gesamtspanischen Parlament dominiert dagegen die konservative Volkspartei PP (Partido Popular) unter Ministerpräsident José María Aznar. Aus den Parlamentswahlen am 12. März 2000 ging der PP mit einem Anteil von 44,52 % der Wählervoten als Sieger hervor, der PSOE, der von 1982 bis 1996 die Regierung gestellt hatte, erreichte 34,16 %, die Vereinigte Linke IU (Izquierda Unida) 5,45 %. Andalusien gliedert sich in acht Provinzen: Almería, Cádiz, Córdoba, Granada, Huelva, Jaén, Málaga, Sevilla.

Bevölkerung: rund 7,4 Mio. Einw.; die Bevölkerungsdichte liegt bei 85 Einw. km^2 (Deutschland: 229), wobei das Niederguadalquivir-Becken, insbesondere im Einzugsbereich der Metropole Sevilla, und die Küsten dichter besiedelt sind als die Gebirgsregionen im Landesinnern. Eine bedeutende soziale Minderheit stellen die *gitanos* (Zigeuner) dar. Etwa 95 % der Andalusier sind offiziell Katholiken.

Wirtschaft: Das Bruttosozialprodukt pro Kopf liegt fast 30 % unter dem nationalen Mittel. Als Wirtschaftsregion bildet Andalusien nach Extremadura das Schlusslicht unter den spanischen Regionen. Das Brutooinlandsprodukt verteilt sich wie folgt: Landwirtschaft 6,8 %, Industrie (auch Verarbeitung landwirtschaftlicher Produkte) und Bauwirtschaft knapp 26,2 %, Dienstleistungssektor 67 %. Die Arbeitslosenrate liegt bei 19 % (Spanien ca. 11,5 %), daneben gibt es zahlreiche Unterbeschäftigte.

Tourismus: Ca. 20 Mio. Touristen im Jahr, vor allem Europäer. Der Tourismus steuert immerhin 14 % zum Bruttoinlandsprodukt bei. Die größte Hotelkonzentration findet sich an den Küsten, v.a. an der Costa del Sol in der Provinz Málaga. Daneben zieht das Städtedreieck Sevilla-Córdoba-Granada mit seinen Kulturschätzen zahlreiche Besucher an.

stadt Medinat al-Zahra unweit dieser ehemaligen Hauptstadt des maurischen Spanien oder die Giralda von Sevilla dokumentieren ebenso die lange Zeit der Begegnung von Morgenland und Abendland auf iberischem Boden wie die verwinkelten weißen Dörfer mit ihrem Geraniengrün und den versteckten Patios, die deutlich einem orientalischen Muster verpflichtet sind. Oder alte Kirchtürme, die vor vielen Jahrhunderten bereits als Minarette ihren Dienst taten.

Die Spuren des einstigen Glanzes sind nicht verschüttet. Sie überleben auch in den Zitadellen an der Mittelmeerküste, den *alcazabas,* deren Name sich vom arabischen *al-kasbah* herleitet, oder in den trutzigen maurischen Burgen, die überall im Landesinnern auf Hügelkuppen thronen. Die Gestaltungskräfte der arabisch-berberischen Zivilisation hallen im Süden noch überall nach.

Die sonnenverwöhnten Landschaften Andalusiens sind betörend schön – ein Kaleidoskop geologischer Vielfalt. Das gebirgige Landesinnere lockt abseits aller Touristenpfade mit einzigartigen Naturparadiesen. Die Küsten spielen alle nur erdenklichen Gestaltungsformen aus, geben sich lieblich und schroff. Im küstennahen Hinterland türmen sich herbe Gebirge längs des Mittelmeersaum auf, mit Bergen von 1000, 2000 und 3000 m Höhe – Landschaftspanoramen wie gemalt, besonders im Frühling, wenn der winterliche Regen der ausgedörrten Erde zu neuem Erwachen verhilft und ein verschwenderischer Blütenteppich sie überzieht.

Hinzu kommen 320 Tage Sonnenschein im Jahr. Die andalusische Costa del Sol, die Sonnenküste, trägt ihren Namen zu Recht. Das paradiesische Klima dieses Landstrichs, mit langen, warmen und trockenen Sommern und recht kurzen, milden Wintern, entdeckten schon im 19. Jh. betuchte britische Rentner, bevor sich die Costa del Sol im 20. Jh. geradezu in eine Urlaubsfabrik verwandelte.

Wie man schnell feststellt, dreht sich hier auch heute noch alles um die schönsten Wochen des Jahres. Dank ihrer natürlichen Beschaffenheit konnten die andalusischen Küsten jedoch vielerorts ihrer vollkommenen Unterordnung unter touristische Zwecke widerstehen. In den Felsbuchten der östlichen Costa del Sol oder am Cabo de Gata behaupten bunte Fischerboote ihren angestammten Platz auf dem Sandstrand.

Faszinierend ist auch die Vitalität der andalusischen Städte. Ob in Sevilla, Córdoba oder Granada, in Málaga, Almería oder Cádiz – die heitere Gelassenheit der Bewohner, ihre Toleranz, die offene Plauderei unter freiem Himmel oder in den allgegenwärtigen Bodegas und Tavernen, beim Genuss von Wein und Tapas, wirken anregend und einladend. Im Süden findet das Leben draußen statt...

Andalusien ist ein ideales Urlaubsziel. Sonnenhungrige und Wasserratten, Bildungsbeflissene und Naturfreunde kommen hier gleichermaßen auf ihre Kosten. Und abseits aller Trampelpfade können ›Reisende aus Leidenschaft‹ eine neue Welt entdecken. Bienvenidos!

LANDSCHAFTEN UND NATURRAUM

Die Iberische Halbinsel schiebt sich als fast quadratischer Landblock zwischen Atlantischen Ozean und Mittelmeer. Den Südzipfel dieses Landblocks bildet Andalusien, die zweitgrößte spanische *Comunidad Autónoma* (Autonome Gemeinschaft), fast so groß wie das benachbarte Portugal. In der schmalen Meerenge von Gibraltar, wo Mittelmeer und Atlantik aufeinander treffen, hat die südspanische Region Blickkontakt mit Afrika; nur 14 km trennen hier Europa vom ›schwarzen‹ Kontinent. Zu den großen Reizen für Besucher zählt die Vielfalt der andalusischen Naturlandschaften – von geradezu gegensätzlichem Charakter –, wie sie nur selten auf so engem Raum anzutreffen sind.

Meer und Gebirge

Meer und Gebirge – das sind die Parameter des Naturraums Andalusien. Von den mehr als 800 km Küste entfallen knapp zwei Drittel auf das Mittelmeer zwischen Gibraltar im Westen und Garrucha im Osten. Von Tarifa bis zum Río Guadiana, dem Grenzfluss zu Portugal, reicht die Atlantikküste mit langen, teils dünengesäumten Sandstränden. Im Norden werden sie von den *marismas* durchbrochen, sumpfigen Fluss- und Küstenmarschen.

Lange Feinsandstrände sind auch das Kapital der westlichen Costa del Sol. Östlich von Málaga dagegen liegt der Reiz der Küste im Wechsel felsiger Abschnitte und lauschiger Badebuch-

Weiße Cortijos verteilen sich über das andalusische Hügelland wie hier bei Olvera

15

ten. Teils fallen hier die Felsen des Küstengebirges abrupt ins Meer ab. Ähnlich buchtenreich ist die Costa Tropical, und gleiches gilt für die Costa de Almería mit Ausnahme der flachen Landzunge westlich der Stadt, auf der sich Almerías Touristenzentrum ausdehnt.

Andalusien ist gebirgig. Entlang der Mittelmeerküste schwingt sich die Betische Kordillere bis zu Höhen von 3500 m auf. Den niedrigeren Westteil bildet die Subbetische Kordillere mit den Sierras von Cádiz und Ronda, während der Ostteil mit der Sierra Nevada und den sich südlich anschließenden Alpujarras erheblich höher ist. Die Sierra Nevada (›Schneebedecktes Gebirge‹) besitzt mit dem 3482 m hohen Mulhacén den höchsten Festlandsberg Spaniens.

Im Norden der Region bildet die waldreiche Sierra Morena einen Wall, hinter dem sich das weite Hochplateau der zentralspanischen Meseta erstreckt. Östlich des Passes Despeñaperros, dem ›Tor‹ in dieser Gebirgsbarriere zwischen Kastilien und dem niederandalusischen Tiefland, liegt die mit 1323 m höchste Erhebung.

Zwischen diese beiden Gebirgsriegel schiebt sich als Keil die Beckenlandschaft des Río Guadalquivir. Andalusiens wichtigster Strom, der ›Große Fluss‹ (arabisch), entspringt im Nordosten und fließt nach Westen ab, um bei Sanlúcar de Barrameda in den Atlantik zu münden. Das Campiña genannte Flussbecken, weites, welliges Hügelland, ist ein fruchtbares Ackerbaugebiet. Auf groß dimensionierten Flächen zieht man hier Weizen, Mais und Sonnenblumen.

Wild und lieblich: Andalusische Landschaften

Immer neue Landschaftspanoramen eröffnen sich dem Besucher Andalusiens, die Vielfalt an Ökosystemen und die landschaftlichen Kontraste überraschen. Die Betische Kordillere längs der Mittelmeerküste präsentiert sich vielerorts als wilde Karstlandschaft voller Löcher, Höhlen, Grotten, Schluchten oder tief eingeschnittener Täler. Der silbergraue nackte Stein kontrastiert mit dem Grün der Buschvegetation.

Naturliebhaber finden in der Sierra de Grazalema im Westen, im Hinterland der Costa del Sol sowie in der Sierra de Cazorla, der Sierra Nevada und den Alpujarras im Osten herausragende Wander- und Kletterreviere. Landschaftliche Attraktionen im Hinterland Málagas sind das Felsenlabyrinth des Torcal de Antequera und die Schlucht Garganta del Chorro. Neben den Grau- und Weißtönen der weit verbreiteten Kalk- und Dolomitgesteine fallen die rötlichen, eisenoxydhaltigen Felsgesteine und Böden auf, *tierra colorá* genannt, rote Erde.

Ein sanfteres Profil bieten die runden Bergrücken der Sierra Morena im Norden, in der die Dehesas auffallen, lockere Steineichenwälder auf Graslandschaften, die zur Weidewirtschaft genutzt werden.

Als landschaftliche Extreme präsentieren sich schließlich die Wüste rund um Almería im Osten, der aridesten Zone Spaniens, und die Sumpflandschaft im Mündungsgebiet des Guadalquivir, der Nationalpark Coto de Doñana, der zahlreichen Vogelarten als Brut- bzw. Überwinterungsgebiet dient.

GESCHÜTZTE NATUR

In Andalusien stehen 17 % der Landesfläche unter Naturschutz – eine Größenordnung, die in Europa ihresgleichen sucht. Die Zahl der Landschaftsschutzgebiete *(Paraje Natural)*, Naturparks *(Parque Natural)* und Nationalparks *(Parque Nacional)* liegt bei rund 30. Als Nationalparks besonders streng geschützt sind die Sierra Nevada und der Coto de Doñana, die als Reservate der Biosphäre eingestuft wurden. Die bedeutendsten und schönsten Naturschutzgebiete sind:

Cabo de Gata-Níjar: Der Naturpark mit seiner intakten Küsten- und Gebirgslandschaft östlich der Bucht von Almería liegt in der aridesten Zone Spaniens und ist Refugium seltener Pflanzen wie des Brustbeerbaums und der Zwergpalme. Er umfasst auch das küstennahe Meer, in dem Muränen und Riesenzackenbarsche leben (s. S. 221ff.).

Nationalpark Coto de Doñana: Die Sumpflandschaft im Mündungsgebiet des Guadalquivir dient rund 150 Vogelarten als Winterquartier (Zugangsbeschränkungen). In den Randzonen *(Preparques)* dominieren Sanddünen, ausgedehnte Pinienwälder und Macchia (S. 93ff.).

Los Alcornocales: In Westandalusien, oberhalb der Meerenge von Gibraltar, liegt eines der bedeutendsten Waldgebiete Andalusiens mit einem großen Bestand an Korkeichen *(alcornocales)* sowie Steineichen (S. 120f.)

Sierra de Aracena: Mittelgebirgslandschaft mit Kork-, Steineichen- und Kastanienwäldern im Nordwesten Andalusiens. Zu den Attraktionen gehört die Tropfsteinhöhle Gruta de las Maravillas (S. 88).

Sierra de Cazorla, Segura y las Villas: Naturpark im Nordosten der Provinz Jaén. Der wasserreiche Gebirgszug mit ausgedehnten Schwarzkiefer- und mediterranen Wäldern ist bekannt für seinen Wildreichtum. Beliebtes Wandergebiet, in dem der Río Guadalquivir entspringt (S. 183ff.)

Sierra de Grazalema: Das westlich von Ronda gelegene Kalksteingebirge, das seinen landschaftlichen Reiz ebenso der üppigen Vegetation wie den zahlreichen Schluchten, Höhlen und unterirdischen Gängen verdankt, ist ein beliebtes Wandergebiet (S. 148f.).

Nationalpark Sierra Nevada und Alpujarras: Höchster Gebirgszug Festlandsspaniens mit zahlreichen über 3000 m hohen Gipfeln und reizvollen Lagunen – sowie der südlichsten Skipiste Europas. In den sich südlich anschließenden Gebirgstälern der Alpujarras sind malerische Dörfer eingebettet. Beliebtes Ausflugs- und Wandergebiet (S. 209ff.).

Tabernas: Landschaftsschutzgebiet, im Regenschatten gelegene Trockenzone mit wüstenartigem Charakter. Sie war Schauplatz zahlreicher Italo-Western (S. 218f.).

Torcal de Antequera: Felsige Märchenlandschaft nahe Antequera im Hinterland der Costa del Sol, ein beliebtes Wandergebiet (S. 131).

Tropisch bis schneefest: Die Vegetation

Die Bandbreite der andalusischen Flora reicht von tropischen Gewächsen bis zu schneefesten Gebirgspflanzen. Zur typisch **mediterranen Vegetation** zählen Palmen und Zwergpalmen, Kakteen, Mastix- und Kapernsträucher, Zistrosen, wilde Ölbäume, Erdbeer- und Johannisbrotbaum. Insbesondere im Frühling überzieht ein bunter Teppich **blühender Gewächse** ganz Andalusien. Überall fallen dann der rote Klatschmohn, Ginster, Thymian, Majoran, Lavendel und Rosmarin auf.

Unter den Baumarten ist neben der **Aleppokiefer** die wenig Feuchtigkeit beanspruchende **Steineiche** verbreitet, die in der Sierra Morena, in weiten Gebieten Westandalusiens, aber auch in der Sierra Nevada bis in etwa 1600 m Höhe zu finden ist. Auf sandigem Boden, v.a. im Hinterland der Costa de la Luz, gedeihen **Pinien.** Eine Besonderheit stellt die selten gewordene **spanische Tanne** (Abies pinsapo) dar, die 20 bis 30 m hoch wird und um Ronda anzutreffen ist. **Korkeichen,** deren Rinde alle acht bis zehn Jahre geschält und dann industriell verwertet wird, wachsen in der Sierra Morena und im Hinterland von Málaga und Algeciras.

Eine besondere Betrachtung verdient die **Pflanzenwelt der Sierra Nevada,** zu der neben Steineichen und Kiefern Moose, Segge, Wiesengras, Ginster und der stachelige, bläulich-violett blühende Igelginster, aber auch Weißdorn, Efeu, Edelweiß, Primeln, Krokusse, Narzissen, wilde Rosen und Orchideen gehören. In den höheren Lagen des Gebirgszugs sind 40 endemische Arten heimisch, und eine Reihe weiterer Gewächse kommt nur noch im marokkanischen Rifgebirge vor. Ein Markenzeichen des Gebirges ist das violett blühende Sierra-Nevada-Veilchen.

Raubvögel und Wildtiere

Die andalusischen Gebirge sind die Felsenheimat zahlreicher **Raubvögel,** die man am Himmel schweben sieht: Steinadler, Kaiseradler, Zwergadler und Habichtsadler; Bart-, Schmutz-, Mönchs- und Gänsegeier; Habichte; Turmfalken, Wanderfalken, Mäusebussarde und Uhus.

In den Sumpfmarschen der Westküste leben viele **Seevögel.** Ein Vogelparadies ersten Ranges sind die *marismas* des Coto de Doñana, der verschiedene Adler-, Enten- und Taubenarten, Reiher, Bussarde und Flamingos beheimatet. Eine der größten **Flamingokolonien** Europas ist am Binnensee Fuente de Piedra zu beobachten.

Die Bestände an **Großwild,** darunter Rothirsche, Rehe, Wildschweine und iberische Steinböcke, die an ihren gebogenen Hörnern erkennbaren *cabras hispánicas,* konzentrieren sich in der Sierra de Grazalema, Sierra de Cazorla und Sierra Nevada bzw. in den nationalen Jagdreservaten *(Reserva Nacional de Caza).* In den nördlichen Gebirgen leben noch Luchse und iberische Wölfe, im Osten der Region sind gelegentlich Wildkatzen, Dachse und Füchse anzutreffen.

WIRTSCHAFT UND UMWELT

Spaniens Süden ist eine der unterentwickeltsten Regionen des Landes geblieben. Eine nachhaltige Industrialisierung Andalusiens blieb aus: Der feudale Landadel hatte es nicht nötig zu investieren, den übrigen Andalusiern fehlte dazu das Geld. Abgesehen vom Schiffbau in Algeciras und in der Bucht von Cádiz, chemischer und petrochemischer Industrie in Huelva und dem Bergbau im Norden der Provinz, in den Minen des Río Tinto, also heute nicht gerade florierenden Wirtschaftszweigen, kam es kaum zur Ansiedlung von Industrie. Viele Andalusier zogen nach Madrid und Barcelona, um zu arbeiten, in den 1950er und 1960er Jahren wanderten sie in großer Zahl ins Ausland. Die verspätete Hoffnung, Andalusien werde sich im Anschluss an die Expo '92 in Sevilla zum Kalifornien Europas entwickeln, trog ebenfalls. So bilden Landwirtschaft und Tourismus bis heute die Säulen der Ökonomie. Die Arbeitslosigkeit ist hoch, viele Tagelöhner und Saisonarbeiter haben nur für einige Monate im Jahr einen Job. Glaubt man den Statistiken, dann lebt ein Teil der Andalusier von gar nichts. Tatsächlich ist die so genannte Schattenwirtschaft (Schwarzarbeit) sehr verbreitet.

Ein fruchtbares Land

Sherry- und Olivenölhersteller führen die Liste der größten andalusischen Betriebe an – Andalusien ist ein Agrarland. Der fruchtbare Boden und die günstigen klimatischen Bedingungen im Guadalquivir-Becken und an der Mittelmeerküste stellen optimale Voraussetzungen für mehrere Ernten im Jahr und für gute Erträge dar. Allerdings ist Ackerbau nur mit Hilfe künstlicher Bewässerung möglich, die bereits von den Römern eingeführt und von den Arabern perfektioniert wurde, aber nach der *reconquista* zusehens verfiel. Das archaische System aus Kanälen, Gräben und gemauerten Rinnen mit Schiebern, die nach einer festgelegten Ordnung zum Überfluten der Felder geöffnet wurden, ersetzen heute moderne Sprühanlagen.

Die Besitzstrukturen, ein Erbe der *reconquista,* hemmen immer noch die Produktivität: Während der Rückeroberung Andalusiens von den Mauren wurde das Land großzügig an die kastilischen Feldherren verteilt, die eine Schicht des Landadels, der Feudalherren, bildeten. Deren Erben besitzen heute 3–4 % der Agrarbetriebe und die Hälfte des Bodens – und profitieren entsprechend von den EU-Subventionen. Ihnen stehen besitzlose Tagelöhner, *jornaleros,* gegenüber, die nur für wenige Monate in der Olivenernte arbeiten. Die von der PSOE-Regierung eingeführte staatliche Stütze für die arbeitslose Zeit wurde im Frühjahr 2002 kurzer Hand gestrichen.

Die typisch mediterranen Dauerkulturen Oliven und Wein sind stark verbreitet. Weite Olivenplantagen bestimmen das Landschaftsbild der Provinzen Jaén, Córdoba und Sevilla. Der

Hirte am Cabo de Gata in Ostandalusien

Weinanbau verteilt sich ebenfalls über fast ganz Andalusien. Als Weinbauort am bekanntesten ist Jerez de la Frontera, dessen Bodegas Sherry herstellen (s. S. 106). Neben Sonnenblumen, Getreide, Reis, Zuckerrohr, Baumwolle und Soja ziehen die Bauern Zitrusfrüchte, Kiwis, Feigen, Avocados.

Ein wahres Gemüseparadies ist die Gegend um Almería. Ganze Landstriche wurden hier in *invernaderos* (Gewächshäuser) verwandelt: Unter ihren Plastikfolien kann mehrfach im Jahr Gemüse geerntet werden kann. Eine höchst rentable Anbautechnik, die auf dem Einsatz von Nährstoffen und Chemikalien basiert und sehr viel Wasser beansprucht (s. S. 220).

In der Viehwirtschaft dominiert die Mast von Schweinen, Rindern und Geflügel, in den Gebirgen werden Ziegen und Schafe gehalten. Eine besondere Rolle spielt die Zucht von Kampfstieren und Pferden: Sie gehören zu den Hobby- und Prestigeobjekten des andalusischen Landadels.

Fischfang und Fischzucht

Noch immer schmücken kleine hölzerne Boote die Fischerdörfer am Mittelmeer, professionell gefischt wird jedoch mit modern ausgerüsteten Hochseeflotten, die überwiegend in den Häfen der Atlantikküste ankern. Ein Geschäft, das schwierig geworden ist: In marokkanischen Gewässern dürfen die andalusischen Fischer nach langem Streit nicht mehr ›fremdgehen‹, die küstennahen Gründe sind überfischt, und Brüssel reduzierte die spanischen Fangquoten. Daher kommt der Aufzucht von Fischen und Schalentieren in so genannten Aquafarmen eine wachsende Bedeutung zu. Es gibt sie zahlreich in der natürlichen Lagunenlandschaft der Küsten von Cádiz und Huelva. Die Fischer von Barbate holen noch Thunfisch aus dem Meer, den sie in großen Netzen zusammentreiben und mit Harpunen erlegen (almadraba).

Arbeitgeber Nummer eins: Der Tourismus

Der Tourismussektor ist Andalusiens wichtigster Wirtschaftszweig, etwa jeder fünfte Arbeitsplatz hängt daran. In den 1960er Jahren wurde der sonnenverwöhnte Landstrich als Urlaubsparadies entdeckt. Hemmungslos betonierte man weite Küstenabschnitte der Costa del Sol zu. Die Zeit klobiger Hotelklötze ist passe, aber das Immobiliengeschäft blüht dank des großen Andrangs derjenigen, die sich hier im wahrsten Sinne des Wortes einen Platz an der Sonne erkaufen, nach wie vor. Heute wachsen schmucke weiße Feriensiedlungen im andalusischen Stil an den küstennahen Berghängen empor. Andalusien hat längst begonnen, stärker auf Qualitäts- und Individualtourismus zu setzen.

Hotellerie, Gastronomie, Bauwirtschaft und viele kleine Familienbetriebe profitieren vom anhaltenden Touristenboom, und die Tourismusmanager blicken selbstbewusst in die Zukunft: Neben dem Strand- und Kulturtourismus bieten die ursprünglichen Landschaften und Dörfer im Landesinnern für den Aktiv- und Naturtourismus neue Entwicklungsmöglichkeiten.

Dauerthema: Wasser

Andalusien leidet chronisch unter Wassermangel. Niederschläge fallen fast ausschließlich im Winter, im Sommer sind zahlreiche Flussbetten ausgetrocknet, und vielerorts zeigt die Landschaft ein sonnenverbranntes Gesicht.

Mit dem Bau zahlreicher Stauseen (embalses) versuchte man die Wasserversorgung der Region rund ums Jahr zu gewährleisten. Viele Dorfbewohner nutzen außerdem noch ihre alten Zisternen. Doch wenn der Winterregen ausbleibt oder zu spärlich fällt, was immer wieder einmal geschieht, nützen weder Stauseen noch Zisternen, und die Landwirte sitzen auf dem Trockenen. Landwirte und Touristen sind die großen Wasserverbraucher der Region. Wer der Aufforderung vieler Hotels, mit dem kostbaren Nass nicht zu verschwenderisch umzugehen, Beachtung schenkt, hilft der Umwelt Andalusiens.

GESCHICHTE IM ÜBERBLICK

Vor- und Frühgeschichte

40–20 000 v. Chr.	In der Cueva de la Pileta (s. S. 148) hinterlassen Menschen des Cro-Magnon-Typus prähistorische Felsmalereien.
2500–1300 v. Chr.	Parallel zu den frühen Dorfanlagen (z. B. Los Millares bei Almería) entwickeln sich Formen kollektiver Bestattungen in Dolmen, Kammer- und Ganggräbern, wie die Dolmen von Antequera.
um 1100 v. Chr.	Die Phönizier gründen am Atlantik die Handelsfaktorei Gadir (Cádiz). Weitere Stützpunkte entstehen am Mittelmeer, so Malaka (Málaga).
800–550 v. Chr.	Das legendäre Reich von Tartessos (phönizisch) erreicht unter dem belebenden Einfluss der Phönizier eine hohe wirtschaftliche und kulturelle Blüte. Es wird im Alten Testament und von verschiedenen antiken Autoren erwähnt. Eine genaue Lagebestimmung ist indes bis heute nicht gelungen. Es könnte sich den Guadalquivir aufwärts oder auch bei Huelva befunden haben.
ca. 700–201 v. Chr.	Karthago übernimmt die Stützpunkte des phönizischen Mutterlandes in Iberien und gründet weitere Handelsfaktoreien. Der Zweite Punische Krieg (218–201), in dem Hannibal mit seinen Elefanten durch Spanien, Südfrankreich und über die Alpen nach Italien zieht, endet mit der Niederlage Karthagos und dem Verlust Iberiens an Rom.

Römische und westgotische Herrschaft

206–219 v. Chr.	Scipio beginnt mit der Unterwerfung der Halbinsel. Noch im Jahr 206 gründet Rom nahe Sevilla die erste römische Stadt: Itálica (s. S. 84).
ab 27 v. Chr.	Unter Kaiser Augustus wird ›Hispania‹ in die Provinzen Tarraconensis, Lusitania und Baetica gegliedert. Letztere entspricht dem heutigen Andalusien. Hauptstadt dieser Provinz wird Córdoba. Die Römer bauen Straßen, Brücken und Aquädukte. Von einer tief greifenden Romanisierung zeugt bis heute die spanische Sprache.
409–466	Im Rahmen der durch den Hunnensturm ausgelösten Völkerwanderung dringen Vandalen, Alanen und Sueben und schließlich die Westgoten auf die Iberische Halbinsel vor. Die Westgoten vertreiben als Verbündete Roms Alanen und Vandalen. Letztere ziehen 429 nach Afrika weiter. Sie gelten als Namensgeber Andalusiens: Al-Vandaluz heißt für die Araber das ›Land der Vandalen‹. 474 lösen die Westgoten den Föderationsvertrag mit Rom.
506	Von den Franken besiegt und aus Südfrankreich verdrängt, verlegen die Westgoten ihr Königreich auf die Iberische Halbinsel.
589	König Rekkared tritt zum Katholizismus über, der mit dem Konzil von Toledo zur Staatsreligion erhoben wird.

Arabische Herrschaft und Reconquista

710–718 Nachdem arabische Reiterheere die ehedem römischen Provinzen in Nordafrika unterworfen haben, setzen sie unter Führung des Berbers Tarif 710 zu einer Razzia auf die Iberische Halbinsel über. 711 landet Tarik mit seinen Truppen bei Gibraltar und schlägt am Río Barbate das Heer des letzten Westgotenkönigs Roderich. In wenigen Jahren erobern die Araber den Süden Iberiens bis zu den Flüssen Duero und Ebro. Das Gebiet wird dem Reichsverband der Omaiyaden-Kalifen eingegliedert.

756–788 Nach dem Sturz der in Damaskus residierenden Omaiyaden gelingt dem letzten männlichen Nachkommen, Abd ar-Rahman I., die Flucht nach al-Andalus. Dort besiegt er den amtierenden Gouverneur und begründet ein unabhängiges Emirat. 785 lässt er die Mezquita von Córdoba errichten.

822–961 Unter Abd ar-Rahman II. erlebt das maurische Spanien eine kulturelle Blütezeit. Abd ar-Rahman III. proklamiert 929 ein von Bagdad unabhängiges Gegenkalifat. Unter seiner Regentschaft gelangt al-Andalus zu höchster wirtschaftlicher und kultureller Blüte. Nahe Córdoba, der damals neben Konstantinopel größten und schönsten Metropole der bekannten Welt, lässt Abd ar-Rahman III. seine prunkvolle Kalifenstadt Medinat al-Zahra errichten.

976–1002 Hisham II. besteigt als Elfjähriger den Thron, die Macht übt der despotische Reichsverweser al-Mansur aus, der 57 Feldzüge gegen den christlichen Norden unternimmt.

1009–1031 Zerfall des Kalifats: In Córdoba bricht ein Bürgerkrieg aus, Hisham II. muss abdanken. 1016 zerstören Berber-Söldner die Kalifenstadt Medinat al-Zahra. Schließlich zerfällt das al-Andalus in eine Reihe von *taifas,* von Familien bzw. Sippen regierten Kleinkönigreichen.

1085–1145 Der kastilische König Alfonso VI. erobert Toledo. Das in *taifas* zerfallene islamisch-arabische Reich sieht sich gezwungen, die orthodox-islamischen Almoraviden Nordafrikas gegen den christlichen Vorstoß zu Hilfe zu rufen. Sie übernehmen die Vorherrschaft in al-Andalus.

1147–1230 Die streng-religiösen Almohaden, Nachfolger der Almoraviden, nehmen Sevilla, Granada und Almería ein und können den christlichen Vorstoß noch einmal aufhalten: 1195 besiegen sie Alfonso VIII. In der Folgezeit verbünden sich die Könige von Kastilien und Aragón, unterstützt von spanischen Militärorden und französischen Rittern. Dem Ansturm dieser vereinigten Kräfte unterliegen die Almohaden 1212 in der Schlacht von Las Navas de Tolosa (Nordost-Andalusien).

ab 1230 Die kastilischen und aragonischen Könige erobern das gesamte Guadalquivir-Becken; 1236 fällt Córdoba, 1248 Sevilla in die Hände von Fernando III. (Ferdinand dem Heiligen). Die großzügige Vergabe von Ländereien an den beteiligten Adel und den Klerus begünstigt die Herausbildung der Latifundienwirtschaft.

1238–1273 In Granada begründet Mohamed Ibn al-Ahmar die Herrschaft der Nasriden-Dynastie. Das arabisch-islamische Restreich auf spanischem Boden umfasst die heutigen Provinzen Granada und einen Großteil Málagas, Jaéns und Almerías. Durch eine geschickte Bündnispolitik und Tributzahlungen an Kastilien kann sich die Nasriden-Dynastie bis zum Ausgang des 15. Jh. halten. Der Bau der Alhambra beginnt im 13. Jh. unter Mohamed Ibn al-Ahmar.

1349–1369 Pedro el Cruel (Peter der Grausame) residiert als kastilischer König in Sevilla. Maurische Handwerker errichten für ihn den Alcázar.

ab 1469 Isabel von Kastilien (1451–1504) heiratet Fernando II., den Kronprinzen des Königreichs Aragón. Ab 1479 werden die Königreiche von den so genannten ›Katholischen Königen‹ in Personalunion regiert.

1480 Die 1478 gegründete Inquisition nimmt ihre Tätigkeit in Sevilla auf. Zur ›Reinhaltung‹ des christlichen Glaubens geht sie auf Ketzerjagd.

1492 Am 2. Januar 1492, nach einem zehnjährigen Krieg, übergibt Boabdil das in dynastische Fehden verstrickte Königreich von Granada den Katholischen Königen. Kurz darauf werden die Juden gezwungen, zu konvertieren oder das Land zu verlassen. Handel und Handwerk verfallen nach der Auswanderung der Juden.

Arabische Dekorationskunst: Portalschmuck an der Moschee von Córdoba

Christoph Kolumbus erhält die Unterstützung der Katholischen Könige für sein Projekt, den Westweg nach Indien zu suchen. Im August sticht er mit drei Karavellen in See, im Oktober erreicht er einen Kontinent, von dem die damalige Welt nichts weiß.

1503 Sevilla erhält das Monopol für den Überseehandel.

Die Habsburger

1516–1556 Carlos I., Sohn von Juana la Loca (Johanna der Wahnsinnigen), Tochter der Katholischen Könige, und ihres Gemahls Philipps des Schönen aus dem Hause Habsburg, ist spanischer König. 1530 lässt er sich in Bologna als Karl V. zum Kaiser des Heiligen Römischen Reiches Deutscher Nation krönen und regiert fortan über ein Weltimperium. Das Azteken- und das Inkareich werden erobert.

ab 1557 Karls Sohn Philipp II. wird König über Spanien, die Niederlande, die italienischen Besitzungen, die Stützpunkte in Nordafrika und die überseeischen Kolonialgebiete und regiert ein Reich, »in dem die Sonne nicht untergeht«. Die Aufstände der moriskischen Bevölkerung in Andalusien lässt Philipp II. 1568 niederschlagen.

1588 Nachdem Philipp II. seine Ansprüche auf den portugiesischen Thron durchgesetzt hat, verschärft sich der Konflikt mit der Kolonialmacht England. Die spanische Armada, die ›Unbesiegbare‹, segelt nach Norden, wird aber von den Engländern vernichtend geschlagen.

1609 Ausweisung der muslimischen Bevölkerung. Viele Landstriche versteppen, Handel und Handwerk verfallen.

1621–1665 Regierungszeit Felipes IV.: Portugal sagt sich 1640 von Spanien los, 1648 muss es die Unabhängigkeit der Niederlande anerkennen.

Die Bourbonen

1700–1713 Carlos II. (1665–1700) hat Felipe V. aus dem Hause Bourbon, einen Enkel des Sonnenkönigs, zum Erben bestimmt. Dies löst den Spanischen Erbfolgekrieg aus, in dem die Briten Gibraltar erobern. Im Frieden von Utrecht (1713) wird Felipe V. der spanische Thron zugestanden, die Briten behalten Gibraltar.

1717 Sevilla muss das Monopol als Überseehafen an Cádiz abtreten.

1759–1788 Der aufgeklärte Reformkönig Carlos III. gibt den Handel mit den Kolonien frei, an dem sich nun alle Hafenstädte beteiligen können, er verbessert die Infrastruktur des Landes, schränkt die Inquisition ein und bekämpft die andalusische Wegelagerei, den *bandolerismo* (s. S. 144).

1805 In der Schlacht von Trafalgar (s. S. 114) unterliegen die Spanier als Verbündete Frankreichs mit ihrer gerade erst wieder erstarkten Flotte gegen den von Lord Nelson geführten englischen Flottenverband.

1808–1814	Napoleons Soldaten marschieren in Spanien ein, treffen aber auf den hartnäckigen Widerstand der Bevölkerung. Am 19. Juli 1808 besiegt ein Volksheer bei Bailén (Provinz Jaén) französische Truppen. In Cádiz treten im selben Jahr die Cortes zusammen und erarbeiten eine bürgerlich-liberale Verfassung, die sie 1812 verkünden. Mit englischer Unterstützung werden die Franzosen bis 1814 zurückgeschlagen.
1814–1833	Im Frühjahr kehrt der von den Franzosen gefangen gehaltene Thronfolger Fernando VII. nach Spanien zurück. Er löst die Cortes auf und unterdrückt die bürgerlich-liberale Bewegung.
ab 1821	Die Loslösung der Kolonien von Spanien beginnt.
1833–1876	Drei Karlistenkriege um die Thronfolge erschüttern das Land. Die Situation der andalusischen Tagelöhner verschlechtert sich, ihrem Unmut machen sie in Übergriffen auf Großgrundbesitzer Luft. 1843/44 wird die Guardia Civil gegründet, eine paramilitärische Polizeieinheit. Sie soll die Landarbeiteraufstände in Andalusien niederschlagen.
1873–1874	Die Erste Republik wird ausgerufen. Im Folgejahr kann die monarchistische Bewegung wieder einen König inthronisieren: Alfonso XII.
1879	Der PSOE (Partido Socialista del Obrero Español; Sozialistische Arbeiterpartei) wird gegründet.
1898	Verlust der letzten Kolonien.

Das 20. Jahrhundert

1910	Gründung der anarchosyndikalistischen Gewerkschaft CNT (Confederación Nacional del Trabajo; Nationaler Bund der Arbeit), die in Andalusien viele Anhänger gewinnt.
1923–1930	Mit Billigung Alfons' XIII. führt General Primo de Rivera, der aus Jerez de la Frontera stammt, mit diktatorischer Gebärde die Regierung. Er geht mit harter Hand gegen die republikanische Bewegung und die andalusischen Landarbeiter vor.
1931–33	Bei den Wahlen erringen die Republikaner eine klare Mehrheit. Alfons XIII. setzt sich ins Ausland ab. Die republikanische Regierung beschließt eine Agrarreform, die nur schleppend anläuft und mit dem Wahlsieg einer Koalition von Rechtsparteien 1933 stirbt. Die faschistoide Falange Española wird gegründet.
1936	Die Linksparteien, Sozialisten, Kommunisten und Anarchisten, schließen sich zur Volksfront zusammen und erhalten in den Februarwahlen die Mehrheit. Eine Agrarreform wird zügig umgesetzt, wobei die andalusischen Landarbeiter vielerorts zur Selbsthilfe greifen.
1936–1939	Das radikale Reformprogramm der Linken ruft den Widerstand der Rechtskräfte auf den Plan. Im Juli 1936 putschen sie unter Leitung der Generäle Franco und Mola, die Republikaner geben Waffen an die Bevölkerung aus. Franco, der seine kampferfahrene Afrikaarmee

ANARCHISMUS IN ANDALUSIEN

Casas Viejas, Januar 1933: Die Landarbeiter dieses kleinen Dorfes in der Provinz Cádiz beschließen, ihr Geschick in die eigenen Hände zu nehmen. Sie proklamieren die Abschaffung der feudalen Strukturen, die Beseitigung der Lokalpotentaten und die Einführung eines libertären Kommunismus. Sie durchtrennen Telefonkabel und umzingeln die Niederlassung der Guardia Civil. Ihre Aktion endet in einer blutigen Niederlage, die Ordnungshüter erschießen zahlreiche Männer. Casas Viejas war kein Einzelfall. In einer Kette von Revolten forderten die andalusischen Landarbeiter, die unter bitterer Armut litten, seit Beginn des 19. Jh. die Umverteilung von Land und die Abschaffung der feudalen Strukturen. 1919 fanden allein in der Provinz Córdoba 184 Streiks und Aufstände statt: Landbesetzungen, brennende Felder, Zerstörungen von Maschinen standen auf der Tagesordnung.

Andalusien ist das klassische Land der Latifundienwirtschaft. Insbesondere im niederandalusischen Flachland dominierten (und dominieren) mehrere hundert Hektar umfassende Güter des Landadels, die von landlosen *jornaleros,* Tagelöhnern, bearbeitet wurden – für Hungerlöhne. Und oft gab es nur für wenige Monate im Jahr Arbeit. Bis zum Beginn der Franco-Diktatur blieb Andalusien wegen der ländlichen Misere ein ständiger Unruheherd – trotz willkürlicher Verhaftungen, Schauprozessen und Erschießungen, trotz Guardia Civil, die sich die Volksbezeichnung ›Mordgarde‹ einhandelte.

Anarchistische Ideen waren unter den andalusischen Landarbeitern stark verbreitet, seit 1868 der Italiener Giuseppe Fanelli in Spanien die Lehren Bakunins verbreitet hatte. Sie fielen bei den *jornaleros* auf einen fruchtbaren Boden. Arbeit für alle, Sicherung eines Existenzminimums, kollektiv bewirtschaftetes Land, das den kleinen bäuerlichen Gemeinden, den *pueblos,* gehören sollte, Abschaffung von Lokalpotentaten und aller autoritären Strukturen – dies waren die Zukunftsvisionen. Eine Triebfeder des Anarchismus bildete der für die andalusische Bevölkerung zentrale Begriff der *dignidad,* der Würde. Die Zustände auf dem Lande – die persönliche Abhängigkeit von den Landherren, unzulängliche Arbeitsmöglichkeiten, Hunger, Angst vor Repressalien der Landpolizei – verhinderten ein würdevolles Leben.

Die Politiker in Madrid konnten das andalusische Agrarproblem nicht übersehen. Das radikale Reformprogramm der 1936 gewählten Volksfrontregierung konnte aufgrund des einsetzenden Bürgerkriegs nicht greifen. In der Franco-Zeit gingen viele Tagelöhner als Gastarbeiter ins Ausland. Erst im Zuge der Demokratisierung kam es erneut zu spektakulären Aktionen: zu Landbesetzungen und Hungerstreiks, organisiert von der Landarbeitergewerkschaft. 1984 verabschiedete das Parlament ein Agrarreformgesetz, das zwar keine grundsätzliche Änderung der Besitzstrukturen bewirkt hat, aber zur Beruhigung der sozialen Situation beitrug, zumal die *jornaleros* Anspruch auf staatliche Unterstützung für die Zeit ohne Arbeit zugesprochen bekamen. Im Jahr 2002 wurde sie wieder abgeschafft.

mit Hilfe italienischer und deutscher Flugzeuge von Marokko nach Andalusien übersetzt, hat das von konservativen Großgrundbesitzern dominierte Westandalusien schnell unter Kontrolle. Die Putschisten ermorden am 19. August 1936 den andalusischen Dichter Federico García Lorca (s. S. 205). Deutschland und Italien helfen den Aufständischen mit Waffen und Truppen (Hitlers Piloten bombardieren das baskische Guernica), während die Republikaner von der Sowjetunion und von den Internationalen Brigaden, über 40 000 Freiwilligen, Hilfe erhalten. Als der Waffennachschub versiegt, rollen die Aufständischen Stück für Stück die republikanischen Gebiete auf und ziehen schließlich in Madrid ein.

1939–1975   Am 1. April 1939 beginnt die Franco-Diktatur. Parteien und Gewerkschaften werden verboten, Regimegegner hingerichtet. Ab Mitte der 1950er Jahre kommt es zu ersten Arbeiterstreiks und Studentenunruhen. Wirtschaftliche Liberalisierungsmaßnahmen und die außenwirtschaftliche Öffnung leiten das ›Wirtschaftswunder‹ der 1960er Jahre ein. Viele Andalusier wandern in die spanischen Industriezentren oder ins Ausland ab. Die außenpolitische Isolierung des Systems bricht ab 1953 auf: durch das Konkordat mit dem Vatikan, das Stützpunktabkommen mit den USA, die Aufnahme in die UNO. Am 11. November 1975 stirbt der Diktator.

1975–1982   Unter dem neuen Staatsoberhaupt König Juan Carlos beginnt die *transición*. Spanien kehrt zur Demokratie zurück.

ab 1982   Nach dem Wahlsieg der Sozialistischen Arbeiterpartei PSOE erlebt das Land unter Felipe González ein Jahrzehnt des Aufschwungs.

1992   In Sevilla findet die Weltausstellung Expo '92 statt, die auch an den 500. Jahrestag der Entdeckung Amerikas durch Kolumbus erinnert.

1998   Eine Umweltkatastrophe bedroht den Nationalpark Coto de Doñana: Aus dem Rückhaltebecken einer nahen Erzmine läuft schwermetallhaltiger Giftschlamm aus und verseucht Flüsse und Erdreich im Mündungsgebiet des Guadalquivir.

Nach der Jahrtausendwende

2000   Der Partido Popular gewinnt zum zweiten Mal die Parlamentswahlen, José María Aznar bleibt spanischer Ministerpräsident. In Andalusien siegt der PSOE bei den Regionalwahlen. In El Ejido, wo sich zahlreiche Marokkaner als Feldarbeiter verdingen, kommt es zu ausländerfeindlichen Ausschreitungen der Bevölkerung.

2002   Spanien und Großbritannien verhandeln eine Doppelherrschaft bzw. gemeinsame Verwaltung für Gibraltar, britische Kronkolonie seit 1713.

Kultur und Leben

ANDALUSISCHE LEBENSART

Seit dem Ende der klerikal-faschistischen Franco-Diktatur, binnen einer Generation, hat sich die spanische Gesellschaft fundamental gewandelt; ein Prozess, der sich durch Europäisierung und Globalisierung beschleunigte. Die traditionelle Großfamilie existiert quasi nicht mehr, das Binnenland entvölkert sich, und der dogmatische Katholizismus, der das Land seit dem Mittelalter prägte, hat sich zersetzt. Althergebrachte Werte, Meinungen und Verhaltensweisen wurden über Bord geworfen. Dennoch: immer wieder blitzt im Alltag ›echtes‹ andalusisches Leben durch, trotzen Riten, Feste, Musik und Tänze dem Zugriff einer neuen Zeit.

Familie und Privatsphäre

Statt drei Generationen unter einem Dach bewohnen nun Kleinfamilien mit ein bis zwei Kindern die Mietwohnungen der Städte. Doch sind die ländlichen Bezüge nicht gänzlich abgerissen. Der Zusammenhalt der Familien ist noch fest, bei Hochzeit, Taufe, Kommunion und Geburtstag trifft sich die ganze Sippe und tafelt zusammen. Probleme aller Art – Arbeitslosigkeit, Krankheit, Armut oder jugendliche Drogenprobleme – löst der Familienverband. Die Familie ist eine Zweckgemeinschaft und ein Schutzverband, in dem die Individuen wurzeln, in dessen Gepflogenheiten sie eingebunden sind.

Trotz sexueller Liberalität und Verabschiedung der Kirchenmoral heiraten viele Paare noch nach altem Brauch mit kirchlichem Segen und weißem Schleier. Nach außen sind die Väter das Oberhaupt der Familie, doch wer hinter die Kulissen schaut, wird in der andalusischen Gesellschaft eher matriarchalische als patriarchalische Züge entdecken. Das Familienregiment führen die Mütter – zumindest unter der Hand.

Die Tage des *machismo*, Ergebnis der mütterlichen Erziehung männlicher Nachkommen zu kleinen Prinzen, sind gezählt. Die Frauen haben für sich Selbstbestimmung und Gleichberechtigung eingefordert. Sie studieren und nehmen selbstverständlich ihren Platz im Berufsleben ein.

Andalusisches Familienleben kann man von außen nicht sehen. Es spielt sich hinter verschlossen wirkenden Fassaden ab, hinter die Gäste nur selten eingeladen werden. Das Haus ist Privatsphäre, gesellschaftliches Leben findet draußen statt. Eine Trennung, die übrigens im mediterranen Raum weit verbreitet ist und in Andalusien nicht zuletzt auf die lange maurische Herrschaft zurückzuführen ist.

Das Leben findet draußen statt

Alle Welt hält sich in Andalusien in der Freizeit draußen auf – Alte und Kinder, Cliquen und Paare. Da sitzen Alte auf ihren Stühlen vor der Tür oder auf schattigen Bänken der Dorfplätze. Paar- und gruppenweise genießt man den *paseo*,

RANDGRUPPEN - GITANOS UND MOROS

Seit 450 Jahren leben *gitanos* (›Zigeuner‹) in eigenen Vierteln der andalusischen Städte – wie Triana in Sevilla oder der Sacromonte in Granada –, nachdem sie etwa hundert Jahre zuvor ihr Ursprungsland Indien verlassen hatten. Bis heute bilden sie eine Gesellschaft in der Gesellschaft, sie leben in großen Sippenverbänden und Clans, in denen sie ihre Traditionen und ihre Kultur pflegen. Viele Spanier betrachten die *gitanos* nicht als ihre Landsleute, und viele *gitanos* würden ihre Identität nicht zugunsten einer gesellschaftlichen Integration aufgeben wollen. Doch die Kultur der *gitanos* entwickelte eine große Ausstrahlungskraft in die Region hinein, wie der Flamenco, der aus *gitano*-Kreisen stammt, beweist. Auf Reisen durch Andalusien begegnet man *gitanos* am ehesten in Flamenco-Lokalen oder als Schuhputzern und Handleserinnen, die Glück bringende Nelken verkaufen.

Eine neue soziale Minderheit kommt nun, wie einst die Mauren *(moros),* über die Meerenge von Gibraltar: in Holzbooten und illegal. Marokkaner und andere Afrikaner geben Hab und Gut auf und finanzieren damit Menschenhändler und Schleuser, in deren Hand sie ihr Leben legen. Die kleinen, mit Menschen vollgestopften *pateras* erreichen ihr Ziel auf der anderen Seite des Meeres vielfach nicht. Allzu oft endet das waghalsige Unternehmen mit dem Ertrinken – oder der Rückfahrt in die Heimat, denn die spanische Guardia Civil bewacht die Küsten streng. Mit viel Glück endet es in einem schlecht bezahlten Knochenjob in den *invernaderos* von Almería (s. S. 220).

den Gang durchs Dorf oder über eine städtische Flaniermeile. Das Bad in der Menge nimmt man am Abend nach getaner Arbeit, wenn draußen ein frischer Luftzug den heißen Tag beendet. Und immer hocken Leute in Bars und Tavernen vor einem Café oder Wein, kauen auf einer Olive oder einer anderen Tapa – und reden und parlieren und schwatzen – während Musik aus den Boxen dröhnt und der unverzichtbare Fernseher läuft. Ein stimmiges Bild geselligen Zusammenlebens. Apropos Parlieren: Andalusier gelten als schlagfertig und humorvoll. Spontaner Wortwitz, Sprachspiele und ›Momente der Poesie‹ bilden das Salz vieler Unterhaltungen. Wen wundert es in einem Land, in

dem die Mauren die Wände ihrer Paläste mit Versen schmückten?

Volksreligiosität

Galt der Katholizismus bis zum Ende der Franco-Diktatur, einem klerikalen Staat, geradezu als Wesenszug der Spanier, so sprechen jüngere Untersuchungen vom »atheistischsten Land der Welt« und konstatieren, dass sich kaum noch 10 % der Bevölkerung zu den Dogmen der Amtskirche bekennen. Andalusien ist gewiss kein Land der Atheisten und Agnostiker, aber Kirche und Religion sind hier zweierlei. Gelebt wird die Volksreligiosität, sie ist

Kultobjekt gelebter Religion: Wallfahrt mit der Jungfrau Maria in Vélez-Málaga

gefühlvoll, tiefsinnig und mediterran und stets durch einen halb sentimentalen, halb philosophischen Unterton der Trauer, des Wissens um das Provisorische des Daseins geprägt.

In der Semana Santa, der Karwoche, haben nicht die Kirchenväter das Heft in der Hand, sondern die *cofradías,* die religiösen Bruderschaften. Sie organisieren die Prozessionen mit Passionsszenen auf Tragebühnen, die unter den Blicken Zehntausender Schaulustiger durch die Straßen der Städte und Dörfer getragen werden – ein Schauspiel mit katholischem Prunk und heidnischer Anmutung. Auch die Gestalten mit Büßergewand und Spitzkapuze, die teils barfuß die Prozession begleiten, teils Kreuze schleppen oder schwere Ketten an den Füßen tragen und deren Erscheinung an die von der

mittelalterlichen Inquisition zur Buße Verurteilten erinnert, haben wenig mit katholischen Dogmen gemein. Aber dem Volk ist diese Art von Buße und Sühne nun einmal wichtig.

Die gelebte Religion braucht in Andalusien Kultobjekte. Dies sind die religiösen Kunstwerke, meist polychrome Holzplastiken, die in großer Zahl im Barockzeitalter entstanden und die Kirchen der Region schmücken. In den naturalistischen Marien-, Christus- und Heiligenfiguren mit echtem Haar, echten Gewändern und pathetischem Gesichtsausdruck *(pasos)* kehren sich das innerste Empfinden und die Spiritualität der Gläubigen sozusagen nach außen. Die Kultobjekte, die aus dem christlichen Figurenrepertoire geschöpft werden, verkörpern Mythen und volkstümliche Überlieferungen.

Männer im Büßergewand: Karwoche in Málaga

Tief verwurzelt ist in Andalusien ein enthusiastischer Marienkult. Fast jede Gemeinde verehrt ihre Gottesmutter als Beschützerin des Lebens, als Schmerzensreiche, Unbefleckte oder Königin. Man huldigt der Weiblichkeit, ob in Form der *Virgen de la Macarena* (der ›Hübschen‹) von Sevilla (s.S. 78f.) oder während der Wallfahrt zur Jungfrau von Rocío (s. S. 94f.), bei der junge Männer die Kapelle der *Blanca Paloma* (›Weiße Taube‹) stürmen. Die Madonna, Symbol weiblicher und mütterlicher Größe, gehört zum archaischen Grundmuster andalusischer Religiosität.

Ferias und Fiestas

Die zahlreichen Ferias und Fiestas rund ums Jahr sind ein Ausdruck vitaler Lebensfreude. Den kalendarischen Rahmen für die großen Feste, die sich im Frühling und Sommer aneinander reihen, gibt die Kirche vor: Karwoche und Patronatsfeste, Cruces de Mayo und Fronleichnam. Doch in der Festgestaltung zeigen sich vorchristliche Riten und Praktiken. Stiere, Pferde, Feuer sowie die Gaben der Erde – Blumen, Feldfrüchte, Wein – kommen zum Einsatz. Der Stierkampf ist unverzichtbarer Bestandteil aller Frühjahrs- und Sommerfeste und erfreut sich nach wie vor eines großen Zuspruchs. Die wichtigsten Feste sind:

Semana Santa: Die Karwoche bildet den Auftakt zu den vielen Frühjahrsfesten. In den großen Städten ebenso wie in den Dörfern richten die Bruderschaften Prozessionen zur Erinnerung an die Passionsgeschichte aus. Am berühm-

STIERKAMPF – SCHAUSPIEL IN DREI AKTEN

»Tod am Nachmittag«: So betitelte Ernest Hemingway einen seiner Romane über das blutige spanische Schauspiel. Alljährlich sterben in den Arenen des Landes oder auf umgebauten Marktplätzen über 30 000 Stiere den Opfertod – in der Regel besonders prachtvolle, kräftige und kämpferische Tiere. Mitteleuropäer und Tierschutzvereine tun sich schwer, die Bedeutung und die Verwurzelung der *corrida de toros* in der spanischen Volkskultur zu verstehen und zu akzeptieren.

Der Stierkampf hat alte, mythologische Grundlagen. Möglicherweise gelangte der Stierkult mit den Phöniziern nach Iberien. Zahlreiche Skulpturen in den archäologischen Museen Andalusiens belegen, dass ihm die Iberer schon lange vor der Zeitenwende eine bedeutende Rolle zumaßen. Das bis heute alljährlich tausendfach vollzogene Ritual in den spanischen Arenen hat seine Wurzeln offenbar im Stieropfer altasiatischer Kulturen. Über die Jahrhunderte wurde die Tauromachie geformt und veredelt. Der Ablauf einer *corrida* orientiert sich an festen Regeln und Gesetzen. Während Ritter und Adlige des Mittelalters noch den Stierkampf zu Pferde pflegten, wird er heute ausschließlich zu Fuß praktiziert. Die Regelgebung für die *corrida* geht nicht zuletzt auf die andalusische Stierkämpferdynastie der Romeros zurück (s. S. 145f.). Sie erhob den Stierkampf zur Kunst *(arte taurino)*.

Meist um fünf Uhr nachmittags, im Hochsommer erst um sechs Uhr, füllen sich die Arenen mit den *aficionados,* den leidenschaftlichen Anhängern der Tauromachie, die nun jeden Schritt, jede Bewegung genau verfolgen werden und ab und zu ihr kollektives »olé« von sich geben, ein aus dem Arabischen entlehntes Wort, das etwa »Gott schütze dich« bedeutet. Musik spielt auf, während die *toreros* in feierlichem Aufzug mit engen Hosen und gold- und silberbestickten kurzen Jäckchen die Arena betreten: der *matador,* dessen Aufgabe darin besteht, den Tod zu geben; die *capeadores,* welche die Kunst beherrschen, den Stier mit einem Tuch *(capa)* zu reizen und zum Rennen zu bewegen, die *banderilleros* und die berittenen *picadores.* Vor der Präsidentenloge bitten sie um Erlaubnis, das Schauspiel zu eröffnen.

Ein Fanfarenstoß kündigt den ersten Stier an, der vom grellen Sonnenlicht in der Arena geblendet wird. In diesen ersten Sekunden prüfen *torero* und Publikum Temperament, Konstitution und Mut des Tieres, das ein Symbol von Männlichkeit und Fruchtbarkeit darstellt und diesem Symbolgehalt gerecht werden muss.

Die ersten Akteure des Rituals sind die berittenen *picadores.* Mit ihren langen Lanzen stechen sie in eine bestimmte Stelle des Stiernackens. Schnaubend, gefährlich gereizt läuft der Stier durch die Arena. Der Moment der *capeadores* ist gekommen. Sie schwenken ihre Tücher, um das farbenblinde Tier auf sich aufmerksam zu machen. Die Hörner zum Angriff gesenkt, rennt es auf den *capeador* los. Der zieht sich mit geschickten, vom Publikum bejubelten Bewegungen aus der Affäre. Dieser Kampf hat spannende und gefährliche Momente. Die Arenen Andalusiens sind nicht nur mit dem Blut geopferter Stiere getränkt.

Die *banderilleros* leiten den zweiten Akt des Dramas ein. Ihre Aufgabe besteht darin, mit bunten Bändern geschmückte *banderillas* so in den Nacken des Stiers zu stoßen, dass sie dort stecken bleiben. Sportlichkeit und Gewandtheit sind für die Männer eine Überlebensfrage. Das nun zunehmend Blut verlierende Tier bäumt sich noch einmal auf, verliert aber an Kraft.

Den dritten und letzten Akt, den Augenblick der ›Wahrheit‹, bestreitet der *matador.* Von seiner Kunstfertigkeit hängt ab, ob er den Stier mit einem einzigen Degenstoß tötet oder ihn stümperhaft abschlachtet, ob er Applaus und Ruhm oder Schimpf und Schande erntet. Leicht ist seine Aufgabe nicht, denn die Stelle, die er treffen muss, um mit dem ersten Stoß die Hauptschlagader zu erreichen, ist klein. Aber zunächst wickelt er ein rotes Tuch um einen Stab und reizt den Stier noch einmal mit Schwenkbewegungen. Dieser läuft auf das Tuch zu, das der *torero* über seinen Kopf hinwegzieht. Die galanten Bewegungen, die der Mann dabei vollzieht, heißen *verónicas* (nach dem Schweißtuch der Veronika). Das Tier ermattet zusehends, und der Held der Tauromachie passt den Moment ab, um ihm mit seinem Degen mit einem sicher ausgeführten Stoß den Tod zu geben. Gelingt es, ist ihm der Beifall sicher. Alle seine Bewegungen, seine *verónicas,* sein glanzvoller Degenstoß werden das Abendgespräch in den Kneipen und die Kolumnen der Tageszeitungen bestimmen. Der Mann hat viel zu gewinnen und viel zu verlieren.

Der »Tod am Nachmittag« ist vollzogen, das erste Opferritual beendet. An einem Stierkampfnachmittag wird dieses Schauspiel in der Regel sechsmal wiederholt – ein archaischer Ritus, der aus einer alten Kultur überlebt hat und den sommerlichen Festkalender Andalusiens mitprägt.

Ein archaisches Ritual: Stierkampf in Ronda

testen ist die Semana Santa von Sevilla. Auch die Karwochenfeierlichkeiten in Córdoba, Granada, Málaga, Baeza oder Priego de Córdoba (mit Trommelfeuern) bieten ein ergreifendes Schauspiel. Mancherorts werden Szenen der Passion nachgespielt wie in Guadix oder im Dorf Riogordo (Málaga).

Ferias: Die meist einwöchigen rauschenden Volksfeste finden in zahlreichen andalusischen Orten, meist im Frühjahr, statt. Ihren Ursprung haben sie in Viehmärkten, die sich zu Jahrmärkten mit Volksfestcharakter weiter-

entwickelten. Die **Feria de Abril** (Aprilmarkt) von Sevilla findet ein bis zwei Wochen nach Ostern statt, die **Feria del Caballo** (Pferdemarkt) von Jerez de la Frontera in der zweiten Maiwoche und die **Feria de Mayo** (Maimarkt) von Córdoba Ende Mai.

Cruces de Mayo: Das Fest der Maikreuze (Anfang Mai) erinnert an den vorchristlichen Fruchtbarkeitszyklus. Es wird in vielen Orten der Provinz Málaga ausgerichtet, teils mit Segnung der Äcker, sowie in Córdoba.

Romería de Rocío: Romerías sind

Andalusische Pferde beim Festeinsatz: Feria del Caballo von Jerez de la Frontera

wird in der Nacht des 23. Juni vor allem an den Stränden von Küstenorten gefeiert, und zwar mit Feuern und Feuerwerk.

Fiestas/Patronatsfeste: Jedes andalusische Dorf hat einen Patron oder eher eine Patronin. Ihr zu Ehren findet oft eine *romería* statt, eine Wallfahrt, die in ein Volksfest übergeht. Fast alle Küstendörfer ehren die *Virgen del Carmen*, die Patronin der Seefahrer, am 16. Juli mit Bootsprozessionen.

Musik und Tänze

Wie jede spanische Region hat auch Andalusien eigene Gesänge und Tänze hervorgebracht. In Andalusien ist der Flamenco beheimatet (s. S. 38f.). Doch wenn man ›Flamenco‹ als Sammelbegriff für alle Musikvarianten benutzt, die sich typisch andalusisch oder typisch spanisch anhören, ist man auf dem Irrweg. Neben dem Flamenco gibt es zahlreiche populäre Musikvarianten in den andalusischen Regionen, die mit dem Flamenco allenfalls sehr entfernt zu tun haben: Am häufigsten hört man Sevillanas und Malagueñas, die natürlich zu den Ferias von Sevilla und Málaga von allen Festteilnehmern gesungen und getanzt werden.

Auch junge Musikgruppen griffen den Flamenco auf und vermischten ihn mit Rock und Pop und in allerjüngster Zeit mit afro- und lateinamerikanischen Rhythmen.

Wallfahrten. Sie finden das ganze Jahr über an verschiedenen Orten statt, oft anlässlich von Patronatsfesten. Die ›Wallfahrt von Rocío‹ zu Pfingsten ist die größte und spektakulärste Veranstaltung ihrer Art (s. S. 94f.).

Corpus Cristi: Fronleichnam ist das spirituellste der andalusischen Kirchenfeste. Durch blumengeschmückte Straßen begleiten Prozessionen die Zurschaustellung der Hostie in riesigen Monstranzen aus getriebenem Gold und Silber.

San Juan: Das Mittsommernachtsfest

FLAMENCO

Nur ein *gitano* habe den Rhythmus im Blut, meint einer der Höhlenbewohner des Sacromonte in Granada, eines traditionsreichen Zigeunerviertels. Hier dienen etliche der kunstvoll in den Felsen gehauenen, weiß gekalkten Behausungen als *tablaos,* als Flamenco-Bühnen. Auch Sevilla, Jerez de la Frontera und Cádiz in Niederandalusien sind Zentren des Flamenco sind. Rund 170 *peñas* (Flamenco-Clubs) pflegen diese traditionsreiche Musik.

Ist das, was Besucher als abendliche Show erleben, ›echter‹ Flamenco? Zerstört nicht jede Kommerzialisierung eine Kunst, die von spontaner Inspiration lebt, nicht an vorherbestimmte Auftrittszeiten gekoppelt werden kann und keine Trennung von Akteuren und Zuschauern vorsieht? Die im Gegenteil die Vereinigung mit einer Hand voll *aficionados* in einem intimen Rahmen benötigt, damit der *quejío,* die aus tiefster Seele kommende Klage, mit dünner, gepresster Stimme heraustreten und sich im Schrei Luft machen kann. Wenn Camarón de la Isla (1992 verstorben), einer der bedeutendsten andalusischen Flamenco-Sänger, in den Sacromonte-Höhlen auftrat, wenn ihn der *duende* (wörtlich: Dämon), den der *cantaor* (Sänger) laut Dichter Federico García Lorca »in den letzten Behausungen des Blutes aufrütteln muss«, beseelte, überwältigte, in Ekstase versetzte, und der *quejío* seinem Gesang Stimme gab, dann war dies jener ursprüngliche rauhe Flamenco-Gesang, der einen tiefen Schmerz oder das dunkle Gefühl menschlicher Tragik mitteilt. ›Echter‹ Flamenco entsteht am ehesten in einer kleinen Runde von *aficionados,* die vielleicht in einer Taverne zusammensitzen und etwas trinken, bis einer seine *coplas* zu singen beginnt, refrainlose Liedtexte, die seinen Seelenzustand ausdrücken. Die Anwesenden feuern ihn mit Zurufen an, die ein mitfühlendes Echo ausdrücken, sie klatschen den Rhythmus mit den Händen *(palmas),* stampfen mit den Füßen *(zapateo).* Andere folgen dem Beispiel, singen, geraten in Ekstase, bis die Halsadern vor Anstrengung schwellen. Dieses dramatische Gruppenerlebnis entsteht zufällig, spontan und kann Stunden oder Tage dauern. Flamenco ist ein Gemeinschaftserlebnis, fast ein Ritual von Leid und Unterdrückung, das sich in der Musik ein Ventil, eine kollektive Klagemöglichkeit geschaffen hat. Aber auch zu freudigen Anlässen wird Flamenco gespielt und getanzt.

Andalusien ist die Heimat des Flamenco, der hier in Zirkeln der *gitanos* entstand. Sie verschmolzen Gesangs- und choreographische Traditionen ihrer indischen Heimat mit Elementen der mozarabisch geprägten Kultur Südspaniens. Zum Repertoire, das Eingang in den Flamenco fand, gehören altindische Notensysteme, die in der Kalifenzeit durch den Sänger Zyriab nach Córdoba gelangten, ebenso wie maurische Gesangstraditionen, möglicherweise auch jüdische Synagogenlieder und mozarabische Versionen der kastilischen *jota.* Ursprünglich war der Flamenco eine reine Gesangskunst, die metaphernreichen Texte zeigen die Inspiration durch arabisch-andalusische Sprach- und Dichtkunst. Vor allem drückte sich im Flamenco das Leid von Menschen aus, denen der Inquisitionsstaat keine selbst-bestimmte Lebensweise zugestehen wollte. Geboren aus Schmerz und Rebelli-on, war und ist diese Musik daher ein ureigener Lebensausdruck der *gitanos,* die bis heute die besten Flamenco-Künstler stellen. In der Regel sind sie Autodidak-ten. Denn die Kunst des expressiven, mit heiserer, kehliger Stimme vorgetragenen *cante,* wurde in den Familien von Generation zu Generation weitergegeben. Nie-dergeschriebene Noten oder Liedtexte existieren meist nicht. Rhythmuswechsel und Melismatik geben dem Flamenco eine komplizierte musikalische Struktur.

Gegen Ende des 18. Jh., unter dem Reformkönigs Carlos III., trat der bis dahin in intimen Zirkeln gepflegte Flamenco an die Öffentlichkeit und fand besonders in Westandalusien großen Anklang. *Tablaos* (Clubs) entstanden, und auch *payos* (Nicht-Zigeuner) entwickelten sich zu Interpreten des Flamenco, der nun die an-dalusischen Volkstänze beeinflusste, etwa die heute so beliebten *sevillanas, ma-lagueñas* und anderen lokalen Tänze und Lieder. Der *quadro flamenco* wurde ins Le-ben gerufen: Zu den Sängern gesellten sich Tänzer, Gitarristen und die *jaleadores* als Rhythmusgeber. Im 20. Jh. trat der Flamenco seinen Siegeszug über die Bühnen der Welt an, und er inspirierte andere Musikformen, etwa die klassische Musik des andalusischen Komponisten Manuel de Falla, aber auch Oper und Ballett. Nach ei-ner Phase des Niedergangs unter Franco erlebte die Flamenco-Kunst eine Renais-sance. Zu den bedeutendsten andalusischen Interpreten gehören heute Enrique Morente und seine Tochter Estrella Morente aus Granada, Chano Lobato (Cádiz), El Agujetas und Chano Domínguez oder die Tänzerin Eva La Hierbabuena.

KUNST UND ARCHITEKTUR IN ANDALUSIEN

Islamische Kunst

Die islamische Kultur in Andalusien – gemeinhin auch als maurisch bezeichnet – erlebte unter den Omaiyaden-Kalifen vom 8.–10. Jh. ihren Höhepunkt und im granadinischen Nasriden-Reich im 13.–15. Jh. eine späte Hochblüte.

Strukturelemente sind Tore, überkuppelte Pfeilerstellungen, Arkaden und Fensteröffnungen mit Hufeisenbögen, oft mit einem an Teppichmuster erinnernden Schmuckrahmen versehen *(alfiz)*. Tragende Wände, Säulen oder Kuppelkonstruktionen sind mit einer Fülle von Zierwerk verblendet, so dass sich die Baustrukturen der Wahrnehmbarkeit entziehen. Verflochtene Arkaden, Zier- und Blendbögen, schlanke Säulen mit dekorierten Kapitellen, Stalaktiten – zusammengesetzt aus *muqarnas,* wabenförmigen kleinen Bauteilen –, holzgeschnitzte und mit Mustern bemalte so genannte *artesonado*-Decken oder stuckbedeckte

Wände wirken so leicht und luftig, dass man ihnen kaum eine statische Funktion zuordnen möchte.

Die rhythmische Wiederholung von Ornamenten dominiert in der islamischen Zierkunst, die figürliche Motive vermeidet. Um so phantasievoller macht die Ornamentkunst Gebrauch von Arabesken, geometrischen Motiven und kalligraphierten arabischen Schriftzeichen (meist Koranversen).

Perlen maurischer Baukunst sind die **Moschee von Córdoba,** eine der weltweit bedeutsamsten islamischen Bauleistungen, und die **Alhambra von Granada,** der ›Märchenpalast‹ der granadinischen Herrscher. Die Ruinen der Kalifenpalaststadt **Medinat al-Zahra** nahe Córdoba lassen noch die Größe und den Reichtum von einst erahnen. Die **Giralda** von Sevilla weist in der dezenteren Dekoration die größere Glaubensstrenge der Almohaden aus.

Überall in Andalusien existieren darüber hinaus Wehrbauten aus arabischer Zeit: **Burgen** erinnern an die kriegerische Epoche der *reconquista.* Erhalten sind auch **arabische Bäder,** die den römischen Thermen ähneln, so in Granada, in Jaén und Ronda.

Kunsthandwerk

Die andalusischen Handwerkstraditionen sind ein kulturelles Erbe der maurischen Zeit. Die Töpferwaren stehen durch ihre Farben und Muster noch deutlich in dieser Tradition. Ähnliches gilt für die Lederproduktion oder den filigranen Silberschmuck, der z. B. in Córdoba angeboten wird.

Mudéjar- und Neomudéjarstil

Der Mudéjarstil ist eine ›abendländische‹ Fortsetzung arabisch-islamischer Bau- und Dekorationskunst. Die Mu-

Maurische Zierkunst: im Löwenhof der Alhambra

déjaren lebten als Muslime unter den neuen christlichen Herren. Während der *reconquista,* bis zu ihrer Vertreibung zwischen dem 12. und 16. Jh., stellten die Mudéjaren ihre Bau- und Dekorationstechniken, aus islamischen Traditionen geboren, oft in den Dienst christlicher Auftraggeber. Herausragendes Beispiel solch synkretistischen Stils ist der **Palast Peters des Grausamen in Sevilla.** Auch zahlreiche andalusische Kirchen, mit bunt glasierter Keramik und *artesonado*-Decken verziert, sind dem Mudéjarstil verpflichtet. Zu Beginn des 20. Jh. greift der historisierende Neomudéjarstil auf den Mudéjarstil zurück, etwa die Anlagen zur **Ibero-amerikanischen Ausstellung von 1929 in Sevilla**. Landestypische Materialien wie Ziegel und Kacheln werden dabei oft auf gelungene Weise mit historischen Mustern verbunden.

Gotik und Renaissance

Die Phase der *reconquista* vom 13. Jh. an war die Zeit des gotischen Baustils. Zunächst wurden allerdings meist die vorhandenen Moscheen in Gotteshäuser umgewidmet und Minarette durch Glockenstühle in Kirchtürme verwandelt. Neue Kirchbauten entstanden erst später. Ein herausragendes Werk der Gotik ist allerdings die mächtige **Kathedrale von Sevilla.** Mit ihrer ungewöhnlichen Breite weicht sie vom gotischen Schema der lang gestreckten, in die Höhe strebenden Halle ab und erinnert an den Grundriss ihres Vorgängerbaus, der Hauptmoschee der Stadt.

Am Übergang zur Renaissance entstehen mit dem Isabellinischen Stil und dem Platereskenstil zwei Dekorationsstile, die eine spanische Eigenart darstellen. Die **Isabellinik,** ein Parallelstil zur portugiesischen Manuelinik, ist nach der Katholischen Königin Isabel (1451–1504) benannt. Die Verwendung von Steinbordüren, skulptierten Säulen, Wappenreliefs und anderen in Stein gearbeiteten Ornamenten ist für ihn charakteristisch. Beispiele dieses Stils finden sich in Andalusien vor allem an den **Adelspalästen in Baeza und Úbeda.**

Der Name **Platereskenstil** ist abgeleitet von *platero,* dem Silberschmied; denn an dessen filigranartigen, feinziselierten Schmuck erinnern plateresk gestaltete, mit feinen Mustern versehene Fassaden.

Die klare Formensprache der Renaissance, unter Rückgriff auf klassisch-antike Elemente, setzte sich ab Anfang des 16. Jh. durch, so in den **Kathedralen von Jaén und Granada,** von Cádiz und Málaga. **Úbeda** und **Baeza** sind Renaissancestädte voller Adelspaläste. Die bedeutendsten Architekten der Renaissance waren in Andalusien Diego de Siloé und Andrés de Vandelvira.

Andalusischer Barock

Um die Wende zum 17. Jh. vollzog sich der Übergang zum Barock. Formenüberschwang und prunkvolle Dekoration lassen sich in der Innenausstattung der andalusischen **Kirchen** mit prachtvollen Hochaltären *(retablos)* sowie mit geschnitzten und naturalistischen Heiligenplastiken beobachten. An diesen *pasos,* lebensgroßen Figuren, die mit ihrer oft echten Kleidung, dem echten Haar und dem pathetischen Gesichtsausdruck auf der Grenze zwischen Schönheit und Kitsch changieren, entzündet sich der andalusische Volksglaube. Der andalusische Barock wurde auch nach Lateinamerika exportiert.

Martínez Montañés (1568–1649), der seine Werkstatt in Sevilla hatte und zahlreiche Semana Santa-Prozessionsfiguren schuf, und **Juan de Mesa** (1583–1627), der ebenfalls für die *hermandades* (Bruderschaften) Sevillas arbeitete, gehören zu den berühmtesten andalusischen Bildhauern.

Viele *retablos* prunken mit dem Gold und Silber der spanischen Kolonien. Es verschaffte Spanien ein Goldenes Jahrhundert, das *siglo de oro,* in dem die Kunst eine Blütezeit ohnegleichen erlebte. Das zeigt auch die Sevillaner Malerschule, die zu Beginn des 17. Jh. naturalistische und realistische Malweisen einführte. Der gebürtige Sevillaner **Diego Velázquez de Silva** (1599–1660), der später am Hof in Madrid arbeitete und die Prunkstücke des Prado schuf, sowie **Francisco de Zurbarán** (1598–1664), der ›Maler der Mönche‹, gehören zu den berühmtesten Barockmalern aus Sevilla. **Bartolomé Esteban Murillo** (1618–1682) aus Sevilla malte poetisch-fromm verklärte Heilige, darunter zahlreiche Mariendarstellungen. **Juan de Valdés Leal** (1622–1690), ein Schüler Murillos, hinterließ ein Œuvre mit theatralisch-bewegten Szenen und skurrilen Darstellungen von Leichnamen und Skeletten. Die Künstler der Sevillaner Malerschule haben in Sevillas Museo de Bellas Artes – wie im Madrider Prado – einen würdigen Platz gefunden.

PUEBLOS BLANCOS – WEISSE DÖRFER

Ein Wahrzeichen Andalusiens sind die weißen Dörfer. Ihre Kalkfassaden werden traditionell einmal im Jahr, meist vor Ostern, neu geweißt. Wie Schwalbennester kleben die *pueblos blancos* in pittoresken Lagen an den Gebirgshängen. Krumme Sträßchen und verwinkelte Treppengassen bahnen sich ihren Weg zwischen den Häusern hindurch. Im Zentrum steht oft eine Kirche mit einem Turm, der vor vielen Jahrhunderten bereits als Minarett einer Moschee seinen Dienst getan hat.

Die alten Stadtkerne und Dörfer Andalusiens sind ein Erbe der Maurenzeit. An den Kalkfassaden prangt roter Geranienschmuck, die typischen Innenhöfe, die *patios,* wecken mit ihrem üppigen Grün und einem Brunnen, aus dem leises Wassermurmeln zu hören ist, Assoziationen an den Paradiesgarten, wie ihn der Koran beschreibt. Mit dem trocken-heißen Klima Andalusiens harmonieren die arabische Siedlungsstruktur und die grünen Innenhöfe aufs Beste. Wer einmal an einem heißen Tag durch die weiße Altstadt von Córdoba, Granada oder Sevilla geschlendert ist, wird den klein-klimatischen Unterschied zu modernen Stadtrandsiedlungen bemerken: Die Sonne dringt weniger intensiv in die schmalen krummen Gassen, die weißen Hauswände strahlen das Licht ab, die Brunnen in den Innenhöfen erhöhen die Luftfeuchtigkeit und moderieren dadurch die Temperaturen.

Mijas, Salobreña und Mojácar an der Küste ebenso wie Casares, Comares, Cómpeta und Frigiliana im Hinterland Málagas, die weißen Dörfer Westandalusiens wie Arcos und Vejer de la Frontera, die Gebirgsdörfer rund um Ronda und in den Alpujarras sind heute regelrechte Museen der andalusischen Volksarchitektur.

ESSEN UND TRINKEN

Ein ausgiebiges, reichhaltiges Frühstück gibt es im Grunde nicht. Der Tag beginnt mit einem *café* in den Variationen *café solo* (Espresso), *cortado* (Espresso mit einem Schuss Milch), *café con leche* (Milchkaffee), im Winter auch mal mit einem *carajillo* (Espresso mit einem Schuss Cognac). Ein dünner schwarzer Kaffee heißt *café americano*. Dazu isst man allenfalls eine Kleinigkeit: *churros* (in Öl fritiertes Fettgebäck), *croisants* (Croissants), *madalenas* (Küchlein) oder eine *tostada* (Toast), etwa mit Olivenöl. Große Hotels kommen den Bedürfnissen ausländischer Besucher meist mit einem kalten Buffet entgegen.

Das Mittagessen *(almuerzo)* wird zwischen 14 und 17 Uhr – sofern man nicht zu Hause isst – in Form kleiner Gerichte in einer Bar/Cafetería eingenommen (oft im Stehen) oder als ausgiebiges Menü in einem Restaurant. Das Abendessen *(cena)* findet zu späterer Stunde statt, ca. zwischen 21 und 23 Uhr.

Typologie der Lokale

Bars und Cafeterías

Die Unterschiede zwischen den beiden Lokalarten sind gering. In Cafeterías erhält man neben Kaffee meist auch Milchprodukte – Shakes, Kakao *(chocolate)* und *horchata,* eine Erdmandelmilch – sowie Kuchen und Gebäck. Bars und Cafeterías haben meist ganztägig bis in den Abend hinein ge-

öffnet. Man kann in ihnen frühstücken und Tapas, Brötchen *(bocadillos)* oder kleinere Gerichte, sog. *platos combinados* (einfache Schnellgerichte), verzehren.

Ein in ganz Spanien beliebtes Standardgericht ist die *tortilla española* (Kartoffeltorte).

Bodegas und Tavernas

Bodegas und Tavernas öffnen häufig erst am frühen Abend, wenn die Zeit des *tapeo* beginnt und die Andalusier ihre Abendrunde drehen.

Bodegas bieten in aller Regel andalusischen Wein vom Fass (*fino, oloroso, dulce, manzanilla*), der in kleine Gläser abgezapft wird, daneben Bier, Brandy und andere alkoholische Getränke.

Tavernas offerieren eher auf Flaschen gezogenen Wein. In beiden Lokalarten werden meist Tapas zu Wein und Bier gereicht, oft ist sogar eine große Auswahl zum Bestellen im Angebot. Nicht in jedem Fall gibt es Sitzmöglichkeiten.

Restaurants

Im Restaurant geht man ›gepflegt‹ essen und bestellt mindestens zwei Gänge. Restaurants öffnen am frühen Nachmittag und dann wieder abends ab 21 Uhr (teilweise auch schon ab 20 Uhr). Häufigster Ruhetag ist der Sonntagabend, Ferienzeiten sind August und Heiligabend bis Silvester.

Frischen Fisch gibt es überall in Andalusien, hier an der Costa de la Luz

Ein dreigängiges Menü kostet à la carte 15 bis 30 €, in der Spitzengastronomie noch mehr. Sehr preiswert sind sog. *menús del día* (dreigängige Tagesmenüs), die zahlreiche Lokale anbieten.

Tapas – Eine Lebenskultur

Tapeo ist ein tiefverwurzelter andalusischer Brauch: Man trinkt in Gesellschaft dieses und jenes Gläschen und isst dazu Tapas. Solche Appetithäppchen gibt es in tausendundeiner Variation, sind der Inbegriff eines prallen kulinarischen Lebens: Oliven *(aceitunas)*, geröstete Mandeln *(almendras)*, Käse *(queso)*, meist von Ziege oder Schaf, Gebirgsschinken *(jamón serrano)*, Kartoffelsalat *(ensaladilla rusa)*, Kroketten *(croquetas)*, eingelegter Thun *(atún)*, Sardellen in Marinade oder fritiert *(boquerones)*, Gambas, Krake *(pulpo)*, fritierte Minitintenfische *(chopitos)*, ›Maurische‹ Spieße *(pincho moro)* oder mit Kumin gewürzte Hackfleischbällchen in Tomatensauce *(albóndigas)* bis hin zu kleinen Portionen fritierten Fischs *(pescaíto frito)* oder Gemüse, wie etwa *garbanzos con espinacas* (Kichererbsen mit Spinat).

Dem Brauch, den Genuss von Alkohol und Tapas zu kombinieren, ist zuzuschreiben, dass man in Andalusien selten Betrunkene sieht. In vielen Bars werden Tapas als Gratishappen zu jeder Bestellung eines (alkoholischen) Getränks gereicht, doch zugleich gibt es auf Tapas spezialisierte Lokale, in denen man die kulinarische Palette des Hauses durchprobieren kann, und zwar

45

auch als halbe oder ganze Portionen (*media ración* oder *ración*).

Der *Tapeo* ist ein geselliges Ereignis, man praktiziert ihn grüppchenweise und wechselt dabei das Lokal. Wenn die Rush Hour in den Bars beginnt, laufen die Kellner auf Hochtouren. Dann sind schnelle Leute gefragt. Und sie müssen den Überblick über die unterschiedlichsten Bestellungen behalten, die gern laut und in andalusisch verkürzter Sprache in die Küche gerufen werden, z.B. als »*una d'caracóoo!*«. Die Leute essen, trinken und plaudern derweil und lassen dabei Olivenkerne, Asche, kleine Papierservietten und Zahnstocher um den Tresen herum dezent zu Boden fallen – eine Geste, die dazugehört. Es gibt zwar Aschenbecher und Papierkörbe, aber daran stört sich niemand.

Ein Blick in die Kochtöpfe

Bodenständig und mediterran ist die andalusische Küche, sie verarbeitet gute lokale Rohprodukte, wobei Olivenöl und Knoblauch unverzichtbar sind. Maurische Einflüsse zeigen sich in der Verwendung von Gewürzen wie Kumin, Koriander oder Safran sowie von Orangen, Mandeln und Honig, und das nicht nur bei Nachspeisen. Einige Nobelrestaurants haben sich explizit der charaktervollen mozarabischen Kochkunst verschrieben. Ob Fisch

oder Fleisch – man bevorzugt im Allgemeinen eine Küche, die den ursprünglichen Geschmack der Produkte nicht verfälscht. Sie kommen auf den Grill *(a la plancha)* oder in die Friteuse.

Überall stehen Fische und Schalentiere auf dem Speisezettel. *Pescaíto frito* (fritierte Fischchen) isst man in Se-

Cañas und Tapas in einem der ältesten andalusischen Lokale: El Rinconcillo in Sevilla

villa so gern wie in Málaga die *fritura malagueña* (verschiedene fritierte Fische). Thunfisch, Schwertfisch, Brasse, Heilbutt, Seehecht kommen frisch aus dem Meer auf den Teller. Aber auch Lachs, Forelle oder Stockfisch, der mit schmackhafter Tomatensauce zubereitet wird, gefüllte Tintenfische im eigenen Saft *(calamares en su tinta), gam-* *bas* und *langostinos, mejillones* und *almejas* (Mies- und Venusmuscheln) erfreuen die Gaumen. Als Vorspeise zu empfehlen ist die *sopa de pescado,* die der französischen Bouillabaisse nicht nachsteht.

Vor allem im gebirgigen Hinterland haben Lamm *(cordero),* Zicklein *(cabrito, choto)* und Rind *(ternera)* ihren an-

gestammten Platz in den Kochtöpfen und Schwein *(cerdo)* sowie Hühnchen, meist in Knoblauch oder Tomatensauce *(pollo al ajillo, en salsa de tomate).* Viele Restaurants bieten Kaninchen *(conejo)* und je nach Saison Wild, allem voran Wildschwein *(jabalí).* Fleischgerichte werden oft im Ofen gegart *(al horno),* nachdem sie vorher mariniert wurden *(en escabeche),* oder köcheln lange auf dem Ofen, und zwar in einer schmackhaften Sauce auf der Basis von Olivenöl, Knoblauch und Tomate.

Zur deftigen Hausmannskost im Landesinnern gehören Suppen, wie die *sopa de picadillo* mit *migas* (gerösteten Brotwürfeln), zerhacktem Ei, Schinkenstückchen und Kräutern oder *sopa de ajo* (Knoblauchsuppe), und *cocidos* (Eintöpfe mit Gemüse und Fleisch) sowie *estofado de ternera* (geschmortes Rindfleisch), *rabo de toro* (Stierschwanz in Tomatensauce), *callos* (Kutteln) und natürlich *habas con jamón* (dicke Bohnen mit Schinken).

Salate und Gemüse wie *berenjenas* (Auberginen), *pimientos* (Paprika), *champiñones* (Champignon) und *alcachofas* (Artischocken) werden in der Regel separat gereicht, z.B. als Vorspeisen. Der *gazpacho andaluz,* eine kalt servierte Gemüsesuppe aus pürierten Gurken, Tomaten, Knoblauch, Brot, Öl und Essig, ist im Sommer sehr erfrischend.

Süßes wie aus 1001 Nacht

Auf der Nachspeisenliste stehen neben den spanischen Klassikern *flan* (Karamelpuddig), *tarta helada* (Eistorte), Obst oder Kuchen, wie *tarta de manzana* (Apfelkuchen), *tarta de almendras* (Mandelkuchen) oder *tarta de cabello del ángel* (Engelshaar, aus stark gesüßter Melone), viele Süßspeisen mit kandierten Früchten, Mandeln und Cremes, mit einem Hauch Likör oder Wein veredelt. Sie verweisen auf arabische Traditionen, die oft in christlichen Klöstern verfeinert wurden. Bis heute beziehen gute Restaurants ihre Süßwaren aus Konventen, die auf diese Weise ihren Unterhalt bestreiten.

Wein, Sherry und Brandy

Fast überall in Andalusien werden gute, trockene Landweine produziert, so in den Provinzen Huelva, Cádiz, Sevilla, Córdoba oder Málaga. Der typische Málaga-Wein ist recht süß und schwer. Auch aus den Alpujarras stammen ordentliche Weine.

Die Liste der Aperitif-Weine führen der *fino* aus Jerez (s. S. 108f.), *manzanilla* aus Sanlúcar de Barrameda und *montilla-moriles* aus der Provinz Córdoba an. Sangría aus Rotwein, Zitrone, Brandy, Zucker, Zimt und Früchten wird oft von Besuchern nachgefragt. Erfrischende alkoholfreie Getränke sind übrigens der *granizado* aus zerstoßenem Eis mit Limonensirup und die *horchata,* eine Erdmandelmilch.

Andalusien ist auch Herkunftsland guter Brandys. Einen besonders guten Namen haben Cardenal Mendoza, Lepanto, Gran Duque d'Alba sowie der ›1866‹ von Larios.

JAMÓN IBÉRICO – EINE DELIKATESSE

Schinken, die von der Decke hängen, scheinen zum Interieur andalusischer Bars zu gehören. Zumindest präsentiert sich ein angeschnittenes Exemplar in einer speziellen Schinkenhalterung und wartet auf das gewetzte Messer des Wirts. Schinken muss immer frisch geschnitten werden, per Hand, mit einem langen scharfen Messer, und in hauchdünnen Scheiben. Die andalusischen Wirte sind geübt in dieser Kunst. Ein Scheibchen Schinken zu einem Glas Rotwein ist ein Genuss.

Das gilt für den *jamón serrano,* luftgetrockneten Gebirgsschinken, besonders aber für den aromatischen *jamón ibérico,* der in der kulinarischen Oberliga spielt. Er stammt von iberischen Schweinen, einer schwarzen Rasse, die als Weideschweine in den Stein- und Korkeichenwäldern Nordwestandalusiens gehalten wird. Sie leben im Freien und ernähren sich drei Monate nur von Eicheln, bevor sie nach derart glücklichem Schweineleben auf der Schlachtbank enden. Die *pata negra-*Schinken (wörtl.: schwarze Pfote) werden in Salz eingelegt, gewaschen und getrocknet und reifen dann hängend ein bis zwei Jahre. Dabei tröpfelt Fett aus, das in Behältnissen am Fuß aufgefangen wird. Der echte *jamón ibérico de bellota* (von Eicheln) ist eine Delikatesse mit fein-nussigem Aroma. Man erkennt ihn an der feinen weißen Marmorierung der Schinkenscheiben. Das Gütesiegel ›*de bellota*‹ ist den ausschließlich eichelernährten Schweinen vorbehalten. Bei Nachmast mit Mais steht ›*de recebo*‹, bei Getreidefütterung ›*de pienso*‹ auf dem Etikett.

Echter iberischer Schinken aus Jabugo

Tipps für Ihren Urlaub

Blick vom Pico de Veleta, Sierra Nevada

ANDALUSIEN ALS REISEZIEL

Andalusien ist reich an Sehenswürdigkeiten – das ist bekannt. Ebenso weiß man, dass Andalusien eine Sonnenküste besitzt, die jährlich Millionen Urlauber anlockt. Darüber hinaus ist die südspanische Region ein Naturparadies mit ursprünglichen Landschaften, die zu erholsamen Ferien einladen. Viele Reisende kombinieren einen Kurzaufenthalt am Strand mit Rundreisen bzw. Natur- und Aktivurlaub im Gebirge. Im Folgenden ein paar Tipps.

Mietwagen, Bus oder Bahn?

Ein Mietwagen ist bequem und ermöglicht maximale Beweglichkeit. Für Reisen durch das Landesinnere ist er zu empfehlen. Andererseits hat Andalusien ein gutes Bus- und Bahnnetz. Das touristische Dreieck Sevilla-Cordoba-Granada kann man gut in Überlandbussen ansteuern. Das erspart lästiges Parkplatzsuchen (Parkhäuser sind nicht ganz billig!). Zwischen Sevilla und Córdoba verkehrt auch der Hochgeschwindigkeitszug AVE.

Eine besondere Art durch Andalusien zu reisen bietet der **Al Andalus Expreso,** ein stilvoller Luxushotelzug, der im Sommer zu Rundfahrten über Córdoba, Granada, Ronda und Sevilla eingesetzt wird. Information/Buchung in Reisebüros oder bei Ibero Tours, Düsseldorf, Tel. 0211/86 41 50.

Strandurlaub

Andalusien ist ein Sonnenland mit 800 km Küste. Ganz vom Sommer-Sonne-Strand-Tourismus geprägt ist die westliche **Costa del Sol**. Hier hat das Dreigestirn der Megaferienorte **Torremolinos, Fuengirola** und **Marbella** einen kraftvollen Auftritt. Torremolinos und Fuengirola sind preiswerte Pauschalreiseziele, in denen auch viele Familien urlauben, während Marbella noch immer der Ruf eines Nobelortes anhaftet, einer Goldmeile. Dieser Abschnitt der Costa del Sol besitzt lange Feinsandstrände, elegante Jachthäfen, gute Wassersportangebote, eine internationale Gastronomie und nächtliche Amüsierangebote zuhauf – und ist vollkommen zugebaut, mit Hotels, Apartmentanlagen und Ferienhaussiedlungen (*urbanisaciones*).

Östlich von Málaga, jenseits von **Nerja,** ist die Küste stärker gegliedert, zwischen schroffen Felsen öffnen sich kleine Badebuchten. Gleiches gilt für die sich anschließende **Costa Tropical** rund um **Almuñécar** und **Salobreña.** Hier schlägt der Sommertourismus eine dezentere Gangart ein.

Den Westabschnitt der **Costa de Almería** prägen wiederum große Ferienzentren Aguadulce, Roquetas de Mar und Almerimar, während es am **Cabo de Gata** im Osten noch geradezu beschauliche Buchten zu entdecken gibt.

An der Küste des Lichts am Atlantik, der **Costa de la Luz**, sind junge Ferienzentren mit Luxushotels, wie La Bar-

Der Strand von Caños de Meca an der Costa de la Luz

rosa, Islantilla oder Isla Canela, aus dem Boden geschlossen und leisten nun dem älteren Matalascañas Gesellschaft. Im Übrigen lockt die Atlantikküste mit kilometerlangen Feinsandstränden, Dünenbarrieren und beschaulich gebliebenen Fischerdörfern.

Rundreisetipp: Das maurische Andalusien

Für alle Reisenden, die das maurische Erbe kennen lernen und die andalusische Kultur erleben möchten, stehen Sevilla, Córdoba und Granada auf dem Pflichtprogramm. **Málaga** im Zentrum der Sonnenküste (Flughafen) ist ein guter Ausgangspunkt.

Als erste Station bietet sich **Ronda** in den Bergen an (fantastische Lage, maurische Altstadt) und je nach Zeit ein Abstecher zu den **weißen Dörfern** Arcos de la Frontera und Vejer de la Frontera. Für **Sevilla** sollten Sie mindestens zwei bis drei Tage einplanen und dann am Weg nach Códoba **Carmona** (mit almohadischer Stadtmauer und schönem Burg-Parador) besuchen.

In **Córdoba** lohnen nicht nur Moschee und Judería eine eingehende Besichtigung, sondern auch die Kalifenpalaststadt **Medinat al-Zahra** vor den Toren der Stadt.

Die Altstadt von **Granada** und die Alhambra sind ein Höhepunkt jeder Andalusienreise. Ausflüge lohnen von hier

53

Preisermäßigungen

Eintrittsgelder für die großen Monumente Andalusiens liegen bei 5–10 €. Senioren und Studenten erhalten gegen Vorlage entsprechender Ausweise Preisermäßigungen. EU-Bürger können die staatlichen Museen kostenlos besichtigen (Personalausweis vorlegen).

Richtung Norden nach **Jaén** (mit tollem Burg-Parador) oder in die Renaissancestädte **Úbeda** und **Baeza**. Alternativ ist eine Rundfahrt durch die Bergtäler der **Alpujarras**, die letzte Enklave der Mauren, immer ein Erlebnis.

Ferien auf dem Land

Andalusien besitzt betörend schöne Landschaften. Im letzten Jahrzehnt öffnete sich das ländliche Andalusien für einen sanften, überschaubaren Tourismus. Man wird in fast allen Gebirgsdörfern eine akzeptable Unterkunft und ein Restaurant finden. Die Kette der Villas Turísticas (›Feriendörfer‹ im Regionalstil), umgebaute Fincas und Cortijos (Landanwesen, Gehöfte) sowie ein vergrößertes Angebot an Ferienhäusern fördern den Agro-Tourismus. Dabei stehen Ruhe, Erholung und Naturgenuss im Vordergrund. Abwechslung bieten Aktivsportangebote wie Reiten, Wandern (oft geführt), Jeeptouren, Fotosafaris u.ä., die von zahlreichen Landunterkünften angeboten oder vermittelt

werden. Besonders empfehlenswert sind die Axarquía östlich von Málaga (s. S. 151f.), die Sierra de Grazalema (s. S. 149ff.), die Sierra de Aracena (s. S.88.), Cazorla (s. S. 183ff.) und die Alpujarras (s. S.209ff.).

Landunterkünfte können über die **Red Andaluza de Alojamientos Rurales** gebucht werden, Tel. 902 44 22 33, Fax 950 27 16 78, www.raar.es (deutschsprachige Mitarbeiter), oder über **Hoteles Rurales de Andalucía**, Tel. 953 75 58 67, Fax 953 75 60 99, www.rgo.net/ahra.

Aktivtourismus

Ein Paradies für Golfer

›Costa del Sol – Costa del Golf‹ – so wirbt man zu Recht an der Mittelmeerküste, denn allein zwischen Sotogrande im Westen und dem Cabo de Gata im Osten liegen rund 50 gepflegte Rasenflächen, die sich grasgrün aus der sommertrockenen Landschaft abzeichnen. An der Atlantikküste liegen rund 20 Plätze. Die höchste Konzentration an Greens findet sich an der westlichen Costa del Sol; der Valderrama Golf Club in Sotogrande wurde mehrfach als bester Platz Europas prämiert.

Andalusien ist ein Golferparadies. Viele Greens sind an gute Hotels angeschlossen und können von Gästen zu Vorzugskonditionen genutzt werden. Auch Golfkurse werden angeboten.

Andalucía Golf bringt den jährlich aktualisierten und auch auf Deutsch erhältlichen Führer »Golf in Andalusien. Wo man spielt, wo man übernachtet, was es kostet« heraus: Andalucía Golf, Ortega y Gasset, Edificio Hispasol, 7 – 2° C, Marbella, Tel. (0034) 952 82 89 76, Fax 952 82 90 88, www. andalucia-golf.com. Auch Reisebüros helfen bei der Vermittlung von Golfhotels.

Reiten

Im Land rassiger Pferde gehören Tagesausritte und Pferdetreckings selbstredend zum Urlaubsangebot, so in Bubión (S. 211), in der Serranía de Ronda (S. 147), in Grazalema (S. 150) und in der Sierra de Cazorla (S. 184). An der Mittelmeerküste kann man sich in den Oficinas de Turismo nach Reitmöglichkeiten und Reitschulen erkundigen (gute Angebote u.a. in Estepona an der Costa del Sol). Verschiedene Landhotels halten Pferde, die von den Gästen genutzt werden können.

Surfen und Wassersport

Das Surferparadies schlechthin ist Tarifa, ein Treffpunkt derjenigen, die wegen der guten Winde nach Südspanien reisen (s. S. 116). Die gesamte Atlantikküste bietet gute Bedingungen fürs Surfen. Anfängern sind eher die weiter nördlich gelegenen Strände zu empfehlen, da die Windstärke nach Norden abnimmt. Viele Mittelmeerstrände eignen sich ebenfalls zum Surfen, etwa am Cabo de Gata.

In den Touristenzentren der Mittelmeerküste ist das Angebot an Wasser-

Sattgrüne Rasenfläche an der Costa del Sol: Golfplatz in Marbella

sportarten groß. Schnorcheln, Tauchen, Surfen, Segeln, Wasserski – alles ist möglich. Die lokalen Anbieter sowie Verleiher von vielerlei Ausrüstungen findet man meist rund um den örtlichen Puerto Deportivo (Sporthafen) bzw. beim Club Náutico (oder am Strand).

Im Schnitt gibt es alle 20 bis 30 km einen Sport- oder Yachthafen an der 800 km langen Küste Andalusiens. Eine Liste sämtlicher Installationen erhält man bei den Oficinas de Turismo.

Wandern

Mit seinen Gebirgen ist Andalusien ein Wanderland, in dem man sich von alten Saum- und Maultierpfaden leiten lassen kann. Die besten Wanderreviere sind die Sierra de Grazalema, Sierra de Aracena, Sierra de Cazorla und Sierra Nevada bzw. Alpujarras. Als

Wanderführer empfiehlt sich der Band »DuMont aktiv: Andalusien« von Jürgen Paeger. In den Buchhandlungen vor Ort werden spanische Wanderführer angeboten.

Einige Oficinas de Turismo (etwa in Nerja oder in der Sierra de Aracena) sowie die Infostellen in den Naturparks halten Hinweise zu Wandermöglichkeiten in der Umgebung bzw. im küstennahen Hinterland bereit. In den Dörfern der oben genannten Sierras werden auch geführte Wanderungen angeboten (Adressen im Reiseteil).

Achtung beim Wandern in ausgetrockneten Flussbetten! Sie können sich in der winterlichen Regenperiode und im Frühjahr im Handumdrehen in reißende Bäche verwandeln. Beim Wandern sollte man auch im Sommer festes Schuhwerk tragen – es gibt mehr Stabilität und schützt vor Vipern.

Zu Pferd am Meer entlang: Am Strand von Tarifa

Ferien mit Kindern

Sowohl am Mittelmeer wie am Atlantik haben sich zahlreiche Hotels auf Familien mit Kindern eingestellt und bieten eine entsprechende Infrastruktur mit Planschbecken, Spielplätzen und kindgerechter Animation. Man bucht sie am preiswertesten als Pauschalarrangement im Reisebüro. Besonders an der Mittelmeerküste finden Eltern zahlreiche für Kinder unterhaltsame Ausflugsangebote: von Aquaparks über Meeresmuseen bis zu Tierparks.

Ein Tipp für Familien sind die Villas Turísticas im Landesinnern, die Wohneinheiten für mehrere Personen sowie Reitmöglichkeiten und andere Exkursionen in die Natur anbieten (s. S. 54).

Klima und Reisezeit

Warme Sommer und milde Winter verwöhnen Andalusien. Auf den Weihnachtsmarkt in Málaga geht man in T-Shirts, und im Februar kann man in Torremolinos schon ein Sonnenbad nehmen. Das jährliche Temperaturmittel liegt an der Mittelmeerküste bei 18°. Regen fällt nach einer langen sommerlichen Trockenperiode fast ausschließlich in den Wintermonaten.

Je nach Höhenlage und aufgrund unterschiedlicher Einflüsse von Mittelmeer und Atlantik gibt es in der Region erhebliche Klimaunterschiede. In den Gebirgen ist es frischer. Im Guadalquivir-Becken und in der südöstlichen Küstenregion um Almería, die landesweit die meisten jährlichen Sonnenstunden zählt, dominiert dagegen ein subtropi-

In Burgen und Adelspalästen nächtigen

In den Mauern einer mittelalterlichen Burg schlafen – das ist in Andalusien ein erfüllbarer Traum. Von den Hotels der staatlichen Paradores Nacionales sind vier in kulturhistorischen Monumenten eingerichtet, nämlich die Paradores von Carmona und Jaén (Burgen) sowie Úbeda und Granada. Schön ist auch der Parador von Ronda. Interessenten aus dem deutschsprachigen Raum können sich an die zentrale Beratungs- und Buchungsstelle für Paradores wenden: Ibero-Hotel-Reservierung, Steinstr. 21, 40210 Düsseldorf, Tel. 02 11/86 41 50, Fax 864 15 19, über die man auch Unterkünfte in *cortijos* auf dem Land buchen kann. Zudem wurden etliche Paläste des andalusischen (Land-)Adels in komfortable Hotels umgebaut, so in Sevilla, Carmona und Granada.

sches Trockenklima mit langen, heißen Sommern. Insbesondere im Tal des Guadalquivir, in der sanfthügeligen Campiña, wird es im Sommer extrem heiß, mit Temperaturen über 40 °C. Die Provinz Almería gehört mit einer jährlichen elfmonatigen Dürreperiode zum semiariden Spanien und erscheint als ›klimatischer Vorposten Afrikas‹.

Regenkleidung braucht man kaum, für Touren ins Gebirge oder auch frischere Abende an der Küste sollte man einen Pullover in den Koffer packen.

UNTERWEGS
IN ANDALUSIEN

Ein Leitfaden für die
Reise und viele Tipps
für unterwegs.

Genaue Beschreibun-
gen von Städten und
Dörfern, Sehenswür-
digkeiten und Strän-
den, Ausflugszielen
und Reiserouten.

Andalusien erleben:
Ausgesuchte Hotels,
Fincas und Pensionen,
Bodegas und Tapas-
Bars, Flamenco-Lokale
und Märkte.

Sevilla

West-
Andalusien

Landschaft
bei Jerez

Andalusien-Atlas S. 242 – 244, 248 – 249

SEVILLA UND UMGEBUNG

Sevilla ist eine der attraktivsten Städte Spaniens. Höhepunkte der Stadterkundung sind die gotische Kathedrale, der maurische Alcázar und das jüdische Viertel, aber auch Bodegas, Tavernen und Flamenco-Bühnen. Ausflüge zur Römerstadt Itálica, nach Carmona, Osuna, Écija oder in die Gebirgsdörfer der Sierra Norte lohnen.

Sevilla

Andalusien-Atlas: S. 243, E 3

Sevilla (700 000 Einwohner) gibt als vitale Hauptstadt Andalusiens den Ton an. Das gilt für die Landespolitik, für Mode und Moden oder für die Musik: In ganz Andalusien hört und tanzt man Sevillanas. Das gilt für die Theatralik, mit der man eine ›richtige‹ Semana Santa feiert, und die ausgelassene Heiterkeit, die zur Zeit der Feria angesagt ist. Doch nicht überall in Andalusien mag man solche ›Hauptstadtallüren‹; schließlich war die Region ein Kernland des Anarchismus.

Die alten Viertel der einstigen Hafenstadt am Guadalquivir – das ehemalige jüdische Viertel Santa Cruz, El Arenal, Triana oder Macarena – haben noch gemütlich-provinziellen Charme, in ihren Bodegas und Tavernen entfaltet sich südländische Lebensart. Allerorten quillt Geraniengrün aus Blumentöpfen, während hundertjährige subtropische Bäume in den Parks der Stadt ihre einst enge Beziehung zu den spanischen Überseekolonien dokumentieren.

Sevillas Kulturdenkmäler bezeugen mehr als 2000 Jahre Stadtgeschichte. Den karthagischen Ort Hispalis übernahmen die Römer 206 v. Chr. Scipio Africanus gründete in der Nähe die Veteranensiedlung Itálica, heute eine der interessantesten Ruinenstädte Spaniens (s. S. 84). 712 begann für ›Ischbilja‹ die Zeit der arabischen Herrschaft. Anfang des 11. Jh. regierte das Regionalgeschlecht der Abbadiden von Sevilla aus ein Kleinkönigreich, ein *taifa*, das sie zu einer kulturellen Blüte führten. Um die Vorstöße des Christenkönigs Alfonso VI. abzuwehren, riefen die Abbadidenfürsten die strenggläubigen berberischen Almoraviden aus Nordafrika zu Hilfe. 1086 eilten sie mit ihren Truppen herbei. 1147 folgten ihnen die Almohaden. Sie verstärkten die Stadtmauern und errichteten Moschee und Minarett, die heutige Giralda. Ein Jahrhundert später, 1248, eroberte Fernando III., der Heilige, den Ort. Für alle Nichtchristen, insbesondere für die Juden, begannen schlechte Zeiten. Maurische Baumeister waren jedoch auch in der Folgezeit gefragt; der ab 1349 regierende Pedro el Cruel, Peter der Grausame, ließ sich von ihnen seine Residenz errichten, den Real Alcázar.

Eine glanzvolle Epoche erlebte Sevilla, als die Kolonisierung Amerikas begann. Die Stadt erhielt das Monopol für den Warenumschlag zwischen Mutterland und Überseegebieten und konnte dieses Privileg bis Ende des 17. Jh. halten. Die Casa de Contratación (eine Handelskontrollbehörde), eine Börse sowie eine Seefahrerschule wurden gegründet. Von den Molen am Guadalquivir legten zweimal jährlich die spanischen Galeonen ab, eine bis zu 100 Handels- und Begleitschiffe zählende

flota, die außer Waren auch Eroberer, Abenteurer und Kolonisatoren in die Neue Welt transportierte und mit Gold und Silber beladen zurückkehrte. Ende des 16. Jh. war Sevilla mit 130 000 Einwohnern die drittgrößte Stadt des Abendlandes. Zum *siglo de oro,* Spaniens Goldenem Jahrhundert, trug sie mit einer gebührlichen Anzahl an Malern und Bildhauern bei: Der spätere Hofmaler Velázquez ging hier in die Mal-

Sehenswürdigkeiten

1	Kathedrale	27	Iglesia de San Luis
2	Giralda	28	Iglesia de San Marcos
3	Erzbischöflicher Palast	29	El Rinconcillo
4	Real Alcázar	30	Centro Andaluz de Arte
5	Indienarchiv		Contemporáneo
6	Hospital de los Venerables		
	Sacerdotes		**Übernachten**
7	Casa Museo Murillo	31	Hotel Casa Imperial
8	Santa María La Blanca	32	Hotel Alabardero
9	Casa de Pilatos	33	Las Casas del Rey de Baeza
10	Rathaus	34	Las Casas de la Judería
11	Palacio de Lebrija	35	Hotel Amadeus
12	Hotel Alfonso XIII.	36	Patios de Sevilla
13	Palacio de San Telmo	37	Hotel Simón
14	Tabakfabrik/Universität	38	Hostal Atenas
15	Hospital de la Caridad	39	Hostal Guadalquivir
16	Torre del Oro	40	Hostal Sierpes
17	Oper	41	Hostal Central
18	Stierkampfarena		
19	Markthalle		**Essen und Trinken**
20	Museo de Bellas Artes	42	La Albahaca
21	Markthalle von Triana	32	La Taberna del Alabardero
22	Iglesia de Santa Ana	43	Casa Robles
23	Hospital de las Cinco Llagas	44	Engaña Oriza
24	Stadtmauer der Almohaden	45	Enrique Becerra
25	Basílica de la Macarena	46	La Judería
26	Iglesia de Santa Marina	47	Bodega Paco Góngora

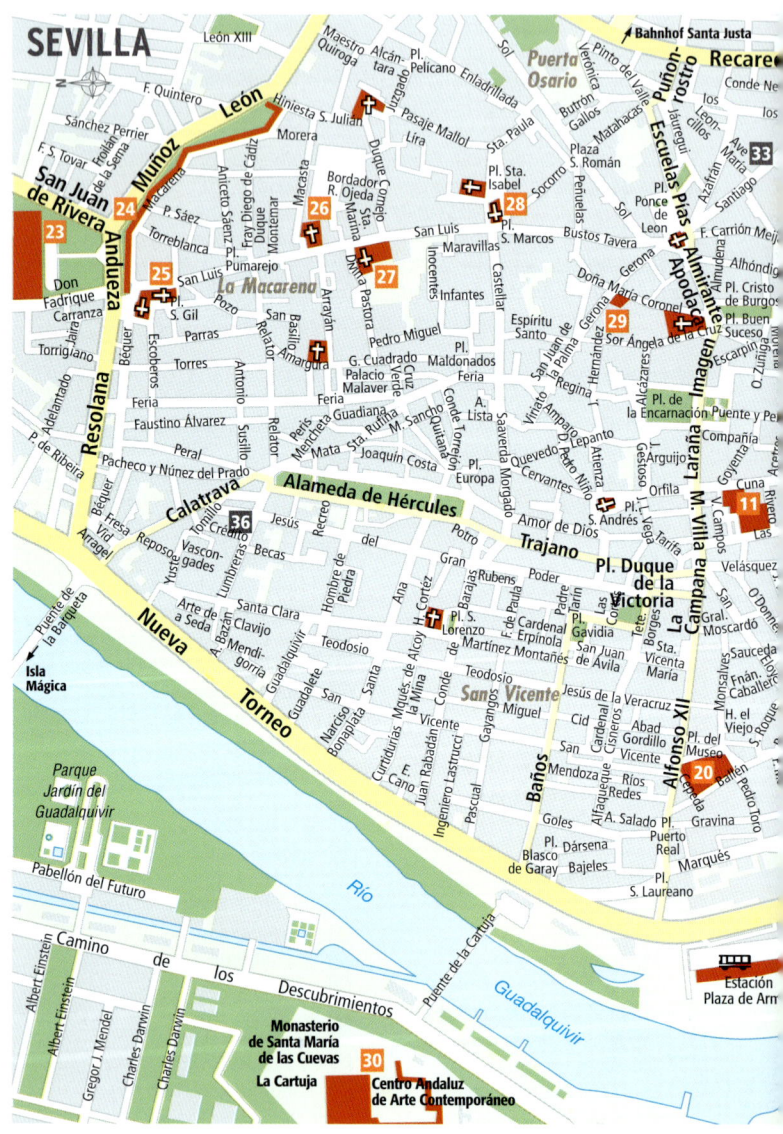

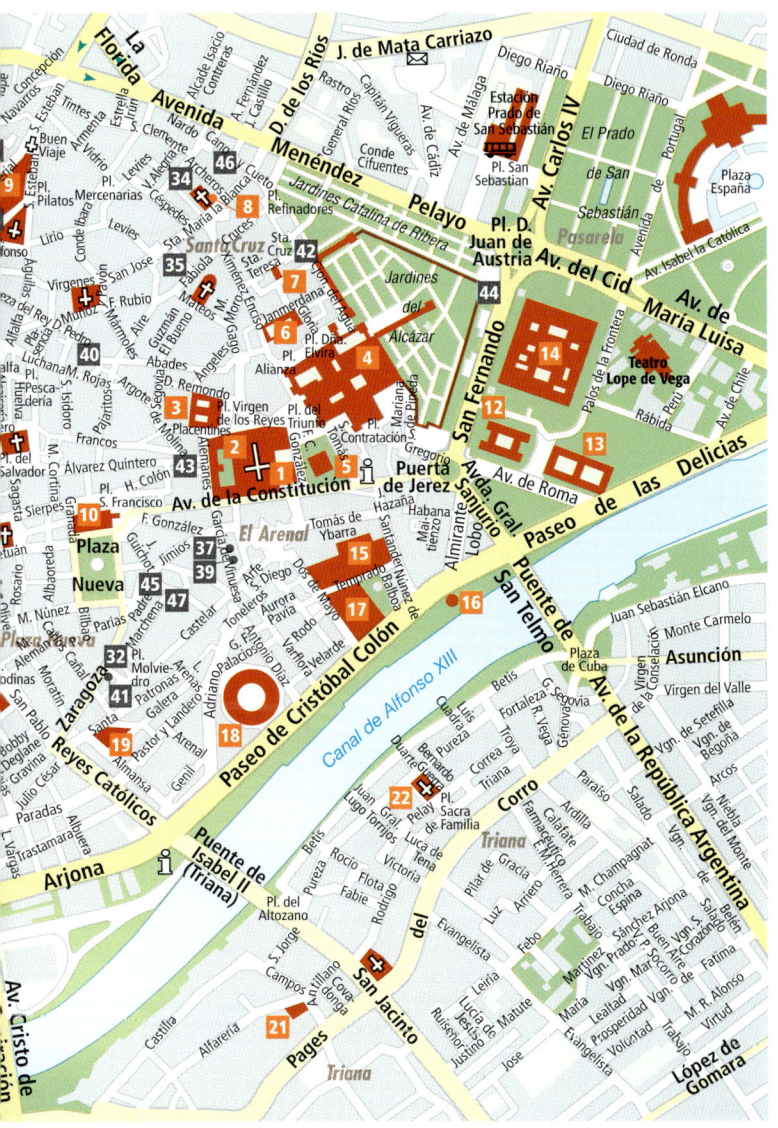

schule, Murillo, Zurbarán, Valdés Leal, Martínez Montānés und Alonso Cano schmückten Konvente und Kirchen im üppigen Barockstil aus, der das Lebensgefühl des Kolonialzeitalters spiegelt. Als man 1680 den Flottenstützpunkt und 1717 die Casa de Contratación nach Cádiz an den Atlantik verlegte, begann der Niedergang, dessen Folgen bis ins 20 Jh. spürbar blieben, zumal auch die Franco-Diktatur Sevillas urbane Entwicklung lähmte. Erst die Expo '92 brachte Sevilla mit umfangreichen Stadtverschönerungsprojekten wieder auf Trab.

Giralda und Kathedrale

Mo–Sa 11–17, So 14.30–18 Uhr, 6 € inklusive eines Plans der Kathedrale
Mit 130 m Länge und 76 m Breite gehört Sevillas **Kathedrale Santa María de la Sede** 1 neben dem römischen Petersdom und der Londoner St. Paul's Cathedral zu den größten Kirchen der Welt. Sie nimmt die Stelle einer Ende des 12. Jh. von den Almohaden errichteten Moschee ein, von der noch die Giralda, das zum Glockenturm umfunktionierte Minarett, und der Orangenhof zeugen.

Eine zinnengekrönte Mauer – man beachte an der Nordseite die bronzeverkleidete **Puerta del Perdón**, geschmückt mit feinen kufischen Lettern, die Allah preisen – und Arkaden mit Hufeisenbögen fassen diesen **Patio de los Naranjos,** ehemals Vorhof der Moschee, ein. Den muslimischen Reinigungsritualen vor dem Gebet diente der zentrale Brunnen, den ein westgotisches Becken bekrönt.

Das Haupttor zur Kathedrale vom Orangenhof ist die **Puerta de los Naranjos.** Meist betritt man sie jedoch durch die **Puerta del Lagarto** neben der Giralda. Sie wurde nach einem Krokodil benannt, das der ägyptische Sultan 1260 Alfons dem Weisen schickte. Es soll zu den Geschenken gehört haben, mit denen der Ägypter um die Hand seiner Tochter warb. Doch der Weise König wollte sein Kind offenbar nicht in einen Harem geben. Eine Nachbildung des Krokodils ist oben vor dem Portal angebracht.

Die **Giralda** 2, Sevillas weithin sichtbares Wahrzeichen, wurde ab 1184 von den Almohaden erbaut: ein quadratischer Turm aus Ziegelmauerwerk, das zu rautenartigen Sebka-Mustern gefügt ist. Vor die hufeisenförmigen Fensteröffnungen setzte man später barocke Balustraden. Auf der Plattform in 70 m Höhe erhob sich ursprünglich ein für maghrebinische Minarette typischer kleinerer Turm, der im 14. Jh. bei einem Erdbeben beschädigt und im 16. Jh. durch den heutigen kandelaberartigen Glockenstuhl ersetzt wurde. 4 m hoch ist die weibliche Bronzefigur auf der Turmspitze, ein Symbol für den Triumph des Glaubens. Sie hält eine Standarte in der Hand und dreht sich im Wind: Als *Giraldillo* (von *girar* = sich drehen) wurde sie zur Namensgeberin des knapp 100 m hohen Turms. Im Innern führen 35 Rampen hinauf zur Plattform, zu der Sevillas Eroberer 1248 mit seinem Pferd hochritt. Von oben bietet sich ein Panoramablick über die Stadt.

Die Christen übernahmen die 17-schiffige Moschee für ihren Gottesdienst, bis das Domkapitel 1401 be-

Panoramablick über den Guadalquivir auf die Torre del Oro und die Altstadt

schloss, eine gewaltige **Kathedrale** zu bauen, die jedes Maß sprengen sollte. Ein ›Turmbau zu Babel‹, der seine Tücken hatte: Kaum war die gotische Kirche Anfang des 16. Jh. vollendet, stürzte die Kuppel ein. Danach verstärkte man den Baukörper durch Strebebögen, die heute sein äußeres Erscheinungsbild prägen.

Durch ihren außergewöhnlich breiten Grundriss erinnert die Kirche noch an die Almohaden-Moschee. Mächtige Säulen untergliedern sie in fünf Schiffe. Das Herzstück ist die **Capilla Mayor:** Hinter einem schmiedeeisernen Gitter des 16. Jh. birgt sie das größte christliche Retabel der Welt (23 x 20 m). Über 1000 geschnitzte Figuren fügen auf einzelnen Tafeln Szenen aus dem Leben Jesu zusammen, nach einem Entwurf von Pieter Dancart von 1482. Klein

nimmt sich in diesem überbordenden Bildrepertoire die Marienstatue Virgen de la Sede (Jungfrau der Seide) aus dem 13. Jh. aus. Ein schmiedeeisernes Gitter verschließt auch den gegenüber liegenden **Chor** mit prächtigem Gestühl im gotisch-mudéjaren Stil.

Im rechten Seitenschiff steht vor der in gotischem Flamboyantstil ausgeführten Puerta de la Lonja das **Grabdenkmal von Christoph Kolumbus**. Vier kräftige Männer in königlichen Gewändern, die – das zeigen die Wappen auf der Brust – die Königreiche Aragón, Navarra, Kastilien und León repräsentieren, tragen den Sarg des Seefahrers auf ihren Schultern. Es ist wohl kein Zufall, dass Arturo Mélida, der das Denkmal Ende des 19. Jh. schuf, die Könige Kastiliens und Leóns aufschauen lässt, während die von Na-

67

WO LIEGT CHRISTOPH KOLUMBUS BEGRABEN?

Der gebürtige Genuese Christoph Kolumbus (span.: Cristóbal Colón), der an einem nicht genau bekannten Tag des Herbstes 1451 das Licht der Welt erblickte, bemühte sich jahrelang vergeblich um Förderer für sein Lebensprojekt: die Suche des Seeweges nach Indien über die Westroute. Kolumbus hatte sich das damals revolutionäre, in einer Karte des Florentiners Toscanelli veranschaulichte Weltbild zu Eigen gemacht, demzufolge die Erde rund sei. Also musste es möglich sein, Indien auf direkterem Weg als durch die Umsegelung Afrikas zu erreichen. Der Seefahrer bot zunächst den Portugiesen und dann den Katholischen Königen Isabel und Fernando seine Dienste an. Nicht zuletzt die Fürsprache der Mönche von Santa María de las Cuevas in Sevilla (s. S. 78) veranlasste die Herrscher, 1492 ihr ›Ja‹ zu geben und vertraglich in den Capitulaciones von Santa Fé zu bestätigen.

Am 3. August 1492 stach Kolumbus von Palos de la Frontera aus in See (s. S. 91f.), und gut zwei Monate später, am 12. Oktober 1492, setzte er seinen Fuß auf die Bahama-Insel San Salvador. Nach zwei weiteren erfolgreichen Expeditionen kehrte Kolumbus 1504 krank von seiner vierten Reise zurück und starb 1506 im spanischen Ort Valladolid, ohne selbst zu wissen, was heute jedes Schulkind lernt, dass er nämlich einen neuen Kontinent entdeckt hatte. Er glaubte bis zuletzt, den Westweg nach Indien gefunden zu haben; die Bezeichnung ›Indios‹ für die Ureinwohner Amerikas wie auch die Namen früher Kolonialverwaltungsbehörden, so des Archivo de Indias (s. S. 72), erinnern daran.

Die Gebeine des Toten überführte man nach Sevilla, in das Kartäuserkloster Santa María de la Cartuja auf der Isla de la Cartuja in Sevilla, wo Kolumbus schon zu Lebzeiten Unterschlupf gefunden hatte. Aber 1544 nahm seine Schwiegertochter die Leiche mit nach Santo Domingo. Hier konnte sie ruhen, bis es zu Gefechten mit den Franzosen um die zweite Hälfte der Insel, das heutige Haiti, kam. Um die sterblichen Überreste des großen Seefahrers vor den Feinden zu schützen, verstaute man sie kurzerhand auf einem Schiff und brachte sie nach Kuba.

Dies jedenfalls ist *eine* Version der Geschichte. Einer anderen Lesart zufolge nahm man in der Eile die falsche Leiche mit. Und in Santo Domingo zeigt man heute stolz das Grab von Kolumbus. Als sich Kuba gegen Ende des 19. Jh. von Spanien löste, gehörte ein Toter – der vermeintliche Kolumbus – zu dem wenigen, was die Spanier retten konnten. Er wurde in Sevilla in Empfang genommen. Um wen es sich dabei tatsächlich handelte, wird ein Geheimnis der Geschichte bleiben.

varra und Aragón zu Boden blicken, profitierten doch nur erstere von den Entdeckungen des Kolumbus: Aragón und Navarra blieben bis 1778 vom Kolonialhandel ausgeschlossen. Das monumentale Wandfresko von 1594 stellt den heiligen Christophorus dar, den Namenspatron des Seefahrers.

Zahlreiche Kunstschätze bergen auch die Seitenkapellen von Santa María de la Sede. In der **Capilla de San Antonio** an der Nordseite stellt das mit 5,6 x 3,3 m größte und eines der bedeutendsten Gemälde des Sevillaner Malers Murillo die ›Vision des Heiligen Antonius‹ dar (1656). Zu den Gemälden in der spätgotischen **Sacristía de los Santos Cálices** gehört Goyas Darstellung der Stadtheiligen Justa und Rufina – mit der Giralda im Bildhintergrund.

Beeindruckt von der im Renaissancestil konzipierten **Sacristía Mayor** mit ihrer skulpturengeschmückten Kuppel soll Philipp II. einst gesagt haben: »Ihr habt eine bessere Sakristei als ich eine königliche Kapelle.« Auffälligstes Schmuckstück ist die 3,25 m hohe Silbermonstranz von Juan de Arfe (16. Jh.). Eine Kapelle voller Kunst: eine Kreuzabnahmegruppe von Pedro de Campaña, eine Heilige Theresia von Zurbarán, Bilder von Lucas Jordán und Murillo, die Skulptur König Ferdinands des Heiligen von Pedro Roldán, eine von Alonso Martínez geschnitzte Marienfigur, prachtvolle Kustodien und Reliquientruhen.

Eine ›Unbefleckte‹ des Malers Murillo schmückt die **Sala Capitular**, den ellipsenförmigen Kapitelsaal. Im Nachbarraum ist der **Kathedralschatz** ausgestellt.

Die dem Gottesdienst vorbehaltene plattereske **Capilla Real**, Grablege dreier kastilischer Könige, wurde ab 1551 an das Kopfende des Mittelschiffs angefügt. Aus dem Rund der Kuppel blicken steinerne Königsköpfe herab. Im Zentrum des Altars ist die Virgen de los Reyes aus dem 13. Jh., Schutzpatronin Sevillas, in kostbare Gewänder gehüllt. Vor dem Altar steht eine Silbertruhe mit den Gebeinen des Heiligen Königs, der Sevilla den Arabern abrang. Links in einer Nische ruht Alfons X. der Weise, dem das Abendland die Übersetzung zahlreicher arabischer Schriften verdankt. In der Krypta ist Peter der Grausame begraben, der im Alcázar von Sevilla residiert hat.

An der brunnengeschmückten Plaza Virgen de los Reyes, wo auch der **Erzbischöfliche Palast** 3 mit üppigem Barockportal liegt (18. Jh.), zweigt die orangenbaumbepflanzte und von Bars gesäumte Calle Mateos Gago ab, die das Viertel Santa Cruz begrenzt. Von ihr bietet sich ein besonders schöner Blick auf die Giralda.

Der Alcázar

Di–Sa 9.30–19, im Winter bis 17, So 9.30–13.30 Uhr, 5 €

Nachdem die Araber Sevilla erobert hatten, errichteten sie eine Festung. Als die Almohaden im 12. Jh. die Macht übernommen hatten, bauten sie das vorgefundene Ensemble ebenso weiter aus wie die spanischen Könige, die hier nach der *reconquista* residierten. Glanzstück der gänzlich von einer zinnengekrönten Mauer eingefassten Anlage ist der **Real Alcázar** 4, den Peter

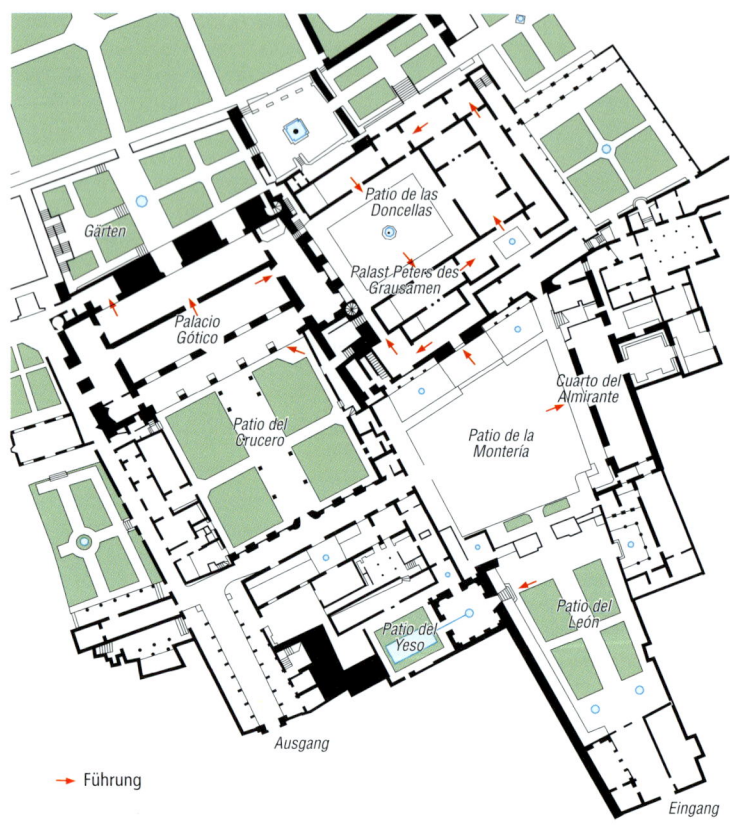

Gärten

Patio de las
Doncellas

Palast Peters des
Grausamen

Palacio
Gótico

Cuarto del
Almirante

Patio del
Crucero

Patio de la
Montería

Patio del
Yeso

Patio del
León

Ausgang

→ Führung

Eingang

der Grausame (Pedro el Cruel) 1364 errichten ließ, und zwar als ›Liebesnest‹
für María de Padilla – seine Gemahlin
hatte er ihr zuliebe in die Verbannung
geschickt. Das Obergeschoss ist bis
heute den spanischen Königen vorbehalten.

Der Palast zeigt die Handschrift
maurischer Baumeister aus Toledo und
Granada. Der granadinische Herrscher

Mohamed V. hatte sie geschickt, um
sich auf diese Weise für die Hilfe Pe-
dros bei der Sicherung seines Thrones
zu bedanken. Derartige Bündnisse zwischen arabischen und christlichen
Herrschern waren in der Zeit der *reconquista* nichts Ungewöhnliches.
Schließlich hatte Mohamed I. dem Heiligen König gut 100 Jahre zuvor bei der
Eroberung Sevillas geholfen und so die

eigenen Glaubensbrüder verraten (s. S. 189). Was hier entstand, ist ein Kleinod der Mudéjarkunst.

Durch das Löwentor, die **Puerta del León,** betritt man die Anlage. An den Löwenhof grenzt die mit Stuckarbeiten und Artesonado-Decke geschmückte **Sala de la Justicia,** die unter Alfonso XI., Vater des Alcázar-Erbauers Peter des Grausamen, entstand. Dahinter versteckt sich der **Patio del Yeso** mit einem Wasserbecken – ein Relikt des Almohadenpalastes aus dem 12. Jh.

Blickfang im Haupthof **Patio de la Montería** ist die mit filigranem Stuckwerk verzierte Fassade des Palastes Peters des Grausamen. Rechts davor liegt die **Sala de los Almirantes.** Sie beherbergte die 1503 von Isabel la Católica gegründete Casa de Contratación, das königliche Handelshaus für die spanischen Überseegebiete. Im **Cuarto del Almirante** hängt die Jungfrau der Seefahrer, ein Gemälde von Alejo Fernández (16. Jh.): Unter ihrem weiten Mantel sollen die Köpfe von Kolumbus und der Brüder Pinzón hervorlugen.

Ein Aufgang in der Hofecke führt zu den Gemächern im Obergeschoss, die gelegentlich von der Königsfamilie genutzt werden (Führungen alle 30 Min., zusätzlicher Eintritt). Der **Palast Peters des Grausamen** diente allen nachfolgenden kastilischen Königen als Residenz, wenn sie sich in Sevilla aufhielten. Die Namen einiger Säle erinnern daran. 1526 heiratete hier Karl V. die portugiesische Infantin Isabel. Den Eingang bildet ein knickförmiger Gang,

Kleinod maurischer Baukunst: Der Alcázar Peters des Grausamen

der im **Patio de las Doncellas** endet. Doppelstöckige Arkaden umgeben ihn, wobei die obere Renaissance-Galerie aus dem 16. Jh. stammt. Der Säulengang, die maurischen Zackenbögen, die mit feinem Stuckdekor überzogenen Flächen, Fliesenverkleidungen und Zedernholzportale entsprechen der Originalausstattung aus dem 14. Jh. Der Struktur arabischer Paläste entsprechend sind die Räume rund um diesen Hof angelegt. Durch den **Alcoba Real** oder Schlafsaal der Maurenkönige gelangt man in den kleinen **Patio de Muñecas,** der seinen Namen ›Puppenhof‹ den winzigen Masken in den Arkadenzwickeln verdankt. Säulen und Kapitelle zeigen den so genannten Kalifenstil und stammen vermutlich aus Medinat al-Zahra (s. S. 170).

Prächtigster Raum des Alcázar ist der **Salón de Embajadores** (Gesandtensaal). Dreigliedrige Durchgänge mit Hufeisenbögen stellen die Verbindung zu den Nachbarräumen her. Ein hölzernes Kuppelgewölbe vom Anfang des 15. Jh. und Porträts spanischer Könige oben an den Wänden schmücken den Raum. Auch die benachbarte **Sala de Felipe II.** bedeckt ein schöner *artesonado*.

An den Palast Peters des Grausamen grenzt der so genannte **Palast Karls V.** Schmuckstücke sind die Gobelins, die die Belagerung und Eroberung von Tunis (1535) durch Karl V. darstellen, und die Sevillaner Renaissance-Fliesen im Kaisersaal.

Eine grüne Oase sind die mauerumgebenen **Alcázar-Gärten**. Teiche und Brunnen, Blumen, Hecken, Büsche und Bäume sind zu teils maurisch inspirierten, teils im Stil der Renaissance gehaltenen Anlagen gefügt, in denen Bänke zum Verweilen einladen.

Archivo de Indias

Das **Indienarchiv** [5] steht neben Kathedrale und Alcázar als drittes Weltkulturerbe an der Plaza del Triunfo. Sevillas einstige Börse entstand nach Plänen des berühmten Escorial-Architekten Juan de Herrera ab Ende des 16. Jh. im strengen Renaissancestil. Ab 1785 übernahm das Haus die Funktion eines Archivs, in dem alle wichtigen Dokumente bezüglich der Entdeckung Amerikas und der Verwaltung des immensen spanischen Kolonialgebietes vom 15. bis 19. Jh. unter einem Dach zusammengestellt wurden. Forscher aus aller Welt finden hier einzigartige Originalquellen für ihre einschlägigen Studien. In 9 km Regalen aus kubanischen Edelhölzern lagern 43 000 Aktenbündel mit durchschnittlich 1000, meist beidseitig handbeschriebenen Blättern, darüber hinaus etwa 7000 alte Karten und Pläne. Nur ein Teil des Archivs ist zu besichtigen.

Santa Cruz

Santa Cruz, der ehemalige Wohnbezirk der Juden (*judería*), schließt unmittelbar an die Alcázar-Gärten und den Kathedralbezirk an. Es ist heute ein herausgeputztes Vorzeigeviertel mit volkstümlicher Tradition. Die schmalen, verwinkelten Gässchen, von denen der Blick in blumengeschmückte Patios schweift, zählen zum ›touristischen Pflichtprogramm‹.

Stimmungsvoll: In Santa Cruz tafelt man unter freiem Himmel zu Gitarrenklängen

Am besten durchschlendert man den *barrio* ziellos. Auf der Plaza de Alianza isst man an den Tischen der Lokale ebenso unter freiem Himmel wie auf der gemütlichen Plaza de Doña Elvira. Hier wurden früher Theaterstücke aufgeführt, heute kommen gelegentlich Straßenmusiker vorbei, spielen Flamenco und sammeln ein paar Cent ein. Ebenso belebt ist es meist auf der Plaza de los Venerables mit kleinen *tascas* und Restaurants, die draußen Tische und Hocker aufgestellt haben. An einer Seite steht das barocke **Hospital de los Venerables Sacerdotes** 6 , ein 1667 erbautes Seniorenheim für Priester, das nun für wechselnde Ausstellungen genutzt wird (Führungen tgl. 10–14, 16–20 Uhr).

Ein typisches Haus des Viertels mit schönem Kachelschmuck ist die **Casa Museo Murillo** 7 in der Calle Santa Teresa. Der in Sevilla geborene Barockmaler soll hier gelebt haben.

An der einstigen Hauptstraße des Judenviertels, der belebten Calle Santa María La Blanca, ersetzte die kleine weiße Kirche **Santa María La Blanca** 8 eine frühere Synagoge.

Casa de Pilatos

Am Rande von Santa Cruz liegt Sevillas schönster Palast neben dem Alcázar: die **Casa de Pilatos** 9 . Wie mit dem Pazo de Oca in Galicien und dem Hospital de Tavera in Toledo haben sich die Herzöge von Medinaceli mit diesem Bau ein Denkmal gesetzt. Und auch in diesem Fall wurden regionaltypische Bau- und Dekorationsweisen aufgegriffen. Die Harmonie von klassizistischen Formen, maurischer Zierkunst und antiken Skulpturen besticht.

Der erste Marqués von Tarifa ließ den Palast Anfang des 16. Jh. errichten, nachdem er von einer Pilgerfahrt ins Heilige Land zurückgekehrt war. Angeblich rührt der Name ›Haus des Pilatus‹ daher, dass der Marqués das Prätorium des Römers Pontius Pilatus in Jerusalem nachbilden wollte. Den Hin- und Rückweg machte er über Italien und brachte von dort Säulen und Brunnen aus Carrara-Marmor mit.

Die Anlage besteht aus mehreren Flügeln, Innenhöfen und Gärten. In den Ecken des Haupt-Patio – mit Säulengang, filigranem Stuckwerk, unterschiedlich gemusterten farbigen *azulejos* des 16. Jh. und zentralem Brunnen – stehen vier große Statuen, die aus Italien herangeschafft wurden. Die Figur der Pallas Athene stammt aus dem 5. Jh. v. Chr. Beim Aufstieg zum ersten Stock beachte man die hölzerne Kassettenkuppel über der Treppe. Die oberen Räume gleichen einem Museum mit Möbeln, Porzellan, Tapisserien und Gemälden. (9–19 Uhr, Führungen durch das Obergeschoss alle 30 Min. außer von 14 bis 15 Uhr; 8 € Eintritt, Di 13–17 Uhr gratis)

Vom Rathaus zur Casa de Lebrija

Sevillas **Rathaus** 10 hat zwei Gesichter: Die schlichtere Fassade des 1527 begonnenen Renaissancebaus zeigt zur Plaza Nueva, während eine mit Medaillons und Skulpturen geschmückte Platereskfassade an die Plaza de San Francisco grenzt. Auf diesem Platz ließ

Gut für eine Pause nach dem Einkaufsbummel: Café am Ende der Calle Sierpes

Sevillas Inquisition Ketzer auf dem Scheiterhaufen verbrennen. An der Schmalseite zweigt die **Calle Sierpes** ab, eine Fußgängerzone mit Traditionsgeschäften. Im Sommer werden als Sonnenschutz Stoffbahnen über die Straße gespannt, nach der Art arabischer Basare. Vorn rechts erinnert eine Tafel an das Gefängnis, in dem der Don Quijote-Autor Miguel de Cervantes einsaß, nachdem er wieder einmal mit den mittelalterlichen Gesetzen in Konflikt geraten war.

Ein schmucker Adelspalast, der **Palacio de Lebrija** 11 aus dem 16. Jh., versteckt sich in der Parallelstraße, der Calle Cuna No. 18. Doña Regla Manjón Mergelina, Gräfin von Lebrija, war von den römischen Mosaiken in Itálica (s. S. 84) so fasziniert, dass sie zu Beginn des 20. Jh. alles daran setzte, einige davon in ihre eigenen vier Wände zu schaffen – mit Erfolg. Bis heute schmücken original römische Fußbodenmosaike die Patios des Hauses und einige Zimmer, die eine kleine archäologische Sammlung bergen. Wer diese anschaut, setzt seinen Fuß auf ein römisches Erbe, das wohl eher in ein Museum gehört. (Mo–Fr 10.30– 13, 16.30/17–19/20, Sa 10–13 Uhr, 3,3 €, Gesamthaus 6,6 €)

Rund um die Tabakfabrik

Als Sevilla 1929 Gastgeberin der iberoamerikanischen Ausstellung war, errichtete man das **Hotel Alfonso XIII.** 12, das luxuriöseste und teuerste Hotel der Stadt. Nebenan hat die andalusische Regierung im **Palacio de San Telmo** 13 vom Ende des 17. Jh.

ihren Sitz. Er diente zunächst als Seefahrerschule. Daher bekrönt auch San Telmo, der Schutzheilige der Seeleute, das prächtige Barockportal.

Die einstige **Tabakfabrik** 14 Sevillas, die als Szenerie der Carmen-Oper weltberühmt wurde, beeindruckt durch ihre Größe. In dem Bau aus dem 18. Jh. – mit mehreren Innenhöfen – drehten einst über 10 000 Arbeiterinnen Zigarren. Die wertvolle Ware wurde gut bewacht: Gräben und Wachthäuschen umgeben die alte Fabrik, die sogar ein eigenes Gefängnis besaß. In der heutigen Universität gehen Studenten ein und aus.

Beiderseits des Guadalquivir: El Arenal und Triana

An Sevillas Stadtfluss liegen sich die Traditionsviertel El Arenal und Triana gegenüber. In beiden *barrios* lebten früher Seefahrer und Händler. In der Calle Santander am Rande von El Arenal verblieb als einziges Relikt der almohadischen Stadtmauer, die vom Alcázar zum Fluss führte, die **Torre de Plata**.

Das **Hospital de la Caridad** 15 in einer Seitengasse, heute ein Altenheim, soll ein ›reuiger Sünder‹ gestiftet haben, der das Vorbild der literarischen Figur Don Juan abgab. In der Kirche hängen bedeutende Kunstschätze: sieben Gemälde von Murillo, dazu Werke von Valdés Leal und Pedro Roldán. (Mo–Sa 9–13.30, 15.30–18.30, So 9–13 Uhr)

Das Flussufer beherrscht die zwölfseitige **Torre del Oro** 16. Sie wurde um 1220 errichtet und bildete den Endpunkt der Almohadenmauer. Der Name ›Goldturm‹ rührt noch daher, dass der ursprüngliche Aufsatz mit vergoldeten *azulejos* verkleidet war. Im Mittelalter spannte man eine Kette zu einem nicht mehr existierenden Turm auf der anderen Seite des Flusses, um den Hafen abzusperren und feindliche Schiffe abzuhalten. Im Turm ist ein Museum zur Seefahrtsgeschichte der Stadt eingerichtet (Di–Fr 10–14, Sa/So 11–14 Uhr). Unten am Fluss, wo in Sevillas glanzvollsten Zeiten die Galeonen ankerten, die nach Amerika ausliefen oder mit Schätzen beladen von dort zurückkehrten, liegen heute **Boote** für Rundfahrten bereit.

Aus Sevillas Kulturleben sind weder die zur Expo '92 erbaute **Oper** [17], deren äußere Schlichtheit an ein römisches Pantheon erinnert, noch die **Stierkampfarena** [18] wegzudenken. Die Plaza de Toros de la Maestranza gehört zu den ältesten Arenen Spaniens. Jeder *torero* verfolgt das Ziel, hier einmal in seinem Leben aufzutreten. 14 000 Zuschauer fasst die Arena. Das Museum bietet eine bunte Sammlung von Stierkampftrophäen (tgl.9.30–14, 15–19 Uhr).

Ein volkstümliches Gesicht zeigt El Arenal in der **Markthalle** [19]. Am Rande des Viertels liegt das **Museo de Bellas Artes** [20], eine der wichtigsten Pinakotheken Spaniens. Der barockisierte Klosterbau aus dem 13. Jh. besitzt hübsche Patios mit Sevillaner Kacheln. Die Werke zahlreicher Meister des *siglo de oro* sind hier versammelt: vom Hofmaler Velázquez, von Esteban Murillo, Valdés Leal, José de Ribera (El Españoleto) und Francisco de Zur-

barán. Auch Van Dyck, Rubens, Tizian, Goya, Francisco Pacheco, Lucas Cranach und Alonso Cano sind vertreten. Von José García (1852–1912) stammen Sevillaner Lebensszenen und von Gonzalo Bilbao (1860–1938) das Gemälde ›Las Cigarreras‹ (Die Zigarrendreherinnen), das eine Vorstellung davon vermittelt, wie es in der alten Tabakfabrik zuging. Als Bildhauer repräsentieren Juan Martínez Montañés, Pedro de Mena und Juan de Mesa das Goldene Zeitalter Spaniens. (Di 15–20, Mi–Sa 9–20, So 9–15 Uhr)

Triana auf der anderen Flussseite ist ebenfalls ein urtypisches Sevillaner *barrio* und gilt traditionell als Viertel der *gitanos*. Berühmte Stierkämpfer und Flamenco-Interpreten stammen hierher. Die Plaza del Altozano jenseits der Puente de Isabel II. schmückt eine abstrakte Skulptur mit aufgerissenem Bauch, eine Hommage an den Stierkämpfer Belmonte.

Rund um die **Markthalle** [21], in den Gassen Campos und Alfarería, deren Name die reiche Keramiktradition des Viertels belegt, lassen sich die Töpfer von Triana über die Schulter schauen. Ihre Keramik genießt einen ausgezeichneten Ruf.

Die Calle Pureza mit ihren Bodegas und Bars führt zur **Kirche Santa Ana** [22], der ältesten Kirche der Stadt. Entlang der Uferfront, in der **Calle Betis**, reihen sich viele Restaurants und Bars aneinander, auf deren Terrassen man mit Blick auf den Guadalquivir, die Torre del Oro und die (nachts beleuchtete) Stadt speisen kann. Triana zählt zu den beliebtesten nächtlichen Ausgehvierteln.

KULINARISCHER STREIFZUG DURCH EL ARENAL

Tapeo heißt, abends von Lokal zu Lokal zu ziehen, einen *fino,* einen *manzanilla* oder ein Bier *(cerveza)* zu trinken, dazu *tapas,* köstliche Häppchen, zu essen und den Tag mit abendlicher Plauderei zu beenden. In den Bars und Bodegas von El Arenal wird der Verzehr oft noch mit Kreide auf der Theke notiert.

In der Calle García Vinuesa liegt die **Bodega Morales,** eine der ältesten Sevillas. Seit 150 Jahren schenkt man hier Sherry und Wein vom Fass aus. Der karg möblierte Raum enthält eine vom Alter gezeichnete Theke, ein paar Holzregale, Fässer und alte Plakate. Im Hinterzimmer stehen fast raumhohe *tinajas,* tönerne Behälter, in denen früher der Wein aufbewahrt wurde. Dort gibt es ein paar Tische, an denen Wein und Tapas serviert werden. Das Haus mit der No. 20 beherbergt eine weitere alte Bodega. Am Ende der Straße stößt man geradeaus auf die **Freiduría El Arenal**, die abends fritierte Fische und Fischkroketten im Straßenverkauf anbietet. Diese Zone mit ihren vielen kleinen Restaurants und Bars ist abends ein lebhafter Vierteltreff.

Beliebt ist die von zwei Brüdern betriebene **Bodeguita Ramón** in der Calle Harinas (am Ende der Calle G. Vinuesa im spitzen Winkel nach rechts). Zu Bier, Wein und Sherry bietet sie verschiedene auf einer Tafel aufgelistete *tapas* an. Schräg gegenüber, im **Rincón Gallego del Pulpo**, probiere man galicische Krake *(pulpo)* zu leicht moussierendem Ribeiro-Wein, der stilgerecht in Porzellanschalen ausgeschenkt wird.

Das **Restaurante Enrique Becerra** (in der Parallelstraße Gamazo) empfiehlt sich für ein gediegenes Abendessen. Gemütlich ist die **Bodega Paco Gongora** (einige Schritte weiter): Das reichhaltige Angebot an Fischspezialitäten kann man in Form von *tapas* oder *raciones* probieren, am Tresen im Stehen oder im kleinen Speisesaal. Den krönenden Abschluss eines *tapeo* in El Arenal könnte in der Calle Zaragoza das **Casablanca** (Nr. 50) bilden – 1993, anlässlich der Hochzeit seiner Tochter in Sevilla, verdrückte hier sogar König Juan Carlos mit Genuss eine der wirklich guten *tapas* des Hauses. Kaum noch zu übertreffen ist schließlich die Küche der schönen **Taberna del Alabardero**, in der baskische Köche am Herd stehen. Die Tapas des Hauses geben einen Vorgeschmack auf das hohe Niveau des Restaurants, das einen Ableger in der Hauptstadt Madrid besitzt.

Wer seinen Streifzug morgens in El Arenal beginnt, bekommt im **Horno de San Buenaventura** mit seiner großen Auswahl an Gebäck und Kuchen, aber auch an belegten Brötchen ein fürstliches Frühstück – allerdings im Stehen (Ecke Avda. Constitución/Calle García Vinuesa).

KARTHÄUSERINSEL – ›MAGISCHE‹ INSEL

Sevilla schmiegt sich in eine Schleife des Guadalquivir, der im Winter zu Überschwemmungen neigte. Zur Entlastung des Flusses legte man 1975 einen Kanal an und schuf dadurch eine Art Insel, die Isla de la Cartuja. Der Name erinnert an das Karthäuserkloster Monasterio de Santa María de las Cuevas aus dem 15. Jh., in dem Christoph Kolumbus seine Epoche machende Schiffsreise nach Westen vorbereitet hatte. Mitte des 19. Jh. zweckentfremdete man das Kloster als Keramikmanufaktur; die Schornsteine der Brennöfen stehen noch. Zur Weltausstellung Expo '92, die mit dem 500. Jahrestag der Entdeckung Amerikas durch Kolumbus zusammenfiel, restaurierte man das Kloster. Es beherbergt nun den **Centro Andaluz de Arte Contemporáneo** 30 mit spanischer Gegenwartskunst von Antoni Tàpies, Antonio Saura oder des baskischen Bildhauers Chillida (Di–Fr 10–20, Sa 11–20, So 10–15 Uhr).

Heute ist die ›Insel‹ eher unter dem Namen **Isla Mágica** bekannt: So heißt der Vergnügungs- und Themenpark auf dem Expogelände rund um den kleinen See, der Besucher u.a. in das Zeitalter der Entdeckungen und Eroberungen versetzt – ein unterhaltsames Spektakel für Groß und Klein (Information/Reservierung: Tel. 902 16 1716. Ende März–Anfang Nov. geöffnet; Mai–Mitte Sept. täglich, sonst nur an Wochenenden. Aktuelle Öffnungszeiten unter www.islamagica.com oder in der Oficina de Turismo erfragen. Eintritt 19–21 €, Ermäßigung für Kinder und Senioren).

Im Übrigen rottet so mancher Expo-Bau auf der 215 ha großen Insel vor sich hin. Stellenweise mutet die Szenerie wie ein riesiger Friedhof der Expo-Pavillons an, wie man bei einer Busfahrt über die Insel feststellen wird (Bus C1/C2 z. B. ab Pl. Don Juan de Austria, unweit der Tabakfabrik, oder Sevilla Tour-Stadtrundfahrten).

La Macarena

Dieses Sevillaner Traditionsviertel erreicht man gut mit dem Bus C4 – ab Paseo de Cristóbal Colón –, mit dem man bis zur alten Stadtmauer fährt. Hinter dem baumüberschatteten Platz gegenüber diesem von den Almohaden errichteten Wall befindet sich das alte **Hospital de las Cinco Llagas** 23, ein mächtiger Renaissancebau aus ockerfarbenem Stein, der im 16./17. Jh. um mehrere Innenhöfe errichtet wurde. Das einstige Stadtkrankenhaus ist Sitz des andalusischen Parlaments.

Das erhaltene Stück der **Stadtmauer** 24 ist einige hundert Meter lang und mit acht Türmen bestückt. Hinter dem barocken Torbogen **Arco de la Macarena,** dem Eingang zum barrio, erhebt sich die im 20. Jh. erbaute **Basílica de la Macarena** 25 mit der populären Marienfigur im Zentrum des gold- und silberglänzenden Altars. Im Kirchenmuseum werden all die prunkvollen Accessoires verwahrt, mit denen die Bruderschaft zu den Semana Santa-Prozessionen auszieht (tgl. 9.30–13, 17–20 Uhr).

Macarena besitzt fast dörflichen Charakter. Von den engen Gassen blickt man in blumengeschmückte Patios und auf schmiedeeiserne, begrünte Balkone. An jeder Ecke laden *tascas* und Bodegas dazu ein, eine *copa* zu nehmen oder einen Café zu trinken. Die Türme der kleinen Kirchen lassen sich unschwer als Minarette ehemaliger Moscheen identifizieren. Besonders reizvoll sind die wehrhaft wirkende **Iglesia de Santa Marina** 26 und jenseits der barocken **Iglesia de San Luis** 27 die **Iglesia de San Marcos** 28, ein Beispiel des Mudéjarstils.

Und vor allem lohnt die älteste Bodega der Stadt einen Besuch: **El Rinconcillo** 29**,** mit andalusischen Kacheln, alten Holzregalen und museumsreifer Theke öffnete 1670 die Pforten und erfreut die Sevillaner seitdem mit Wein und Tapas.

Parque de María Luisa

Sevillas weitläufiger Stadtpark, benannt nach der Herzogin von Montpensier, die das Gelände 1893 der Stadt vermachte, lädt zu ausgiebigen Spaziergängen im Grünen ein. Viele Messegebäude der ibero-amerikanischen Ausstellung von 1929 schmücken den Park. Die halbkreisförmige **Plaza de España** von Architekt Aníbal González prunkt mit dem spanischen Pavillon, dessen konvexe Fassade an beiden Seiten durch Türme abgeschlossen wird. Die benutzten Materialien, Ziegel, Kacheln und dekorative Keramikgeländer über dem hier angelegten Kanal greifen maurisch-andalusische Baukunsttraditionen auf. Am Sockel des Gebäudes haben die 52 spanischen Provinzen je eine Szene aus ihrer Geschichte auf *azulejos* dargestellt.

An der Plaza de América liegen sich zwei weitere Glanzstücke unter den Messepavillons von 1929 gegenüber: Der Neorenaissancebau beherbergt das **Archäologische Museum** mit bedeutenden Funden aus phönizischer, griechischer, karthagischer, römischer und arabischer Zeit. Im Untergeschoss sind der aus 21 Stücken bestehende Goldschatz von Carambolo zu sehen (8. Jh. v. Chr.), bei dem es sich um ein Zeugnis des sagenumwobenen Reiches von Tartessos handelt, sowie ein Diadem aus phönizischer Zeit. Im Obergeschoss haben römische Funde, nicht zuletzt aus Itálica (s. S. 84), einen Platz gefunden: Merkur, Diana, Venus, Trajan, Augustus, Hadrian und Marc Aurel warten hier auf Besuch. Eher unterrepräsentiert ist das hispano-arabische Erbe (Di 15–20, Mi–Sa 9–20, So/feiertags 9–14 Uhr).

Der Neomudéjarbau dokumentiert im **Museo de Artes y Costumbres Populares** (Volkskundemuseum) Lebensweise und Brauchtum in Stadt und Provinz (Di 15–20, Mi–Sa 9–20, So/feiertags 9–14 Uhr). Außerdem befindet sich der **Königliche Pavillon** an diesem ›Platz der weißen Tauben‹.

Oficina de Turismo: Av. Constitución 21-B, Tel. 954 22 14 04, www.turismosevilla.org. Weitere Büros: Po. de las Delicias 9; Av. Arjona s/n; im Flughafen und Bahnhof. Service: Stadtpläne, Buslinienpläne, Infos über aktuelle Öffnungszeiten/Eintrittspreise sowie Veranstaltungskalender »El Giraldillo«.

Im April/Mai *(Semana Santa, Feria de Abril)* müssen Sie mit Engpässen und erheblichen Preisaufschlägen rechnen!

Hotel Casa Imperial 31: Imperial 29, Tel./Fax 954 50 03 00, www.casaimperial. com. Den zauberhaften Adelspalast bewohnte einst der Hausmeister der herzöglichen Casa de Pilatos. Mit lauschigen Patios, Dachterrasse, edel eingerichteten Zimmern und Suiten. DZ 170–215 €.

Hotel Alabardero 32: Zaragoza 20, Tel. 954 56 06 37, Fax 954 56 36 66, www.tabernadelalabardero.com. 7 exklusive Zimmer mit Antiquitäten in einem Stadtpalast des 19. Jh. DZ ab 145 € inklusive Frühstück. Siehe Restaurants.

Las Casas del Rey de Baeza 33: Santiago/Pl. Cristo de la Redención 2, Tel. 954 56 14 96, Fax 954 56 14 41, E-Mail: baeza@zoom.es. 44 stilvolle Zimmer rund um drei rustikale, luftige Patios, Pool auf der Dachterrasse, kleines, nettes Hotelrestaurant. DZ 125–160 €.

Las Casas de la Judería 34: Callejón de Dos Hermanas 7, Tel. 954 41 51 50, Fax 954 42 21 70, www.casasypalacios.com. Ein Stück altes Sevilla am Rande des jüdischen Viertels. Rund 100 Zimmer in einer Wohnanlage des 17. Jh. mit mehreren Patios – einer mit Mini-Pool. DZ ab 102 €.

Hotel Amadeus 35: Farnesio 6, Tel. 954 50 14 43, Fax 954 50 00 19, www.hotelamadeussevilla.com. 2001 eröffnetes Familienhotel in einem Stadthaus des 19. Jh., 14 reizvolle Zimmer, ein Minisalon mit Piano, Dachterrasse. DZ 76–88 €.

Patios de Sevilla 36: Lumbreras 8–10, Tel. 954 90 02 00, Fax 954 90 20 56, www.patiosdesevilla.com. Geräumige Apartments rund um einen großen Innenhof, in einer ehemaligen Wohnanlage. Mit Frühstücksbuffet. DZ 75–92 €.

Hotel Simón 37: García de Vinuesa 19, Tel. 954 22 66 60, Fax 954 56 22 41, www.hotelsimonsevilla.com. Stimmungsvolles Altstadthaus des 18./19. Jh., einfache Zimmer, Frühstücksrestaurant; reservieren! DZ 61–73 €.

Hostal Atenas 38: Caballerizas 1, Tel.

Maurisch-andalusische Dekorationskunst: Kachelbilder an der Plaza de España

954 21 80 47, Fax 954 22 76 90, E-Mail: atenas@jet.es. Ruhige Pension am Rande des Jüdischen Viertels mit typisch andalusischem Innenhof. DZ/Bad ca. 55 €.

Hostal Guadalquivir 39: García de Vinuesa 21, Tel. 954 21 77 60, Fax 954 21 44 04. Saubere Zimmer mit Bad. In der kleinen Bar unten im Haus gibt es zum Frühstück *churros* (Fettgebäck). DZ ca. 42–48 €.

Hostal Sierpes 40: Corral del Rey 22, Tel. 954 22 49 48, Fax 954 21 21 07, www.hsierpes.com. Sympathische Pension in einem typisch sevillanischen Haus des jüdischen Viertels, mit Cafetería. DZ 40–54 €.

Hostal Central 41: Zaragoza 18, Tel. 954 21 76 60. Einfache, saubere Pension in einem Altstadthaus in El Arenal. DZ/Bad ab 43 €, ohne Bad ab 37 €.

Jugendherberge: Isaac Peral 2, Tel. 955 05 65 00, www.inturjoven.com. Bus Nr. 34 ab Plaza Nueva.

La Albahaca 42: Pl. Santa Cruz 12, Tel. 954 22 07 14, So geschl. Traditionslokal im jüdischen Viertel mit baskisch-andalusischer Küche, Menü ab 27 €.

Taberna del Alabardero 32: Zaragoza 20, Tel. 954 56 29 06. Sehr schönes Gourmetrestaurant mit ambitionierter baskischer Küche, auch Tapas, teuer.

Casa Robles 43: Álvarez Quintero 58, Tel. 954 21 31 50. Fisch und Fleisch, andalusische Küche mit innovativen Akzenten. Auch Außentische.

Engaña Oriza 44: San Fernando 41, Tel. 954 22 72 54, So und im Aug. geschl. Ehrgeizige baskische Küche in sehr stilvollem Ambiente, mit Blick auf die Alcázar-Mauer, edel und teuer. Auch Tapas.

Enrique Becerra 45: Gamazo 2, Tel. 954 21 30 49, So geschl. Andalusische Gerichte mit arabischer Gewürznote. Im vorderen Barraum isst man Tapas im Stehen.

SEVILLAS FERIA DE ABRIL

Der Frühling ist in Sevilla die Jahreszeit der Feste. Ein bis zwei Wochen nach der *Semana Santa* folgt der Höhepunkt der Festivitäten des Jahres: Die *Feria de Abril* hält die Sevillanos Tag und Nacht auf den Beinen. Ein exzessives Volksfest: Eine Woche lang werden *sevillanas* gesungen und getanzt, fließen Wein und Sherry die Kehlen hinunter. Auf dem unbebauten Gelände Prado de San Sebastián, einer der Feria vorbehaltenen ›Aue‹, werden rund 450 Festzelte zu einem ›Feldlager‹ zusammengezimmert, bestehend aus *casetas*, in die sich Familienclans, geschlossene Gesellschaften, Verbände und Parteien für eine Woche einmieten.

Ursprung der Feria ist – wie der Name schon sagt – eine Messe, ein Viehmarkt, der mit königlicher Erlaubnis seit 1848 jedes Jahr im Mai abgehalten wurde. Viele Details der Festgestaltung – von den Zelten bis hin zur Festkleidung und den Pferden – erinnern bis heute an diese Wurzeln. Die Kleider mit Rüschenkaskaden und die Nelke im Haar hat man den *gitanas* abgeschaut, die zum Viehmarkt kamen. Viele Familien sparen lange, um sich solch eine Garderobe zulegen zu können. Die Teilnehmer des Viehmarktes reisten damals mit Pferden an. Nur *señoritos,* Herren von Stand, können heute noch hoch zu Ross daherkommen oder mit einer Kutsche vorfahren. Beides, Pferd und Kutsche, gehören aber als unverzichtbare ländliche Attribute zur Feria: Ein *caballero,* mit kurzem Jäckchen und Hut bekleidet, ist – wie das Wort schon sagt – ohne Pferd kein rechter *caballero.*

La Judería 46**:** Cano y Cueto 13, Tel. 954 41 20 52. Bei der Restaurantcrew fühlt man sich wohl. Andalusisches Interieur, leckerer Fisch, gut portionierte Fleischgerichte; auch günstige Menüs.

Bodega Paco Góngora 47**:** Padre Marchena 1. Variantenreiche Tapas und *raciones* zum Sattessen, dazu gute Weine.

Tapas: s. Tapas-Tour in El Arenal (S. 77). Empfehlenswert im jüdischen Viertel sind z.B. **Giralda**, c/Mateos Gago, bei der Kathedrale, oder **Las Teresas**, c/Ximénez de Enciso. S. auch **El Rinconcillo**, S. 79.

Calle Tetuán, Sierpes, Cuna: nördlich des Rathauses. Geschäfte mit Designermode, Schmuck, Folkloreartikel, Fächer, Antiquitäten, CDs und vieles mehr.

Flohmarkt: Do in der Calle Feria (Stadtplan: unterhalb Nr. 27/28). So auf der Alameda de Hércules; So Tiermarkt auf der Pl. Alfalfa.

Keramikwaren: Töpferwaren aus Triana gibt es in den Straßen Campos, Antillano und Alfarería (Stadtplan: bei Nr. 21).

Kneipen/Discos: Besonders an Wochenenden füllen sich die Bars der Calle Mateos Gago (nahe der Kathedrale), der Plätze Salvador (mit der Kirche San Salvador) und Alfalfa sowie die Lokale am Flussufer. In Triana ist die Calle Betis Zentrum des Nachtlebens (s. S. 76).

Flamenco: Los Gallos, Pl. de Santa Cruz, Tel. 954 21 69 81, Shows um 21 und 23.30 Uhr. Patio Sevillano, Po. de Colón 11-A, Tel. 954 21 41 20, Shows um 19.30 und 22 Uhr. El Arenal, Rodó 7, Tel. 954 21 64 92, Shows um 21 und 23 Uhr. El Palacio Andaluz, Av. María Auxiliadora 18-B, Tel. 954 53 47 20, tgl. um 19.30 und 22 Uhr.

Semana Santa: An den täglichen Karwochenprozessionen beteiligen sich rund 60 Bruderschaften mit rund 100 *pasos*. Ein Ereignis!

Feria de Abril: Ein bis zwei Wochen später (s. S. 82). Mit täglichen Stierkämpfen.

Fronleichnam: Prozessionen sowie Gesang der *Seises* in Trachten des 16. Jh. in der Kathedrale.

Flughafen: Ca.10 km Richtung Córdoba, Tel. 954 44 90 00. Nationale und internationale Linien. Flughafenbusse tagsüber ca. alle 30 Min. ab Puerta de Jerez vor dem Hotel Alfonso XIII.

Züge: Estación de Santa Justa, Av. Kansas City, Tel. 902 20 42 02 (Auskunft). Nach Almería, Cádiz, Granada, Huelva, Jerez, Málaga. Richtung Córdoba-Madrid verkehrt der Hochgeschwindigkeitszug AVE (bis Córdoba ca. 40 Min.). Der Stadtbus Nr. 32 fährt von der Pl. de la Encarnación zum Bahnhof.

Busse: Wichtigster Busbahnhof ist die **Estación Prado de San Sebastián,** Tel. 954 41 71 11. Gute Verbindungen für ganz Andalusien – außer in die Provinz Huelva und die nödlichen Gebirge. Der Stadtbus 21 fährt ab Pl. Nueva zu diesem Bahnhof. **Estación Plaza de Armas,** Tel. 954 90 80 40, unweit des Flussufers. Hier fahren Busse in die nördlichen Gebirge sowie zur nördlichen Costa de la Luz ab.

Stadtbusse: Ein Linienplan ist im Touristenbüro erhältlich. Verkehrsknotenpunkte sind die Pl. Nueva, wo es am Kiosk auch die günstigeren Mehrfachfahrkarten ›Bonobus‹ gibt, und die Pl. Encarnación.

Stadtrundfahrten: Busse starten am Po. de Cristóbal Colón nahe der Torre de Oro. Pferdedroschken warten – unübersehbar – ebenfalls auf Kunden.

Bootsausflüge auf dem Guadalquivir sowie (außer im Winter) Fahrten nach Sanlúcar und zum Coto de Doñana (s.S. 93) starten bei der Torre del Oro.

Leihwagen: Sevilla Car, Almirante Lobo 1, Tel. 954 22 46 78, lokaler Anbieter im Zentrum. Internationale Agenturen im Flughafen und am Bahnhof.

Ausflüge ab Sevilla

 Busse: Ab Sevilla-Plaza de Armas alle 30 Min. nach Santiponce/Itálica.

Itálica

Andalusien-Atlas: S. 243, E 3
Nachdem die Römer im Zweiten Punischen Krieg die Karthager von der Iberischen Halbinsel verdrängt hatten, gründeten sie 206 v. Chr. die Stadt Itálica, in der sich Veteranen niederließen. Hier wurde im 1. Jh. n. Chr. der spätere Kaiser Trajan geboren, Hadrian wuchs in Itálica auf. Das Ruinenfeld liegt 10 km nördlich von Sevilla in Santiponce.

Recht gut erhalten ist das **Amphitheater,** ein Oval von 160 m Länge, in dem Gladiatorenkämpfe und Tierhatzen veranstaltet wurden. 25 000 Zuschauer fanden auf den Rängen Platz, obwohl in der Stadt nur 8000 Menschen gewohnt haben sollen. Damit handelt es sich weltweit um die drittgrößte römische Anlage dieser Art. Sie befindet sich am Rande der römischen Siedlung, die erst zu einem Teil ausgegraben ist. Beim Spaziergang über die Pflastergassen findet man gut konservierte mehrfarbige **Mosaikfußböden.** Sie dokumentieren den Reichtum der Bewohner der Nova Urbs, eines unter Hadrian entstandenen Viertels, der seiner Stadt alle erdenkliche Förderung zukommen ließ. Die **Statuen** von Venus, Diana und Trajan sind Kopien. Die Originale und viele weitere Fundstücke wurden in das Archäologische Museum Sevillas überführt. Im Ort Santiponce, unter dem ein beachtlicher Teil der Römerstadt begraben ist, befindet sich ein römisches **Theater.** Di–Sa 9–18.30, Okt.–März bis 17 Uhr, So 9/10–15/16 Uhr

Niebla

Andalusien-Atlas: S. 242, C 3
Eine imposante, mit 46 Türmen bewehrte **Stadtmauer** der Almohaden fasst Niebla ein, das 1262 erst nach sechsmonatiger Belagerung an die Christen fiel. Die **Kirche Santa María de la Granada** weist zahlreiche Elemente der einstigen Moschee auf: Hinter einem Hufeisenbogen versteckt sich der ehemalige Mihrab, und der Turm diente früher als Minarett.

 Busse: mehrmals tgl. ab Sevilla-Plaza de Armas.

Alcalá de Guadaira

Andalusien-Atlas: S. 243, E 3/4
Im Ort oberhalb des Río Guadaira beeindruckt die mit mehreren Türmen bestückte almohadische Stadtbefestigung. Das heute verfallene Kastell soll einst trotz seines strengen Charakters zu den schönsten almohadischen Bauwerken in Andalusien gehört haben. Mit seinen riesigen unterirdischen Getreidespeichern und Zisternen war Alcalá als strategischer Vorposten Sevillas für längere Belagerungen gewappnet.

Hotel Oromana: Av. de Portugal s/n, Tel./Fax 955 68 64 00, www.hoteloromana.com. Landhotel im Cortijo-Stil, mit Pool, Garten, Restaurant. In der Nähe des Flusses. DZ ca. 90 €.
Camping Oromana: Camino de Maestre s/n, Tel. 955 68 32 57, Fax 955 68 18 44, www.campingoromana.es. 10 Fußmi-

Amphitheater in der Römerstadt Itálica: Ein Oval mit Platz für 25 000 Zuschauer

nuten vom Zentrum, mit Pool und Restaurant. Bungalows für zwei ab ca. 34 €.

 Busse: Ab Sevilla–Prado de San Sebastián werktags alle 20 Min.

Carmona

Andalusien-Atlas: S. 243, F 3
Ein hübsches Landstädtchen – mit mehrtausendjähriger Geschichte: Den von Karthagern gegründeten Ort übernahmen 206 v. Chr. die Römer. Unter den Arabern war er zeitweise das Zentrum eines *taifa.* Neben der römischen Nekropole sind der von einer almohadischen Mauer umschlossene weiße Ortskern und der Alcázar sehenswert.

Am Ortsrand liegt die **römische Nekropole** mit einem kleinen Museum (Urnen, Öllampen, Reste von Statuen u. ä.). Zu bestaunen sind Krematorien und monumentale Grabkammern, darunter die Tumba del Elefante – mit einer karthagischen Elefantenskulptur –, und die Tumba de Servilia, benannt nach der im Museum aufgestellten Frauenstatue ohne Kopf. In der Tumba del Postumo blieben an der Decke die ursprünglichen Fresken erhalten. (Di–Fr 9–17, Sa/So 10–14, Mitte Juni–Mitte Sept. 8.30–15, Sa 10–14 Uhr)

Vorbei an der **San-Pedro-Kirche** – ihr Turm ist der Giralda von Sevilla nachgebildet – führt die Hauptstraße geradewegs auf die gut erhaltene Stadtmauer und ein mächtiges Stadttor mit dem **Alcázar de la Puerta de Sevilla** zu – im Wesentlichen ein Almohadenbau auf römischen Fundamenten. Vom Turm hat man einen herrlichen Blick über die Stadt (Mo–Sa 10–18, So 10–13 Uhr). Bergauf gelangt man in den weißen Ortskern und über die hübsche Plaza de San Fernando hinweg zur gotisch geprägten **Iglesia de Santa María** – mit erhaltenem Orangenhof und den Hufeisenbögen der 1424 abgerissenen Moschee. Nebenan kann man sich im **Palacio del Marqués de las Torres** (18. Jh.) im Museo de la Ciudad mit der Geschichte Carmonas beschäftigen (Mo–So 11–19, Di nur 11–14; Juni–Aug. Mo–So 10–14, 18.30–21.30, Di nur 10–14 Uhr).

Auf dem höchsten Punkt der Stadt liegt der arabische **Alcázar.** Von der prächtigen Residenz, die Pedro el Cruel (s. S. 69ff.) daraus machte, ist kaum etwas erhalten, doch der Parador, der jetzt in der Burg untergebracht ist, zählt zu den schönsten Andalusiens.

 Oficina de Turismo: Puerta de Sevilla s/n, Tel. 954 19 09 55, Fax 954 19 00 80, www.andal.es/carmona.

Casa de Carmona: Pl. de Lasso 1, Tel. 954 14 33 00, Fax 954 19 01 89, www.casadecarmona.com. Wohnen wie einst der andalusische Landadel, in einem stilechten Palast des 16. Jh., elegantes Restaurant, Pool. DZ ab ca. 220 €.
Parador Alcázar del Rey Don Pedro: Tel. 954 14 10 10, Fax 954 14 17 12, www.parador.es. Historisches Burghotel, ausgezeichnetes Restaurant, Pool. DZ ca. 140 €.
Pensión Comercio: Torre del Oro 56, Tel. 954 14 00 18. Direkt an der Innenseite der Stadtmauer gelegen und teils auf ihren Fundamenten erbaut; mit andalusischem Patio. DZ/Bad ab ca. 42 €.

Mesón Molino de la Romera: Puerta Marchena. Rustikale Küche in einer ehemaligen Mühle, günstige Menüs. **El Tapeo:** Prim/Ecke Pl. San Fernando. Große Auswahl an Tapas.

 Busse: Ab Sevilla–Prado de San Sebastián etwa stündliche Verbindung.

Écija

Andalusien-Atlas: S. 244, B 3
Wegen der extremen Sommerhitze im Guadalquivir-Becken ist Écija als ›Bratpfanne Andalusiens‹ bekannt. Es wird auch ›Stadt der Türme‹ genannt – wegen der vielen **Kirchen** mit kachelverzierten Glockentürmen. Zentrum des Orts ist die belebte **Plaza de España**, ein Treffpunkt der Männer. Im Ratszimmer des Rathauses ist ein römisches Bodenmosaik eingelassen. Der nahe **Palacio de Benamejí** (Historisches Museum, Touristeninfo) birgt unter den archäologischen Exponaten ein römisches Wandmosaik. Viele Herrenhäuser Écijas stehen unter Denkmalschutz, so auch der **Palacio de Peñaflor** mit seiner gerundeten, freskengeschmückten Fassade und dem angeblich längsten schmiedeeisernen Balkon Spaniens.

 Palacio de Benamejí: Cánovas del Castillo 4, Tel. 955 90 29 33.

Busse: Ab Sevilla–Prado de San Sebastián tgl. mehrmals.

Osuna

Andalusien-Atlas: S. 244, B 4
Die 16 000-Einwohner-Stadt, in einer der heißesten Zonen Andalusiens gelegen, erlebte als Sitz der Herzöge von Osuna

im 16. /17. Jh. eine kulturelle Blütezeit. Adelspaläste, Kirchen, Klöster und sogar eine Universität sind dieser Epoche herzoglicher Förderung zu verdanken. Osunas Geschichte reicht bis zu den Iberern zurück. Vom Platz im Zentrum geht es bergauf zu den bedeutendsten Sehenswürdigkeiten – zunächst zu einem alten Turm mit dem **Archäologischen Museum**. Seine Glanzstücke sind die iberische Stierskulptur Toro de Osuna und eine römische Gesetzestafel aus Bronze (Di–So 11.30–13.30 und ca. 17–19, im Sommer 10–14 Uhr).

Die **Colegiata de Santa María,** ein Renaissancebau des 16. Jh., birgt Bilder von José de Ribera und eine Christusskulptur von Juan de Mena. Das herzogliche Pantheon unter der Kirche bezeichnet man auch als ›Escorial von Osuna‹. Nebenan befindet sich die **alte Universität,** heute eine Schule. Der **Convento de la Encarnación**, in dem noch einige Nonnen leben, besitzt eine reiche Sammlung religiöser Kunst und Patios mit Kacheln der Renaissance. (Colegiata und Kloster: Di–So 10–13.30, 15.30–18.30, im Sommer 16–19 Uhr)

 Oficina de Turismo: Pl. Mayor, Tel. 954 81 57 32, www.ayto-osuna.es.

 Palacio Marqués de la Gomera: San Pedro 20, Tel. 954 81 22 23, Fax 954 81 02 00, www.hotelpalaciodelmarques.com. 19 Zimmer und Suiten in einem Vier-Sterne-Adelspalast, mit Restaurant und Grillterrasse. DZ ab 77 €.

Hostal Caballo Blanco: Granada 1, Tel./Fax 954 81 01 84. Zentral gelegen, Saubere Zimmer mit Bad um 43 €.

 Busse: Ab Sevilla–Prado de San Sebastián mehrmals tägl.

Die nördlichen Gebirge

Sierra Norte

Andalusien-Atlas: S. 243, E/F 1/2

Sierra Norte heißt der zur Provinz Sevilla gehörige Teil der Sierra Morena. Hauptort der dünn besiedelten, von Stierweiden und Korkeichenwäldern geprägten Gebirgslandschaft ist **Cazalla de la Sierra,** eine beliebte Sommerfrische, in dessen Umgebung sich gute Wandermöglichkeiten bieten. In der Ortsmitte thront die Pfarrkirche Nuestra Señora de la Consolación. Die Einwohner von Cazalla leben von der Landwirtschaft. Der lokale Anisschnaps, knapp ›Cazalla‹ genannt, ist in den kühlen Wintern ein ›Aufwärmmittel‹. Ausflüge lohnen sich nach **Constantina** und **Guadalcanal**.

Oficina de Turismo: Po. del Moro 2, Tel. 954 88 35 62.

Posada del Moro: Po. del Moro s/n, Tel./Fax 954 88 48 58, www.posadadelmoro.com. Familiäres Landhotel mit ordentlichem Restaurant und Pool. DZ ab 55 €.

Hospedería de la Cartuja: 3 km Richtung Constantina, Tel. 954 88 45 16, Fax 954 88 47 07, www.eskil.es/cartuja. 12 rustikale Zimmer in ehemaligen Klostermauern und ländlicher Umgebung, Pool, Restaurant. DZ ab ca. 77 €.

Las Navezuelas: Ctra. A 432 km 43, 2,5 km vor Cazalla, Tel. 954 88 47 64, Fax 954 88 45 94, www.arrakis.es/navezuela. Ländliches Wohnen in einem Cortijo mit einer Ölmühle aus dem 17. Jh. Vermittlung von Reit-, Rad- und Wandertouren. Mit Pool und Restaurant. Zimmer ab ca. 55 €.

Busse: Ab Sevilla–Pl. de Armas tgl. 3 Verbindungen.

Sierra de Aracena

Andalusien-Atlas: S. 242, C 1/2
Aracena ist der Hauptort des Parque Natural Sierra de Aracena y Picos de Aroche. Im Dorfzentrum liegt die so genannte **Gruta de las Maravillas** (›Wundergrotte‹; Führungen 10–13.30 und 15–18 Uhr, je ca. 1 Std., Tel. 959 12 83 55). Die über 1 km lange Tropfsteinhöhle, eine Märchenlandschaft aus Stalaktiten, Stalagmiten und kleinen unterirdischen Seen ist zusammen mit dem angegliederten Mineralienmuseum ein beliebtes Ausflugsziel, auch von Schulklassen.

Bekrönt wird der 6000 Seelen zählende Bergort von einer Burg und Wehrkirche, die der Templerorden im 13. Jh. an der Stelle einer almohadischen Festung errichtete.

Wanderungen im Naturpark

Im Naturpark Sierra de Aracena und Picos de Aroche gibt es ein dichtes Netz an beschilderten Wanderwegen, die von örtlichen Mitarbeitern gepflegt werden. Die Tourismusbehörde von Huelva hat rund 60 Wege im Büchlein »Die Wanderwege der Sierra de Aracena und der Picos de Aroche« zusammengestellt (auf Deutsch erhältlich). Fragen Sie im Infozentrum des Naturparks oder in der Oficina de Turismo danach.

Lohnend sind Bergtouren in die reizvolle Umgebung von Aracena. An der Strecke Richtung Portugal erreicht man nach wenigen Kilometern die Abfahrt zum Bergdorf **Fuenteheridos**, das wegen seiner intakten Landarchitektur unter Denkmalschutz gestellt wurde. In dieser Gegend dominieren weite Kastanienhaine das Landschaftsbild, und im Herbst werden Maronen verkauft.

Eine weitere kulinarische Spezialität aus der Sierra erfreut sich in ganz Spanien großer Beliebtheit: die würzigen Schinken aus **Jabugo**, einem kleinen Bergort. Sie stammen von den schwarzen Schweinen, die sich frei auf den Weiden bewegen und vorwiegend von Eicheln ernähren.

Als weitere Ziele empfehlen sich **Cortegana** und das pittoreske Bergdorf **Almonaster la Real** mit Resten eines arabischen Alcázars.

Oficina de Turismo: Pl. San Pedro s/n, Tel. 959 12 82 06.
Infozentrum des Naturparks: Pl. Alta s/n, Tel. 959 12 82 06. Auch Infos über Wandermöglichkeiten.

Los Castaños, Av. de Huelva 5, Aracena, Tel. 959 12 63 00, Fax 959 12 62 87. Nettes, rustikales Hotel mit ordentlichem Restaurant. DZ ca. 52 €.
Villa Turística de Fuenteheridos: Ctra. Sevilla–Lisboa km 97, Tel. 959 12 52 02, Fax 959 12 51 99. Ferienanlage mit Pool, Restaurant, Bar, Grill, Vermittlung von Wander- und Reittouren sowie Radverleih. Wohneinheiten ab ca. 65 €.
Campingplatz ca. 1 km außerhalb.

 Busse: Ab Sevilla–Plaza de Armas 2 x tgl. nach Aracena.

DIE NÖRDLICHE COSTA DE LA LUZ

Die langen Strände der nördlichen Costa de la Luz zählen zu den schönsten Andalusiens. Im Jeep oder zu Fuß kann man den Nationalpark Coto de Doñana erkunden, der sich bis an den Atlantik erstreckt. Zu Pfingsten findet hier eine der farbenprächtigsten Wallfahrten Spaniens statt. Auf Erinnerungen an Christoph Kolumbus stößt man südlich der Hafenstadt Huelva.

Huelva

Andalusien-Atlas: S. 242, B 4
An ihren Rändern franst die Provinzmetropole (140 000 Einwohner) in Industrierevieren und Sumpfmarschen aus. Huelva liegt am Zusammenfluss von Odiel und Tinto, an einem weiten Mündungsdelta. Den Hafen nutzten schon Phönizier und Römer, um die Bodenschätze des Hinterlands zu verschiffen. Im **Museo Provincial** finden sich Zeugnisse dieser reichen Geschichte (Di–Sa 9–20, So 9–15 Uhr). Das Viertel **Reina Victoria** wurde Anfang des 20. Jh. von der Río Tinto Mining Company für britische Arbeiter gebaut.

Huelva ist Andalusiens wichtigster Hafen und Industriestandort mit Raffinerien und Chemiefabriken. Die Stadt hat keine bedeutenden Sehenswürdigkeiten, aber ein lebendiges Flair.

Oficina de Turismo: Av. Alemania, 12, Tel./Fax 959 25 74 03.

Hotel Costa de la Luz: José María Amo 8, Tel. 959 25 32 14, Fax 959 25 64 22. Zentral gelegenes, einfaches Hotel. DZ ca. 48 €.

Züge: Bahnhof an der Av. de Italia, Tel. 902 24 02 02. Gute Verbindungen Richtung Sevilla–Córdoba.
Busse: Gesellschaft Damas, Dr. Rubio s/n, Tel. 959 25 69 00. Nach Sevilla sowie entlang der Küste nach Ayamonte.

Minas de Riotinto

Das Hinterland von Huelva ist seit Menschengedenken Bergbauland. Phönizier, Römer, später Engländer bauten hier Kupfer, einst auch Gold und Silber ab. Die Kupferminen am Río Tinto sind bis heute in Betrieb. Im kleinen Ort **Minas de Riotinto** (S. 242, C 2) hat sich die Fundación Riotinto, Tel. 959 59 00 25, die Pflege des historischen Erbes auf die Fahnen geschrieben. Besucher können das reichhaltige **Museo Minero** (Mo–So 10.30–15, 16–19 Uhr) und eine spektakuläre **Tagebaugrube** (12, 13, 14, Sa/So auch 17 und 18 Uhr) besuchen und schließlich mit einem historischen Zug durch das Minengebiet fahren (Mitte Juli–Mitte Sept. tgl. 13.30, sonst Sa/So um 17, im Winter um 16 Uhr).

Die Costa de la Luz westlich von Huelva

Von Huelva bis zum portugiesischen Grenzfluss Guadiana erstrecken sich 50 km herrliche, von Pinien gesäumte Feinsandstrände, durchbrochen von *marismas*, sumpfigen Marschen, die für die Küste typisch sind. Im Hinterland gedeihen Orangen, Melonen und Erdbeeren. Ein langes Strandband verbindet die Feriensiedlungen **Punta Umbría,** das nur während der Badesaison belebt ist, mit El Portil und **El Rompido** an der Mündungsbucht des Río Piedras, die durch eine lange Sandzunge geschützt ist. Diese Gegend ist als Sommerfrische der *onubenses* beliebt. Fast noch schöner sind die Strände ab La Antilla. Alle Küstenorte sind ab Huelva mit Bussen der Gesellschaft Damas erreichbar.

La Antilla/Islantilla

Andalusien-Atlas: S. 2242, A 4
Die Fischersiedlung **La Antilla** präsentiert sich als Insel ›echten‹ Lebens inmitten eines Ferienszenarios aus Sommervillen und Apartments. Die farbigen Holzboote auf dem Strand, über denen Wäsche im Wind flattert, und die netzflickenden Männer bieten zugleich ein Bild der Ursprünglichkeit und recht bescheidenen Lebens.

An La Antilla schließt sich unmittelbar das Retorten-Ferienzentrum **Islantilla** an: mehrere Großhotels, Apartment-Blocks, ein Golfplatz. Von La Antilla und Islantilla erstrecken sich goldgelbe Feinsandstrände kilometerweit bis Isla Cristina.

Hostal La Antilla: La Antilla, Pl. Parada s/n, Tel. 959 48 00 56, Fax 959 48 00 88. 15-Zimmer-Pension im alten Ort, DZ 42–52 €. Am selben Platz liegen die Hostales Playa und La Parada.
Islantilla Golf Resort: Po. Barranco del Moro, 2 km außerhalb, Tel. 959 48 63 77, Fax 959 48 61 04, www.islantillagolfresort. Gediegenes Golfhotel, 900 m vom Strand mit mehreren Restaurants, Bars, Sauna, Fitnessstudio, Pools. DZ ab ca. 92 €.
Campingplätze: Playa Taray und Luz an der Straße Richtung Isla Cristina.

Islantilla Golf Club: Tel. 959 48 60 39, Fax 959 48 61 04. 27-Loch-Platz mit Golfschule.

Isla Cristina

Andalusien-Atlas: S. 242, A 4
Isla Cristina wurde von handelstüchtigen Katalanen gegründet und besteht aus einem netzförmig angelegten Kern an der sumpfigen Nebenmündung des Río Guadiana. Der Ort hat einen geschäftigen Fischerhafen, Werften und Konservenfabriken. In der *Lonja* kann man Fischversteigerungen beiwohnen. Auch über einen Sporthafen und Wassersportangebote verfügt der Ort.

Paraíso Playa, Ctra. de la Playa, Tel. 959 33 02 35. Familienhotel mit Pool, strandnah am Ortsrand. DZ ab 45 €.

Casa Rufino: Av. de la Playa, am Hauptstrand. Frischer Fisch, Hummer und Langusten.

Ayamonte

Andalusien-Atlas: S. 242, A 4
Die geschäftige Grenzstadt mit Fi-

Fischer am Strand von La Antilla

scherhafen liegt am Río Guadiana, gegenüber dem portugiesischen Ort Vila Real de Santo António (Brücke und Fährverbindung). Die wenige Kilometer entfernte Feriensiedlung **Isla Canela** besitzt einen langen Strand. **Isla del Moral** ist eine gewachsene Fischersiedlung mit vielen Restaurants.

Riu Canela: Po. Gavilanes s/n, in Isla Canela, Tel. 959 47 71 24, Fax 959 47 71 70. Architektonisch schöne Anlage mit Garten und Pool. DZ ab 135 €.

Ruta Colombina

Andalusien-Atlas: S. 242, B/C 4
Ein Autoausflug auf den Spuren von Christoph Kolumbus: Am Stadtrand von Huelva Richtung Mazagón passiert man die Riesenstatue des Entdeckers von der amerikanischen Bildhauerin Whitney, bevor man in einem Industriegebiet zum **Monasterio de la Rábida** abbiegt. Das Franziskanerkloster, das nach dem Erdbeben von 1755 wieder aufgebaut wurde, birgt Erinnerungen an Kolumbus' Aufenthalt bei den Mönchen, die seine Pläne unterstützten (Führungen tgl. 10–13, 16–18.15 Uhr, alle 45 Min.). Unterhalb des Klosters ankern im Río Tinto Nachbauten der drei **Karavellen**, mit denen Kolumbus 1492 seine Epoche machende Reise antrat: Eine Besichtigung dieser Schiffe – Santa María, Pinta und Niña – gehört zu den Höhepunkten der Kolumbusrouto (tgl. 10–14, 17–21, von Okt. bis April tgl. 10–19 Uhr).

In **Palos de la Frontera** stach Kolumbus in See. Der Hafen ist versandet, aber die Kirche San Jorge, in der Kolumbus am Morgen des 3. August 1492 betete, bevor er losegelte, steht noch. Zu besichtigen ist auch das Geburtshaus seiner Begleiter aus Palos, der Brüder Pinzón aus einer tüchtigen Seefahrerfamilie. Um die *Fontanilla*, den Brunnen, aus dem die Schiffe mit Wasser versorgt wurden, hat man einen kleinen Park angelegt.

7 km weiter, in **Moguer,** ist es der Nobelpreisträger Juan Ramón Jiménez, der überall präsent ist: Keramiktafeln mit Zitaten aus »Platero und ich«, ein kleines Museum und das Geburtshaus halten die Erinnerung an den Literaten wach. Moguer sei wie ein Weizenbrot, innen weiß und drumherum golden, schrieb Jiménez – ein Bild, das auch heute noch stimmt.

Mazagón und Matalascañas

Andalusien-Atlas: S. 242, C 4/248, A 1
Zwischen Mazagón und Matalascañas erstrecken sich rund 30 km feinste Sandstrände vor pinienbestandenen Dünen. **Mazagón**, an der Mündung von Odiel und Tinto ins Meer, hat einen großen Sporthafen. **Matalascañas**, ein bedeutendes Ferienzentrum, grenzt unmittelbar an den Nationalpark Doñana.

Das Dorf El Rocío liegt am Rand des Nationalparks Doñana

Über mehrere Kilometer erstreckt sich die Retortensiedlung entlang der hervorragenden Sandstände. Ein Ausflug lohnt zum Dorf **El Rocío,** das Ziel einer großen Pfingstwallfahrt (s. S. 94f.).

 In Matalascañas: Av. Adelfas, Tel. 959 43 00 86 (am Ortseingang).

Matalascañas Golf: Pintor Velázquez, Sec. I, 136, Tel. 959 43 02 65, Fax 959 44 84 38, www.hotelmatalascañasgolf.com. 36-Zimmer-Hotel mit Golfplatz. DZ 55–106 €.
Pensión Rocío: Av. El Greco 60, Tel. 959 43 01 41. Im Residenzviertel, DZ ab 20 €.
Parador de Mazagón: Ctra. Huelva–Matalascañas s/n, Tel. 959 53 63 00, Fax 959 53 62 28. Einsame Strandlage zwischen Mazagón und Matalascañas. DZ 108–125 €.
El Cortijo de los Mimbrales: A 483 Matalascañas–El Rocío, km 30, Tel. 959 44 22 37, Fax 959 44 24 43. Gemütliches ländliches Anwesen, mit Pool, Radverleih, Reitangeboten. DZ 120 €.
Camping: Rocío Playa und Doñana Playa nördlich des Ortes.

Busse: Ab Sevilla–Plaza de Armas über El Rocío nach Matalascañas sowie Busse Huelva–Matalascañas.

Coto de Doñana

Andalusien-Atlas: S. 248, A/B 1
Der Coto de Doñana in der Sumpfzone *(marismas)* des Guadalquivir-Deltas ist Spaniens größtes Feuchtgebiet und bedeutendster Nationalpark – ein noch intaktes, aber bedrohtes Ökosystem. Im dreieckigen Areal zwischen Guadalquivir und Atlantik überwintern Wildgänse, Blässhühner, Enten und Kraniche, haben Flamingos, Störche, Reiher, Löffler, Purpurhühner, Kaiseradler, Milane, Mäusebussarde und Baumfalken eine ständige oder vorübergehende Bleibe gefunden, leben Schlangen, Echsen und Schildkröten sowie Wildtiere, die andernorts auf der Iberischen Halbinsel verschwunden sind. Dazu zählen Luchs, Dachs, Ginsterkatze, Manguste, wilde Pferde, Wildschweine, Hirsche und Rehe. 25 ständig beheimateten und rund 150 überwinternden Vogelarten, mehreren Reptilien-, Amphibien- und Säugetierarten dient der Coto de Doñana als Refugium.

Ende der 1950er Jahre erregte ein Bericht des englischen Ornithologen Guy Mountford das internationale Interesse an diesem Naturparadies, das durch Austrocknung infolge der intensiven agrarischen Nutzung der Umgebung bedroht wurde. Jahrhundertelang hatte der *Coto* – daher die Bezeichnung – als königlich-herzogliches Jagdrevier gedient. Ende des 16. Jh. schenkte der siebte Herzog von Medina-Sidonia seiner Gemahlin Doña Ana hier ein beachtliches Gelände, auf dem er einen Palast errichten ließ. Nach Umbauten nimmt das Gebäude heute wieder so honore Gäste wie den spanischen Präsidenten auf und dient zudem als Forschungszentrum. Doña Ana, auf die der Name des Nationalparks zurückgeht, lebte mit ihrem Gatten in der Abgeschiedenheit dieses Jagdgebietes, seit sich dieser nach der schmählichen Niederlage der ›unbesiegbaren‹ spanischen Armada aus dem öffentlichen Leben zurückgezogen hatte; der Herzog hatte die Flotte

ROMERÍA DE ROCÍO
SPANIENS BERÜHMTESTE WALLFAHRT

El Rocío, ein Ort mit 2000 Einwohnern am Rande des Nationalparks Coto de Doña-na, verwandelt sich alljährlich zu Pfingsten in die Kulisse der mit bis zu 1 Mio. Pilgern meistbesuchten Wallfahrt Spaniens. Die geteerten Landstraßen enden am Ortsrand. El Rocío, eine Ansammlung aus Häusern mit kleinen überdachten Veranden, ist ein Dorf der Staubstraßen, wie aus einem Westernfilm herausgeschnitten; doch gleich am Rande der staubigen Siedlung gibt es Lagunen, an denen Pferde weiden. El Rocío wird bleiben, wie es ist, denn es steht im Zeichen der *Blanca Paloma,* der ›Weißen Taube‹ genannten Jungfrau. Rocío und *Blanca Paloma* – das heißt eben Staub, Sand und *marismas.*

Gleißend weiß leuchtet die Dorfkirche, ein heiliger Tempel, das Haus der abgöttisch verehrten ›Königin der Sümpfe‹. Diese Jungfrau, Inbegriff der unerfüllbaren Sehnsucht aller Männer, ist zu Pfingsten Ziel der *rocieros.* Manch treuer Anhänger der *Blanca Paloma* gibt sich an dem Autoaufkleber *»Yo soy rociero«* (»Ich bin *rociero«*) zu erkennen. Und alljährlich nimmt er die Strapazen eines langen Anmarsches auf sich, um der Unbefleckten zu huldigen. *Rocieros* gehören einer der 78 *hermandades* (Bruderschaften) an, die alljährlich die Wallfahrt organisieren und ein Häuschen in El Rocío unterhalten. Eine der traditionsreichsten ist die des Sevillaner Viertels Triana. Sie hat rund 4000 Mitglieder. Dieser *hermandad,* in deren Reihen sich zahlreiche Leute von Stand finden, schloss sich einst sogar Königin Sofía an, um die mehrtägige Reise nach Rocío zu erleben.

Während der Wallfahrt zählen Standesunterschiede nicht. Mit ochsengezogenen, geschmückten Planwagen und Karren wählen die Teilnehmer für drei bis vier Tage ein Nomadendasein, ein Zigeunerleben. Die *hermandades* ziehen von Sevilla, Huelva und Sanlúcar de Barrameda auf den drei Hauptrouten nach El Rocío, durch Sand, Dünen, Sümpfe, Bäche. Abenteuerlich ist die Route von Sanlúcar: Planwagen, Karren, Zugstiere, Pferde, Maulesel, Autos, Traktoren und 90–100 000 Menschen überqueren auf Barkassen die Mündung des Guadalquivir, bevor sie weitere 48 km durch die *marismas* des Coto de Doñana zurücklegen – übrigens in einer Ausnahmeregelung von der ansonsten strengen Besucherkontrolle. Sie nächtigen in ihren Planwagen oder im Freien und hören morgens eine Feldmesse, bevor sie wieder aufbrechen. Einmal angekommen, begrüßen die Pilger die Jungfrau, reinigen sich vom Staub, legen Festkleidung an – die Frauen tauschen den speziell für den Weg angelegten Rock, die *falda rociera,* gegen ein Flamenco-Kleid ein – und beginnen zu feiern. Wenn sich am Samstag die drei großen Pilgerströme in El Rocío eingefunden haben, wird gegessen, getrunken, getanzt – und kaum geschlafen.

Höhepunkt der Wallfahrt ist der frühe Pfingstmontag. Im Morgengrauen wird die Statue der Jungfrau aus der Kirche geholt – von Trägern ausschließlich aus der

Gemeinde Almonte, zu der auch Rocío gehört; ihnen ist das Recht vorbehalten, die Verehrte zu berühren. Die Vorschriften besagen, dass die *Blanca Paloma* den ersten Lichtstrahl des Tages erleben soll, doch wird sie von Jahr zu Jahr früher herausgeholt, um das Warten auf den magischen Moment zu verkürzen. Junge Männer klettern über das Gitter des Presbyteriums, nehmen die Statue im Sturm und bringen sie unter »*Viva la Blanca Paloma*«-Rufen nach draußen in die Menschenmenge. Die Jungfrau wird durch den Ort getragen und passiert die Häuser der *hermandades* und ihre Standarten. Ist sie einer *hermandad* wohlgesonnen, bleibt sie besonders lange stehen, ist sie ihr böse, etwa wegen eines Formfehlers, so zeigt sie ihr auch einmal den Rücken. Christlicher Glaube, heidnische Wurzeln und selbst Momente der Massenhysterie verschmelzen. *Rocieros* behaupten, man könne an die Jungfrau glauben, ohne zugleich an Gott zu glauben. Und viele verehren sie mit solcher Inbrunst, dass sie ihr das Jahr über Blumen und Briefe schicken oder sogar kostbaren Schmuck.

Die Jungfrauenverehrung von El Rocío beruft sich auf eine lange Tradition. Man sagt, dass Alfons der Weise in dieser Gegend Ende des 13. Jh. für ein Marienbildnis ein Heiligtum errichten ließ. Um diese Figur vor den Arabern zu schützen, versteckte man sie im Stamm eines Baumes. Erst im 15. Jh. fand man das Bildnis wieder und erbaute an der Fundstelle die heutige Kirche von El Rocío.

gegen die Engländer geführt. Auch der berühmte Maler Goya hielt sich eine Zeit lang im Palast auf – als Gast der Herzogin von Alba. Abgesehen von derart illustrer Gesellschaft lebten nur wenige Menschen im Coto. Zu unwirtlich waren die Lebensbedingungen. Eine Hand voll Familien bewohnt noch die typischen schilfgrasgedeckten Hütten.

Ein Ende von Doñana hätte europaweit katastrophale Folgen für den Bestand an Zugvögeln, weil wichtige Brutgebiete verloren gingen. Mit Unterstützung des World Wide Fund for Nature (WWF) erwarb der spanische Staat 1964 einen Teil des Doñana-Gebietes und schuf 1969 den 50 000 ha großen Nationalpark. Eine ebenso große Fläche steht unter Naturschutz. Dennoch ist die Bedrohung dieses Paradieses allerorts präsent: Im Norden möchten die Bauern von Almonte zusätzliche Anbauflächen gewinnen – obwohl Brunnenbau und Feldbewässerung den Grundwasserspiegel bedrohen und der Einsatz von Pestiziden und Insektiziden bereits ›mysteriöses‹ Vogelsterben verursachte. Im Westen drängen Bodenspekulanten auf den Ausbau der seit 1972 errichteten Retortensiedlung am Meer. Eine Katastrophe war die Verseuchung von Wasser und Erdreich im April 1998, als aus dem Rückhaltebecken einer Erzmine der Provinz Huelva schwermetallhaltiger Schlamm auslief.

Die UNESCO erklärte den Nationalpark zum Weltnaturerbe, die Feuchtzone im Kerngebiet ist ein Biosphärenreservat. Neben diesen *marismas* weist der Coto de Doñana zwei weitere Ökosysteme auf: Die Atlantikküste begrenzt ein bis zu 5 km breiter, teils mit Pinien bestandener Dünengürtel. Diese *dunas móviles* (Wanderdünen), unter denen manche Archäologen das sagenhafte Reich von Tartessos vermuten, bewegen sich alljährlich 5–10 m weiter landeinwärts. Ein Gürtel festen Sandbodens, mit Ginster, Heidekraut, Rosmarin und anderen Sträuchern und Büschen bewachsen, umschließt das eigentliche Feuchtgebiet.

Das geschützte Gebiet kann nur im Rahmen organisierter Führungen in Landrovern besucht werden, die im Besucherzentrum Acebuche starten. Ihre Route führt durch die drei Ökosysteme des Nationalparks (zur Tierbeobachtung sollte man ein Fernglas mitnehmen). Darüber hinaus besteht die Möglichkeit, außerhalb der strenger geschützten Zone zu wandern, auf beschilderten Pfaden am Rande des Nationalparks, die an den drei Informationszentren **La Rocina, Palacio de Acebrón** und **El Acebuche** ausgewiesen sind. El Acebuche präsentiert eine Ausstellung zur Geschichte und den Ökosystemen des Nationalparks.

Information und Parkbesuch:
El Acebuche (an der A 483 El Rocío-Matalascañas beschildert) ist das wichtigste Informationszentrum. Organisierter Parkbesuch mit Jeeps: 1. Mai–15. Sept. tgl. außer So 8.30 u. 17 Uhr, im Winter tgl. außer Mo 8.30 u. 15 Uhr. Die Fahrt dauert ca. 4 Std.; Anmeldung – frühzeitig – unter Tel. 959 43 04 32, Fax 959 43 04 51 oder E-Mail donanavisitas@infodonana.com erforderlich. La Rocina liegt nahe El Rocío, El Acebrón ca. 7 km von der Straße entfernt. Allgemeine Öffnungszeiten: 9–16, 16–21, im Winter bis 19 Uhr.

CÁDIZ UND DAS SHERRY-DREIECK

Die meerumspülte Hafenstadt Cádiz lohnt schon wegen ihrer extravaganten Lage einen Besuch. In der Umgebung verlocken die Sherry-Städte Puerto de Santa María, Sanlúcar de Barrameda und Jerez de la Frontera zur Weinprobe. Flamenco und Pferde sind weitere Gründe, Jerez zu besuchen.

Cádiz

Andalusien-Atlas: S. 248, A/B 3

Ein andalusischer Dichter verglich die Lage von Cádiz (160 000 Einwohner) mit einem nackten Arm, der in das offene Meer hinausragt. Bleibt man bei diesem treffenden Bild, dann ist die geschlossene Faust die vom Atlantik umbrandete Altstadt. Sie liegt hinter der neoklassizistisch-barocken **Puerta de Tierra** (Landtor) – Relikt der zu Beginn des 20. Jh. abgetragenen Stadtmauern. Cádiz repräsentiert das ›atlantische‹ Andalusien. In den engen Gassen mischt sich frische Meeresluft mit dem feuchtdumpfen Geruch der Altstadthäuser.

Cádiz gilt als älteste Siedlung Spaniens: Phönizier gründeten es um 1100 v. Chr. Im 5. Jh. v. Chr. übernahmen die Karthager den Stützpunkt. Dann folgte der für Andalusien typische Machtwechsel von Römern, Westgoten und Arabern, bis Alfons der Weise die Stadt 1262 eroberte. In ökonomischer Hinsicht stand Cádiz lange im Schatten Sevillas, das ein Handelsmonopol für die amerikanischen Kolonien besaß. Dennoch war die Stadt dem englischen Piraten Sir Francis Drake als Angriffsziel

und Beutegut bedeutsam genug (1587), und elf Jahre später erwies ihr der Graf von Essex mit einer englisch-holländischen Flotte ähnlich zweifelhafte Ehren. 1717 wurde die Casa de Contratación (s. S. 71) nach Cádiz verlegt, weil dessen Hafen für Segler mit Tiefgang besser geeignet war. Nun begann eine Zeit wirtschaftlicher Blüte. Mit dem Überseehandel und den Durchreisenden aus aller Herren Ländern keimte auch der traditionell libertäre Geist der Hafenstadt auf, den man ihr bis heute zuschreibt. Nicht zufällig verabschiedeten die Cortes hier 1812 die erste bürgerlich-liberale Verfassung Spaniens, die allerdings scheiterte. Das 19. Jh. brachte durch den Verlust der Kolonien nichts als Rückschritte. Erst im 20. Jh. kam es zu einer Wiederbelebung des Hafens.

Am Atlantik entlang rund um die Stadt

Ein erster Spaziergang könnte an der Plaza de España mit dem als Halbrund gestalteten **Cortes-Denkmal** [1] beginnen – ein Wahrzeichen der Stadt. Es wurde zum 100. Jahrestag der Verfassung von 1812 errichtet (s. S. 26).

CADIZ

Sehenswürdigkeiten

1 Cortes-Denkmal
2 Baluarte de la Candelaria
3 Iglesia del Carmen
4 Castillo de Santa Catalina
5 Balneario de la Palma
6 Castillo de San Sebastián
7 Kathedrale
8 Iglesia de Santa Cruz
9 Römisches Theater
10 Markthalle
11 Hospital de Mujeres
12 Torre Tavira
13 Historisches Museum
14 Oratorio de San Felipe Neri
15 Teatro de Falla
16 Museo de Cádiz
17 Oratorio de Santa Cueva

Übernachten

18 Hotel Atlántico
19 Francia y París
20 Hostal Bahía
21 Hostal Centro Sol

Essen und Trinken

22 El Faro
23 Balandro
24 El Aljibe

Cádiz' Atlantikpromenade ist Treffpunkt der Angler. Im Hintergrund die Kathedrale.

Die Uferpromenade am Atlantik ist von hier schnell erreicht. Mit ihren Schatten spendenden Bäumen bildet sie eine angenehme Flaniermeile entlang des Meeres. Die **Baluarte de la Candelaria** 2, die man der Aussicht wegen besteigen sollte, diente seit dem 17. Jh. der Verteidigung der Stadt und der Bewachung des Hafenzugangs. Heute wird die Bastion für Ausstellungen genutzt.

Gegenüber erhebt sich die weiße **Iglesia del Carmen** 3 aus dem 18. Jh. mit einer Glockenwand im barocken Kolonialstil, wie man sie häufig in lateinamerikanischen Ländern findet. Am Meer entlang kommt man zum **Parque Genovés.** Mit seinem Freilichttheater, den gestutzten Büschen und der botanischen Vielfalt exotischer Bäume, seinen Brunnen und Skulptu-

ren gehört er zu den bevorzugten Flanierzonen der Gaditeños. Dahinter liegt das Hotel Atlántico und etwas weiter das **Castillo de Santa Catalina** 4, ein Ende des 16. Jh. angelegtes Bollwerk mit dem Grundriss eines fünfzackigen Sterns. Zusammen mit dem auf einer Felseninsel im Meer errichteten Castillo de San Sebastián begrenzt es die Playa de la Caleta, den einzigen Altstadtstrand. In seiner Mitte steht das 1926 eingeweihte modernistische **Balneario de la Palma** 5. Ein Gang über den Verbindungssteg zum **Castillo de San Sebastián** 6 (18. Jh.), über den die Soldaten trockenen Fußes an Land kommen, statt wie in früheren Zeiten auf Ebbe warten zu müssen, ist zur Zeit des Sonnenuntergangs ein besonderer Genuss. Zum Schluss kann man in den Barrio de la Viña eintauchen.

Die Altstadt

An der Südostseite der Altstadt gelegen, beherrscht Cádiz' **Kathedrale** 7 mit ihrer zweitürmigen, monumentalen Fassade und ihrer mächtigen gelben Kuppel die Plaza de la Catedral. Nachdem die koloniale Handelsbehörde von Sevilla nach Cádiz verlegt worden war, hielten die Stadtväter ein repräsentativeres Gotteshaus für angebracht: 1720 legte man den Grundstein. Die lange Bauzeit bis 1838, die Unterbrechungen, weil der Stadt das Geld ausging, und die verschiedenen Architekten, die hier Hand anlegten, führten zu einem Stilgemisch barocker und neoklassizistischer Elemente. Geldmangel war auch die Ursache für den sichtbaren Wechsel von Marmor zu Kalkstein. In der flach gedeckten **Krypta,** in der sich ein Echo 15- bis 16mal wiederholen soll, ist Cádiz' großer Komponist Manuel de Falla begraben. (Di–Fr 10–13, 16.30–19.30, Sa/So 10–13 Uhr)

Im **Museum** versetzen die Kustodien (Hostienbehältnisse) in Erstaunen: In der dreistöckigen Custodia del Corpus Christi (17. Jh.) sind 900 kg Silber verarbeitet; 14 Männer schieben sie bei den Fronleichnamsprozessionen durch die Stadt; die Custodia del Cogollo aus vergoldetem Silber (15. Jh.); die Custodia de Ana de Viya (Ende des 19. Jh.), ebenfalls aus vergoldetem Silber, ist reich mit Brillanten, Perlen und Smaragden besetzt; schließlich die Custodia del Millón, so genannt wegen der Anzahl an Smaragden, Rubinen, Brillanten und Perlen. Auch Gemälde der Sevillaner Malerschule sind zu besich-

tigen. (Di–Fr 10–14, 16.30–19, Sa 10–13 Uhr)

Die alte Kathedrale, die Pfarrkirche **Santa Cruz** 8, musste um die Wende zum 18. Jh. nach einem Brand rekonstruiert werden. Ihre von Bruderschaften unterhaltenen Kapellen, die Heiligen-, Jesus- und Marienfiguren ziehen die Gläubigen der Stadt in ihren Bann.

Dahinter liegen die Ruinen eines **römischen Theaters** 9 aus dem 1. Jh. v. Chr. (Eingang am Campo del Sur, 2002 wegen Restaurierung geschlossen).

Vom palmenbestandenen Kathedralenplatz ist es nur ein Sprung zum Platz der Blumen, der Plaza de las Flores, und zur vormittags belebten **Markthalle** 10. Zwei Häuserblocks weiter

Barrio de la Viña

Schräg gegenüber dem Balneario zweigt die Calle Virgen de la Palma ab. Mit ihren Orangenbäumen bietet sie ein seltenes Bild, sind die Altstadtgassen doch meist so eng, dass kein Platz für Grün vorhanden ist. Sie führt in den Barrio de la Viña, ein Fischerviertel des 18. Jh. Noch immer strömt hier gegen Abend der Duft von Fisch-Tapas aus den zahlreichen volkstümlichen Bars. Viele haben draußen ein paar Tische aufgestellt. Gediegen isst man im La Viña-Viertel im Restaurant El Faro. Ein besonders charmanter Winkel in diesem Stadtteil ist übrigens die Plazuela del Tío de la Tiza!

lohnt das barocke **Hospital de Mujeres** [11] einen Blick: Das Frauenhospital besitzt elegante Patios; in der Kapelle hängt ein Bild von El Greco (Mo–Fr 10–13 Uhr).

Die nahe **Torre Tavira** [12] ist ein Wacht- und Aussichtsturm aus dem 18. Jh., wie ihn viele Bürgerhäuser der auf den Kolonialhandel ausgerichteten Stadt besitzen. Schon wegen des weiten Blicks hinaus aufs Meer sollte man hinaufsteigen. Zusätzlich lockt im Turm eine *cámara oscura*, in der nach dem Funktionsprinzip einer Kamera Livebilder der Stadt auf eine Leinwand projiziert werden (tgl. 10–18 Uhr).

Herausragendes Stück des **Historischen Museums** [13] ist ein Holzmodell, das Cádiz zum Ende des 18. Jh. nachbildet (Di–Fr 9–13, 16–19, Sa/So 9–13 Uhr). An Stadtgeschichte erinnert auch das **Oratorio de San Felipe Neri** [14]. Das barocke, elliptische Oratorium – mit einer ›Unbefleckten‹ des Barockmalers Murillo – war im 19. Jh. Sitz der Cortes, die eine liberale Verfassung ausarbeiteten (Mo–Sa 10–13 Uhr).

Optisch setzt Cádiz' **Gran Teatro de Falla** [15], ein Ziegelbau im Neomudéjarstil von Anfang des 20. Jh., einen ungewöhnlichen Akzent in das Altstadtbild. Durch ein Gestrüpp enger Gassen und über die Plaza de San Antonio, die schon immer eine zentrale Rolle im Leben der Stadt spielte, bei politischen Manifestationen wie beim Karneval, erreicht man die grüne Plaza de Mina mit Cádiz' bedeutendstem Museum. In den Abendstunden ist der Platz Treffpunkt von Jung und Alt.

Das **Museo de Cádiz** [16] besitzt eine großartige archäologische Abteilung (Erdgeschoss), denn wo auch immer in Cádiz gegraben wird, kommt archäologisch Interessantes zum Vorschein. Aus phönizischer und karthagischer Zeit stammen Schmuckstücke, Keramiken und eine Stele der Göttin Tanit. Prunkstücke des Museums sind zwei marmorne Sarkophage des 5. Jh. v. Chr. – eine männliche und eine weibliche Figur darstellend. Die erst 1992 entdeckten Terrakottabüsten, vermutlich Darstellungen von Göttinnen, stammen aus derselben Zeit. Grabanlagen und -beigaben, Statuen wie die des Trajan aus Baelo Claudia (s. S. 117) sowie antikes Schiffszubehör, Amphoren, Mosaike und Reste eines Aquädukts dokumentieren die Präsenz der Römer in Cádiz.

Der erste Stock präsentiert Bilder des andalusischen ›Malers der Mönche‹, Francisco de Zurbarán, sowie Werke von Murillo und Goya, dazu flämische Barockmaler und eine Abteilung für moderne Malerei. Im oberen Stock überrascht eine Sammlung historischer Marionetten. (Di 14.30–20; Mi–Sa 9–20, So 9.30–14.30 Uhr)

Goya-Liebhaber sollten schließlich in der Calle Rosario 11 beim **Oratorio**

Strände in Cádiz

In die Fluten des Atlantiks kann man an der kleinen Playa de la Caleta steigen oder außerhalb der Altstadt an der Playa de la Victoria: an den kilometerlangen Sandstränden an der Südwestseite der Landzunge. Hier wurden auch einige Großhotels errichtet (Verbindung mit Stadtbussen).

de Santa Cueva ⟨17⟩ klingeln: Im ellipti-
schen Raum des 1. Stocks fertigte
Goya 1796/97 drei Gemälde an, als er
sich in Cádiz aufhielt, um bei den Ärz-
ten der Stadt Heilung von seiner Er-
taubung zu suchen. (Di–Fr 10–13,
16.30–19.30, Sa/So 10–13 Uhr)

Oficina de Turismo: Av. Ramón de
Carranza s/n, Tel. 956 25 86 46, Fax
956 25 24 49. Stadtbüro: Pl. San Juan de
Dios, Tel. 956 24 10 01.

Parador Hotel Atlántico ⟨18⟩: Av.
Duque de Nájera 9, Tel. 956 22 69 05,
Fax 956 21 45 82, E-Mail: cadiz@para-
dor.es. Standard-Hotel der staatlichen
Kette; Zimmer mit Blick aufs Meer, Pool,
Restaurant. DZ ab 115 € inkl. Frühstück.
Francia y París ⟨19⟩: Pl. San Francisco 2,
Tel. 956 22 23 48, Fax 956 22 24 31. Ein so-
lides, sympathisches Mittelklassehaus in
schöner Altstadtlage. DZ ca. 67 €.
Hostal Bahía ⟨20⟩: Plocia 5, Tel.
956 25 90 61, Fax 956 25 42 08. 30 sau-
bere Zimmer mit Bad und TV, teils mit Mi-
nibalkonen in guter Lage. DZ 42–53 €.
Hostal Centro Sol ⟨21⟩: Manzanares 7,
Tel./Fax 956 28 31 03, E-Mail: centro-
sol@wanadoo.es. Typisch andalusisches
Patio-Haus mit hübschen Kacheln, 19
Zimmer mit Bad. DZ 36–45 €.

El Faro ⟨22⟩: San Félix 15, Tel.
956 21 10 68. Eine Adresse für Gour-
mets, Fisch, Meerestiere, elaborierte
gaditenische Küche – und nicht ganz bil-
lig. In der Bar bekommt man Tapas.
Balandro ⟨23⟩: Alameda de Apodaca 22,
Tel. 956 22 09 92, So abend u. Mo geschl.
Frischer Fisch und Krustentiere in allen
Variationen. Auch Außentische.
El Aljibe ⟨24⟩: Plocia 25, Tel. 956 26 66 56.
Unten gibt es Tapas, oben in stilvoller
Umgebung eine kreative Fischküche:

Im Boot nach Puerto

Von Cadiz' Fährhafen setzen sowohl klassische Motorboote, die
vaporcitos (4 x tgl.), wie die schnel-
leren Katamarane (8 x tgl.) nach
Puerto de Santa María über. Dort
kommt man dann praktisch an der
so genannten Ribera del Marisco
an, einer Ufermeile voller Restaurants, die frischen Fisch und Meerestiere servieren. Kein Wunder also, dass auch die Gaditeños re-
gelmäßig hinüberfahren. Hin- und
Rückfahrt kosten 4–5 €.

Langusten, Muscheln in Wermut oder Ra-
gout vom Wolfsbarsch, moderate Preise.
Tapas: In der Calle Zorilla gibt es *marisquerías* und *cervecerías* mit Tapas, u.a.
die Cervecería Aurelio. S. auch Barrio de
la Viña, S. 101.

Cádiz' **Karneval**, meist in der zweiten Februarwoche, stellt die Stadt
zehn Tage lang auf den Kopf.

Bahnhof: Tel. 902 24 02 02. Direktzüge nach Jerez und Sevilla.
Busse: Die Gesellschaft **Los Amarillos:**
Av. Ramón de Carranza 31, Tel. 956 28
58 52, fährt nach Puerto de Santa María,
Chipiona, Sanlúcar, Jerez, Arcos. **Trans-
portes Comes,** Pl. Hispanidad 1, Tel.
956 80 70 59, bedienen die Atlantikküste
zwischen Chipiona und Tarifa, die Mittelmeerküste sowie Arcos–Ronda, Jerez,
Sevilla, Huelva, Granada und Córdoba.
Fähren: ab Estación Marítima, Muelle Alfonso XIII., mit der **Compañía Transmediterránea,** Tel. 956 22 74 21, zu den Ka-
naren. Fähren nach Puerto de Santa
María s.o.

El Puerto de Santa María

Andalusien-Atlas: S. 272, B 2
Das Fischerstädtchen, Andalusiens Sherry-Exporthafen – kurz Puerto genannt –, liegt an der Mündung des Guadalete in die Bucht von Cádiz. Durch Produktion und Export von Sherry, aber auch durch den Kolonialhandel kamen die Bürger der Stadt zu Geld: Im 17./18. Jh. entstanden so viele ›Paläste‹, dass man der Stadt den Beinamen ›Ciudad de los Palacios‹ gab. Bis heute finden sich im Ortsbild Hinweise auf die guten Tage der Vergangenheit.

Sehenswert sind das **Castillo de San Marcos,** eine ursprünglich im 13. Jh. errichtete maurische Burg (Di–Sa 10–14 Uhr), die **Iglesia Mayor Prioral,** ein Beispiel gotisch-plateresker Kirchenbaukunst (8.30–12/13, 18.30–20.30 Uhr) und die Stierkampfarena von 1880. Die **Sherry-Kellereien** kann man nach Voranmeldung besuchen, so Osborne, Calle Los Moros, Tel. 956 86 91 00. Außerhalb liegen der große Yachthafen Puerto Sherry und – Richtung Jerez – ein Casino sowie der Aquasherry-Park (Aquapark).

Oficina de Turismo: Luna 22, Tel. 956 54 24 13, www.elpuertosm.es.

Monasterio de San Miguel: Larga 27, Tel. 956 54 04 40, Fax 956 54 26 04, www.jale.com/monasterio. Nobelhotel in einem Klosterbau des 18. Jh., mit gutem Restaurant. DZ 136–166 €.
Hostal Manolo: Jesús de los Milagros 18, Tel. 956 85 75 25. 12 einfache Zimmer, zentral gelegen. DZ mit Bad ab 25–36 €.
Camping: Las Dunas, Richtung Puerto Sherry am Strand.

 Ribera del Marisco: ›Meeresfrüchteufer‹ wird die Uferstraße am Guadalete genannt. In ihren *marisquerías* und *freidurías* isst man ausgezeichnet. An Wochenenden fallen hier die Gaditeños ein.

 Züge: Linie Cádiz–Sevilla. Bahnhof an der Ortsdurchfahrt Cádiz–Jerez.
Busse: Bahnhof an der Stierkampfarena. Verbindungen mit Cádiz, Jerez, Rota, Chipiona, Sanlúcar.
Fähren: Zwischen Puerto und Cádiz verkehren Motorboote und Katamarane.

Rota und Chipiona

Andalusien-Atlas: S. 272, A 2
Oberhalb der Bucht von Cádiz reicht das Sperrgebiet des spanisch-amerikanischen Militärstützpunktes bis zum Militärhafen bei **La Rota,** einer Sommerfrische mit Yachthafen und kleinem altem Ortskern dahinter. Lange Sandstrände folgen bis Chipiona, im Hinterland gedeihen Baumwolle, Gemüse, Wein. Die Bars von **Chipiona** bieten den regionalen Moscatel-Wein an. Mit seinen eher kleinen Hotels und Pensionen gleich hinter der Strandpromenade, die zwischen der neugotischen Kirche und dem massiven Leuchtturm am Nordwestzipfel der Provinz Cádiz verläuft, ist Chipiona gemütlich geblieben. Es besitzt einen Fischer- und Yachthafen.

Hotel Duque de Nájera: Gravina 2, Tel. 956 84 60 20, Fax 956 81 24 72, www.hotelduquedenajera.com. Meernahes schönes Komforthotel in traditionellem Stil. Pool, Restaurant. DZ ab ca. 112 €.
Chipiona: Gómez Ulla 19, Tel. 956 37 02 00 Fax 956 37 29 49, www.hotelchipionasl.es. Kleines, strandnahes Hotel, einfache Zimmer. DZ 42–52 €.

Camping: Punta Candor und Pinar de Chipiona zwischen La Rota und Chipiona.

 Busse von/nach Puerto, Sanlúcar, Cádiz, Rota.

Sanlúcar de Barrameda

Andalusien-Atlas: S. 272, A 2
Das Fischer- und Weinbaustädtchen mit langem Strand an der Mündung des Guadalquivir gehört zum Dreigestirn der andalusischen Sherry-Städte. Seinen Ruhm verdankt es dem trockenen *manzanilla*, der gut zu frischem Fisch und den Langusten passt, die man hier serviert. Sanlúcars Fischerhafen liegt flussaufwärts in Bonanza, wo man dem Schauspiel der Fischversteigerung in der *lonja* beiwohnen kann. Bonanza ist ein historischer Platz: Hier brach Kolumbus 1498 zu seiner dritten Amerikareise auf, und Magalhães stach hier 1519 zur ersten Weltumsegelung in See.

Der *Barrio Alto*, der verwinkelte weiße Ortskern mit schmiedeeisernen Fenstergittern, bedeckt einen Hügel, während sich der *Barrio Bajo* zum Fluss hin erstreckt. Die Allee Calzada del Ejército führt vom Flussstrand zum Fuß des Barrio Alto. Die Sehenswürdigkeiten sind vom Rathausplatz, der Plaza del Cabildo, schnell erreicht.

Ein Kleinod ist die **Parroquia de la O** mit Mudéjarportal sowie kachelverzierten Wänden und einer *artesonado*-Decke im Innern. Gleich nebenan befindet sich der schlichte weiße **Palast der Herzöge von Medina Sidonia** (15. Jh.). Von der ehemals arabischen Stadt zeugt noch der Bergfried (12. Jh.) des **Castillo de Santiago** (15. Jh.).

 Oficina de Turismo: Calzada del Ejército s/n, Tel. 956 36 61 10, Fax 956 36 61 32.

 Tartaneros: Tartaneros 8, Tel. 956 38 53 93, Fax 956 38 53 94. 24 hübsche, rustikale Zimmer in einem alten Bürgerhaus. DZ 67–110 €.
Posada de Palacio: Caballero 11, Tel. 956 36 48 40, Fax 956 36 50 60, E-Mail: posadadepalacio@terra.es. 16 Zimmer in einem typisch andalusischen Haus des 17. Jh., gegenüber dem Rathaus. DZ ca. 60–90 €.
Hostal Blanca Paloma: Pl. San Roque 9, Tel. 956 36 36 44, www.hostalblancapalomamsn.com. 10 DZ ohne Bad ca. 27 €.

 Am Fluss reihen sich unter den Arkaden des **Bajo de Guía** volkstümliche Fischrestaurants aneinander, in denen man wirklich gut isst. So in der **Casa Bigote,** ein Restaurant mit Lokalkolorit und besten Fischen und Meerestieren.

Feria de la Manzanilla: Ende Mai/ Anf. Juni. Mehrtägiges Volksfest.

Busse von/nach Cádiz, Sevilla, Jerez, Chipiona, El Puerto.

Bootsausflüge

Bootsausflüge auf dem **Guadalquivir** mit einer Exkursion in den Doñana-Nationalpark (s. S. 93) starten um 10 und 16 oder 17 Uhr, im Winter nur um 10 Uhr, und zwar am Fähranleger unweit des Club Náutico am Fluss. Info und Reservierung: Fábrica de Hielo, Av. Bajo de la Guía, Tel. 956 36 38 13.

Jerez de la Frontera

Andalusien-Atlas: S. 248, B 2

Obwohl Jerez (190 000 Einwohner) nur 14 km von der Küste entfernt liegt, repräsentiert es ganz und gar das ländliche Andalusien. Es begreift sich gern als kleine Schwester von Sevilla, nicht ganz zu Unrecht: Auch Jerez feiert alljährlich eine berühmte *feria*, der Flamenco ist hier ebenso zu Hause wie in der andalusischen Hauptstadt, und deren Einwohner verköstigen sich mit nichts lieber als mit den Weinen aus Jerez, denen die Engländer den Namen Sherry gaben (s. S. 108). Die Stadt ist mit ihrem Umland verwachsen: Hier gedeihen die Reben, die seit Jahrhunderten zu ihrem Wohlstand beitragen, und hier existieren Pferdegestüte und Stierzuchtfarmen.

Jerez' Geschichte zeigt das für Andalusien typische Muster: Phöniziern und Griechen folgten die Römer. 711 übernahmen dann Tariks Truppen den Ort. An verschiedenen Stellen der Stadt sind Reste der von Almoraviden und Almohaden errichteten Stadtmauern erhalten. 1264 wurde Jerez von Alfons dem Weisen erobert. Die Stadt entwickelte sich früh zum Zentrum des feudalen Landadels, der von seinen Einkünften aus den großen Gütern lebte – eine Tradition, der Jerez seine zahlreichen Herrenhäuser verdankt. Gleich daneben, besonders in den traditionsreichen, von *gitanos* bewohnten Vierteln um die Kirchen Santiago und Miguel, kündet blätternder Putz von Armut. So war Jerez nicht zufällig im 19. Jh. ein Zentrum der anarchistischen Landarbeiterbewegung, die die Situation der Tagelöhner verbessern wollte.

Alcázar

An der Südseite der Altstadt thront auf einer Anhöhe der **Alcázar** [1], das bedeutendste Monument der Stadt aus arabischer Zeit (Eingang gegenüber der Stiftskirche). Die Almohaden er-

richten die Palastfestung gegen Ende des 11. Jh. Sie birgt eine Moschee, eine arabische Bäderanlage und Gärten. In diesem historischen Ensemble ließ sich im 17. Jh. Lorenzo Fernández de Villavicencio nieder und schuf sich auf den Grundmauern des Almohadenpalastes ein Palais im Stil der Zeit. In der *cámara oscura* im Palastturm unternimmt man anhand von Livebild-Projektionen einen imaginären Spaziergang durch Jerez de la Frontera (tgl. 10–20, im Winter bis 18 Uhr, So 10–15 Uhr).

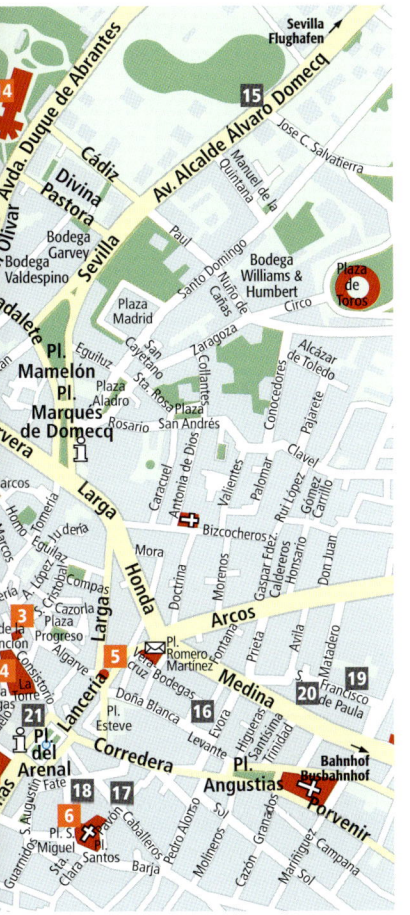

Sehenswürdigkeiten

1 Alcázar
2 Stiftskirche
3 Iglesia de San Dionisio
4 Rathaus
5 Domecq-Turm
6 Iglesia de San Miguel
7 Archäologisches Museum
8 Centro Andaluz de Flamenco
9 Bodega González Byass
10 Bodega Pedro Domecq
11 Bodega Sandeman
12 Weinmuseum
13 Uhrenmuseum
14 Real Escuela Andaluza de Arte Ecuestre

Übernachten

15 Hotel Royal Sherry Park
16 Doña Blanca
17 Nuevo Hotel

Essen und Trinken

18 La Parra Vieja
19 Bodegón El Patio
20 Carboná
21 Bar Juanito

JEREZ HEIßT SHERRY

Unvermittelt erscheint er hinter einer Kurve, auf einer Anhöhe platziert, nicht nur an den andalusischen Straßen, sondern in ganz Spanien: ein kraftvoller schwarzer Stier, der Osborne-Stier. Durch richterliche Verfügung wurde er vom allgemeinen Verbot solcher Werbeschilder in der Landschaft ausgenommen. Der Stier ist spanisches Kulturgut. Er ist aber auch Osborne. Der Stier, der schwarze Don von Sandeman und Tío Pepe von González Byass sind Markenzeichen, die – dies ist außergewöhnlich in der Werbebranche – keiner weiteren Erläuterung bedürfen und keines ergänzenden Namenszuges: Sie stehen für sich, für Jerez, für Sherry.

Jerez de la Frontera, Puerto de Santa María und Sanlúcar bilden das Dreigestirn der andalusischen Sherryproduktion. Schon im 11. Jh. wurde der Weinanbau auf dem sanft gewellten Hügelland zwischen dem Städtedreieck eingeführt. Araber brachten die erste der beiden Sherry-Rebsorten mit, die Palomino-Traube, die einen trockenen Wein ergibt. Die zweite Sorte führte unter Karl V. ein Soldat namens Peter Siemens ein: Der Name Pedro Ximénez-Traube erinnert bis heute an diesen Deutschen. Je nach Mischung der Sorten erhält man trockenen bis süßen Sherry. Die besten Böden für den Weinanbau, die so genannten *albarizas*, erkennt man an ihrer weiß schimmernden Farbe, die auf den hohen Kalkgehalt zurückzuführen ist.

Schon vor Jahrhunderten fand der Sherry außerhalb seines Stammlandes Liebhaber: 1588 segelte Sir Franics Drake nach seinem Überfall auf Cádiz mit 3000 Schläuchen Wein zurück gen Norden; Shakespeares Lob auf den Sherry ist literarisch verbürgt, und Queen Victoria wird der Satz *»Anytime is Sherrytime«* zugeschrieben. Englischer Adel und englische Intelligenzia entwickelten eine tiefe Zuneigung zu den goldenen Tropfen aus Andalusien, die seit dem 18. Jh. nicht mehr von Galadinners wegzudenken waren. Engländer waren es auch, die den Namen ›Jerez‹ in die für sie aussprechbare Variante ›Sherry‹ abwandelten, und nicht zuletzt übernahmen Briten im 18. Jh. die Vermarktung im großen Stil. Unter Namen wie John Harvey, Williams and Humbert, George Sandeman firmieren bis heute große Bodegas.

Respektvoll-zärtlich bezeichnen die Andalusier die riesigen Bodegas in Jerez und den beiden Sherry-Schwestern als ›Weinkathedralen‹. In großen überirdischen Hallen lagern Zehntausende von Fässern aus amerikanischer Eiche, manche bis zu 250 Jahre alt, in langen Reihen übereinander gestapelt. Die Wartung der Bodegas ist eine Wissenschaft für sich: Der mit dem kalkhaltigen *albariza*-Sand bedeckte Boden muss mehrfach täglich befeuchtet werden, um eine gleichbleibende Temperatur von 15 bis 18 ° und eine konstante Luftfeuchtigkeit zu gewährleisten. Die meist in vier Reihen gestapelten Fässer enthalten jeweils Wein unterschiedlicher Entwicklungs- oder Reifestufen: Die untere, mit ›*solera*‹ gekennzeichnete Reihe enthält den ältesten Sherry, der nach einer Ruhepause zu etwa einem Viertel abgezapft und in Flaschen abgefüllt werden darf. Dann wird aus der nächsthöheren Reihe Wein der nächsten Reifestufe nachgefüllt usw. Ganz oben lagert der jüngste Wein. Dieses so genannte *solera*-System gewährleistet eine gleichbleibende Qualität des Sherry, unabhängig von besseren oder schlechteren Jahrgängen. Das Mindestalter eines reifen Weins beträgt fünf Jahre.

Im Wesentlichen unterscheidet man drei Sherry-Qualitäten: der blassgelbe *fino* ist trocken und von herbem Geschmack, er hat einen geringen Säuregehalt und einen Alkoholanteil von 15,5 bis 17 %. *Fino* muss kühl serviert werden und passt hervorragend zu Fisch und Meerestieren. Der blassgoldene *amontillado* ist ein halbtrockener, lieblicherer Sherry mit nussigem Aroma; der Alkoholgrad liegt bei 17 %. *Amontillado* sollte ebenfalls leicht gekühlt serviert werden. Der tiefgoldene *oloroso* ist ein aromatisch-vollmundiger Sherry mit leichter Süße; der Alkoholgrad beträgt 18–22 %. Er sollte Zimmertemperatur haben. Eine süßere Variante ist der *cream*-Sherry, der als Dessertwein getrunken wird.

Die Bodegas von Jerez produzieren nach demselben System auch hervorragende Brandys. Kenner schwören auf die Marken Cardenal Mendoza, Gran Duque d'Alba und Lepanto.

Die Altstadt

Jerez' fünfschiffige, von einer mächtigen Kuppel bekrönte **Stiftskirche** [2], die erst im 18. Jh. vollendet wurde, nimmt die Stelle der einstigen Hauptmoschee ein. Hauptfassade und Innendekoration folgen dem Stil des Barock. Der mudéjare Glockenturm steht gleich einem Campanile frei neben dem Bau. (11–13, 18–20, So 11–14 Uhr)

Die **Iglesia de San Dionisio** [3], unmittelbar nach der Eroberung von Jerez errichtet und dem Stadtpatron geweiht, ist wie die meisten Kirchen der Stadt im Mudéjarstil erbaut worden. Sie enthält eine sehenswerte *artesonado*-Decke. Die Bauherren des seitlichen Turms, in arabischer Zeit ein Wehr- und Beobachtungsturm, sind deutlich an den Zwillingsfenstern mit Hufeisenbogen zu erkennen. Daneben prunkt am Kirchplatz das schönste Renaissancegebäude der Stadt, das **alte Rathaus** [4] aus dem 16. Jh.

An einem ersten Sherry kann man unter dem Säulenrund des **Domecq-Turms** [5] nippen, den Aníbal González, Architekt des Parque de María Luisa in Sevilla, Anfang des 20. Jh. erbaute. Er ist ein Wahrzeichen der Stadt.

Über die weite Plaza del Arenal, einst Austragungsort von Reiter-und Stierkämpfen, kommt man in das traditionsreiche Viertel San Miguel und zur **Kirche San Miguel** [6] mit reich dekorierter, gotisch-isabellinischer Hauptfassade (15./16. Jh.).

Liebevoll aufgebaut präsentiert sich das **Archäologische Museum** [7] in einem Stadtpalast an der Plaza del Mercado. Ein griechischer Bronzehelm des 7. Jh. v. Chr. zählt zu seinen berühmtesten Stücken. (Di–Fr 10–14, 16–19, Sa/So sowie Mitte Juni–Ende Aug. 10–14.30 Uhr)

Der Pflege der in Andalusien beheimateten Gesangs-, Gitarren- und Tanzkunst widmet sich der **Centro Andaluz de Flamenco** [8] in einem Adelshaus des 18. Jh. (Mo–Fr 9–14 Uhr). An der Flamenco-Kunst Interessierte können in den *peñas* von Jerez auch Flamenco live erleben (s. Adressen).

Bodegas und Weinmuseum

Führungen durch ihr Sherry-Reich mit Verkostung bieten die meisten Bodegas von Jerez (Anmeldung sinnvoll; eine Liste aller Bodegas mit Öffnungszeiten hält die Touristeninfo bereit):
González Byass [9]**:** Manuel M. González 12, Tel. 956 35 70 16, www. gonzalezbyass.es, Mo–Sa 9.30–17.30/ 20, So 10–13/14 Uhr. Führungen auf Deutsch um 12.15 und 17.15 Uhr.
Pedro Domecq [10]**:** San Ildefonso 3, Tel. 956 15 15 00, www.domecq.es, Mo–Fr 9–13 stdl. Führungen, in Deutsch von Juli bis Sept. um 12 Uhr.
Sandeman [11]**:** Pizarro 10, Tel. 956 15 17 00, www.sandeman.com. Empfehlenswert; Führungen Mo, Mi, Fr 10.30–13.30 stdl. auf Deutsch, Di, Do 10.30, 12, 14, 14.30, Sa 12.30 Uhr, im Winter seltener.

Neu ist das **Weinmuseum** [12] in einer Bodega des 19. Jh. – mit Multimediashow und Degustation. Gleich nebenan wartet das **Uhrenmuseum** [13] mit über 300 Modellen unterschiedlicher Epochen auf (10–19, 15. 6.–15. 9. 10–14, 18–20, So 10–14 Uhr).

Real Escuela Andaluza de Arte Ecuestre

Die **Königlich-Andalusische Schule der Reitkunst** ⑭ lässt andalusische Pferde tanzen: Ähnlich wie in der berühmten Wiener Reitschule wird hier Di (außer Nov.–Febr.) und Do um 12 Uhr ein Pferdeballett vorgeführt (Av. Duque de Abrantes, Kartenbestellung: Tel. 956 31 80 08, E-Mail: reservas@realescuela.org). Mo, Mi, Fr, im Winter auch Di können die Einrichtungen der Reitschule besucht werden (10/11–13 Uhr).

Oficina de Turismo: Pl. Arenal, Tel. 956 35 96 54, und Alameda Cristina, Edificio de los Claustros s/n, Tel. 965 33 11 50, www.webjerez.com.

Hotel Royal Sherry Park ⑮: Av. Alcalde A. Domecq 11, Tel. 956 31 76 14, Fax 956 31 13 00, www.sherrypark hotel.com. Komforthotel in Parkanlagen, Pool, behindertengerechte Zimmer, gutes Restaurant. DZ ab 122 €.
Doña Blanca ⑯: Bodegas 11, Tel. 956 34 87 61, Fax 956 34 85 86. Wohlfühlhotel mit 30 geschmackvoll eingerichteten Zimmern. DZ ca. 70 €.
Nuevo Hotel ⑰: Caballeros 23, Tel. 956 33 16 00, Fax 956 33 1604, E-Mail: nuevohotel1927@teleline.es. Sympathisches, einfaches Hotel in einem Stadthaus des 19. Jh. DZ/Bad 32–58 €, Frühstück 2 €.

La Parra Vieja ⑱: San Miguel 9, Tel. 956 33 53 90. Kleines, altes, gemütliches Lokal mit folkloristischer Note. Ortstypische Küche und Tapas.
Bodegón El Patio ⑲, San Francisco de Paula 7, Fisch und Meeresfrüchte; **Carboná** ⑳, in Nr. 2, Gegrilltes: zwei Restaurants in alten Bodega-Hallen.
Bar Juanito ㉑: Pescadería Vieja 8–10.

Exzellente Tapas, in einem verträumten Winkel hinter den Kollonaden der Pl. Arenal.

Flamenco: El Lagá del Tío Parrilla, Pl. Becerra 5 (nahe Nr. 7), Flamencoshows Mo–Sa um 22.30 und 0.30 Uhr. La Taberna Flamenca, Angostillo de Santiago 3 (oberhalb der Santiago-Kirche), Di–Sa 20–24 Uhr. Die Peña Los Cernicalos, Sancho Vizcaíno 23, genießt unter Flamenco-Liebhabern einen guten Ruf.

Semana Santa: mit Prozessionen. **Feria del Caballo:** einwöchiges Stadtfest Anfang Mai. Edle andalusische Pferde bestimmen das Festbild mit.
Motorrad-Grand-Prix: Anf. Mai auf dem Circuito de Jerez (Richtung Arcos).
Fiestas de Otoño: ca. zwei Wochen im September, Weinlesefest.

Flughafen: 7 km Richtung Sevilla, Tel. 956 15 00 00.
Züge: Cádiz-Sevilla, Tel. 902 24 02 02.
Busse: nach Cádiz, Sevilla, Arcos/Ronda, zur Costa del Sol, Tel. 956 34 52 07.

La Cartuja

5 km Richtung Medina Sidonia liegt das Kartäuserkloster **La Cartuja** (15. Jh.), dessen Gärten von ca. 9.30–18.30 Uhr besichtigt werden können. Mangels Nachwuchs soll das Kloster von Nonnen übernommen werden. Die Karthäusermönche machten sich um die Zucht reinrassiger spanischer Pferde verdient, für die heute die nahe **Yeguada de la Cartuja** steht (Richtung El Portal, Besichtigung des Gestüts Sa um 11 Uhr, Eintritt 9 €).

DIE SÜDLICHE COSTA DE LA LUZ UND DIE WEIßEN DÖRFER

Lange, noch nicht überlaufene Feinsandstrände und beste Surferreviere bietet die südliche Atlantikküste zwischen Cádiz und Tarifa. Als Standorte für den Urlaub bieten sich authentische Dörfer wie Conil de la Frontera, Zahara de los Atunes oder Tarifa an. Im hügeligen Hinterland locken weiße Dörfer und Korkeichenwälder zu Ausflügen.

Novo Sancti Petri

Andalusien-Atlas: S. 248, B2

Zum Städtchen **Chiclana de la Frontera,** umgeben von sumpfigen Salzmarschen, die zur Salzgewinnung und zur Schalentierzucht genutzt werden, gehören die gepflegte Ferienurbanisation **Novo Sancti Petri** mit exklusiven Hotels und Golfplatz und die **Playa de la Barrosa**, einer der schönsten Strände der Atlantikküste. Im Sporthafen Sancti Petri werden Bootsausflüge zur kleinen Insel Sancti Petri mit einer Festung aus dem 13.Jh. und den Ruinen eines Herkulestempels angeboten. Weiter südlich dehnt sich der Pinienhain von **Roche** mit großzügig verteilten eleganten Sommervillen am Atlantik aus.

Die noblen Vier- und Fünf-Sterne-Hotels von Novo Sancti Petri, ob Meliá Sancti Petri, Club Aldiana, Iberostar Royal Andalus, Playa La Barrosa oder Tryp Costa Golf, bucht man besser über ein Reisebüro. Alle Hotels liegen direkt am Strand, mit Gartenanlagen, Pool, kindgerechten Einrichtungen, Golfangeboten.

Conil de la Frontera

Andalusien-Atlas: S. 248, B 2/3

Trotz seiner wachsenden touristischen Bedeutung ist Conil authentisch geblieben. Die weißen Häuser bedecken einen Hügel am Atlantik, zu dessen Füßen sich kilometerlange Strände erstrecken. Ein neuer Fischerhafen liegt an der Steilküste nördlich von Conil, am Cabo Roche. Der Ortskern rund um die **Puerta de la Villa** steht unter Denkmalschutz. In der Nähe dieses einstigen Stadttores bieten Händler auf der kleinen Plaza de Abastos den frischen Fang der Fischer von Conil feil. Auffälligstes Bauwerk im Ort ist das **Castillo de Guzmán el Bueno**, einst Sommerresidenz des Feudalherrn, der die Gegend beherrschte (S. 118).

Die untere Ortsstraße führt oberhalb des Strandes zur **Playa Fontanilla** mit Bars und Restaurants. Wenige Kilometer südlich des Río Salado dehnen sich die Pulversandstrände von **El Palmar**, einer idyllischen Bauernsiedlung mit Strandrestaurants, schier endlos aus.

Oficina de Turismo: Carretera s/n, Tel. 956 44 0500/01.

 Fuerte Conil: Playa Fontanilla, Tel. 956 44 33 44, Fax 956 44 23 00, www.fuertehoteles.com. 250-Zimmer-Anlage im andalusischen Bau- und Dekorationsstil. Garten, Pool und Tauchkursangebote, etwas abseits des Ortes am Strand. DZ ca. 86–157 € inkl. Frühstück.
Playa Conil: direkt am Ortsstrand, Tel. 956 44 26 65, Fax 956 44 35 82. Einfaches Hotel mit Zimmern und Apartments. DZ ca. 42–54, Apartments 60–90 €.
Hostal Torre de Guzmán: Hospital 5, Tel. 956 44 30 61. Nette, kleine Pension mit hübschem Patio, im Ort. DZ 34–50 € inkl. Frühstück.
In El Palmar: Einfache Pensionen, u.a. Francisco, La Ilusión, Pájaroverde.
Camping: Mehrere gute Plätze nördlich von Conil, z.B. Cala del Aceite. Camping El Palmar 1 km abseits des Strandes.

Gute **Strandrestaurants** an der Playa de la Fontanilla mit frischem Fisch: **La Fontanilla** und **Restaurante Francisco.**

Urlaubern werden in Conil vielerlei Aktivitäten angeboten: Reiten (Tel. 956 44 30 60), Rad-/Mopedverleih, Tauchen/Segeln und Sprachkurse. Infos in der Oficina de Turismo.

Busse zu den Küstenorten über die N 340 sowie von/nach Sevilla.

Vejer de la Frontera

Andalusien-Atlas: S. 248, B/C 3
Das Städtchen mit 13 000 Einwohnern, 10 km von der Küste, beherrscht von einer Hügelkuppe die weite Landschaft rundherum. Mehr als 500 Jahre lang prägten Mauren den weißen Ort, ihre Kultur wirkte noch lange nach: Die Frauen von Vejer trugen bis Mitte des 20. Jh. schwarze Gewänder, sog. *cobijadas*, mit denen sie sich verschleierten.

Vejer steht seit 1976 als *Conjunto Histórico-Artístico* unter Denkmalschutz. Oben im Ort, am Hotel Hospedería de San Francisco, gelangt man hügelauf zur **Puerta de la Segura** und in den ummauerten mittelalterlichen Bezirk mit der gotisch-mudéjaren **Kirche Divino Salvador**. Ihr Glockenturm präsentiert sich deutlich als aufgestocktes Minarett. Durch die Calle Ramón y Cajal erreicht man hinter einem bogenüberspannten Durchgang die Calle Judería längs der Stadtmauer. In der Straße wohnten einst, wie der Name sagt, die Juden des Ortes. An der Innenseite der zinnengekrönten Mauer entlang, den Windungen der Gasse folgend, stößt man auf die Peña Flamenca. Hält man sich dort rechts und an den nächsten drei Gabelungen links, stößt man auf eine Hausfront, neben der rechts eine Treppengasse steil hügelab führt. An der Rückseite eines der Torbögen über der links abzweigenden Gasse erinnert eine Tafel an eine mittelalterliche Liebesgeschichte: Ein Berberfürst, der sich ein Mädchen aus Vejer zur Frau genommen hatte, baute ihr zuliebe dieses Viertel nach, denn sie hatte Heimweh. Laut Legende entstand so die marokkanische Stadt Chechaouen.

Am Stadttor **Arco de la Villa** erinnert eine Tafel an Guzmán el Bueno, der 1292 von hier loszog, um Tarifa zu verteidigen (s. S. 118). Die hübsche **Plaza**

Einst Stierkampfarena, heute Dorfmittelpunkt: Die Plaza de España in Vejer

de España unterhalb des Tors diente einst als Stierkampfarena. Vom nahen **Mayorazgo-Turm** des herzoglichen Verwalters reicht der Blick bei gutem Wetter über die Küste bis nach Tarifa. An der Stadtmauer entlang kommt man zum Ausgangspunkt zurück.

Oficina de Turismo: Marqués de Tamarón 10, Tel. 956 45 01 91.

Hospedería Convento de San Francisco: Plazuela s/n, Tel. 956 45 10 01, Fax 956 45 10 04, www.tugasa.com. Stimmungsvolles Hotel in einem Franziskanerkonvent des 17. Jh., mit Verwöhnrestaurant. DZ ca. 62 €.
Hostal La Posada: Remedios 21, Tel. 956 45 02 58. Eine sympathische Pension mit Restaurant. DZ/Bad ab 30 €.

Caños de Meca/Barbate

Andalusien-Atlas: S. 248, B 4
Die felsige Landspitze **Cabo de Trafalgar** besuchen geschichtsbewusste Briten gern: Im Jahr 1805 schlugen die Engländer, die sich gegen Napoleons Expansion in Europa zur Wehr setzten, vor dieser Küste eine französisch-spanische Flotte. Lord Nelson war zwar mit weniger Schiffen ausgerüstet als die gegnerische Allianz, trug aber einen glorreichen Sieg davon. Er selbst überlebte die Seeschlacht jedoch nicht.

An das Dünenkap mit seinem Leuchtturm schließen sich südlich die schönen Strände von **Caños de Meca** an. ›Hippies‹ entdeckten sie einst; mittlerweile ist eine lang gezogene, aber überschaubar gebliebene Feriensiedlung entstanden. Spaziert man am Strand entlang Richtung Barbate, so findet man in der Steilküste Stellen, aus denen Wasser herabtropft. Diese *caños* gaben dem Ort den Namen.

Rund um Caños de Meca bis nach Barbate dehnen sich dichte Pinienwälder aus: Der **Parque Natural del Acantilado y Pinar de Barbate** ist ein geschütztes Naturparadies.

Barbate, das früher den Beinamen ›del Franco‹ trug, weil dieser hier 1936 mit seiner Afrikaarmee an Land gegangen war, besitzt den mit Abstand größten Fischerhafen Andalusiens – und viele Fischkonservenfabriken. In den Restaurants an der Strandpromenade bekommt man überall frischen Fisch.

Hostal Villa de Guadalupe: Avda. Trafalgar 56, Tel. 956 43 72 29, Caños de Meca.. Nette, exklusive Pension mit Garten, 6 Zimmer. DZ ca. 65 €.

Zahara de los Atunes

Andalusien-Atlas: S. 248, C 4

Zahara de los Atunes verdankt seinen Beinamen dem Fang von Thunfisch *(atún)*: Nach traditioneller Art treiben die Fischer die Tiere vor der Küste mit ihren Booten und Netzen zusammen und erledigen sie mit Harpunen *(almadraba)*. Zwar liegen noch immer ein paar bunte Boote am Strand, der Thunfischfang wird jedoch im großen Stil über den benachbarten Hafen von Barbate abgewickelt. Dafür boomt in Zahara der Fremdenverkehr. Vom weißen Ortskern erstrecken sich kilometerlange Feinsandstrände nach Süden, bis

zu einer weit geschwungenen Bucht mit der **Urbanización Atlanterra**, deren Villen am Hang des Cabo de Gracia und der Sierra de la Plata – übrigens Fundort zahlreicher westgotischer Gräber – erbaut sind. Die ersten Sommerresidenzen gehörten hier Deutschen, weswegen der Strand auch als Playa de los Alemanes bekannt ist.

Hotelito El Varadero: Atlanterra, hinter Meliá Atlanterra rechts, Tel. 956 43 90 38, Fax 956 43 94 81. Versteckt gelegenes ›Hotelchen‹. Bei den deutschsprachigen Gastgebern, im subtropischen Garten und am Tisch des Restaurants El Varadero muss man sich einfach wohlfühlen. DZ 65–90 € inkl. Frühstück.
Pozo del Duque: Ctra. Atlanterra 32, Tel. 956 43 90 97, Fax 956 43 94 00. Junges Hotel, 51 Zimmer, meist mit Meerblick, Restaurant, Pool, Garten. DZ 55–122 €.
Gran Sol: Av. de la Playa, Tel. 956 43 93 01, Fax 956 43 91 97, www.gransolhotel.com. Strandnahes Mittelklassehotel im Zentrum, Restaurant, Pool. DZ 52–90 €.
Hotel Nicolás: María Luisa 15, Tel. 956 43 92 74, Fax 956 43 94 31. Mitten im Dorf, mit Bar, Restaurant und Terrasse. DZ ab 35 €, im Juli/Aug. ca 48 €.
Camping: Bahía de la Plata, in Atlanterra (am Strand).

Frischen Fisch gibt es überall in Zahara. Besonders zu empfehlen: **Casa Juanito**, Sagasta 7.

Die **Sportangebote** des Riesenhotels Meliá Atlanterra, Tel. 956 43 90 00, Fax 956 43 90 51, stehen auch Nichtgästen offen: Tennis, Reiten, Windsurfen, Schnorcheln, Radverloih.

Busse: Verbindungen mit Barbate, Vejer und Conil.

EIN MEKKA DER WINDSURFER

Lange war Tarifa ein unscheinbares Dorf abseits der gängigen Reiserouten. Nichts weiter als ein Fischerdorf, in dem allerdings schon immer ein Thema die Gespräche in der Fischerbar im Hafen beherrschte – das Wetter oder genauer: der Wind. An 300 Tagen im Jahr bläst er durch den Ort. Seine Namen sind Levante und Poniente. Der **Levante** kommt von Osten, der **Poniente** von Westen. El Levante und El Poniente sind in Tarifa viel benutzte Worte. Am schlimmsten und für Fischer am gefährlichsten sind die Levante-Winde, die zur Plage werden können, da sie Windgeschwindigkeiten von 100 km/h erreichen. Flauen sie nach zwei, drei Tagen ab, ist es gut. Halten sie jedoch acht, neun, gar zehn Tage an, wird es selbst den Robustesten zu viel. Ein lang anhaltender Levante schlägt aufs Gemüt.

Was jeden Badetouristen abschreckt und ihn trotz der hervorragenden Strände davon abhält, länger zu bleiben, ist für die Surfer ein Geschenk der Natur. Verrückte stellen sich auch dann noch aufs Brett, wenn das Schiff nach Tanger nicht ausläuft und die Fischer ihre Kutter festmachen. In Tarifa sieht man immer Leute mit ihrem Brett wie einen Pfeil über die Wasseroberfläche schießen. Tarifa ist das Mekka der Windsurfer. Die Entdeckung des Windes hat den Ort verändert. Jeder zweite Laden scheint sich auf Zubehör für Surfer spezialisiert zu haben. Und ein paar Diskotheken beschallen nachts das Dorf, bevor im Herbst wieder dörfliche Beschaulichkeit einkehrt.

Bolonia/Baelo Claudia

Andalusien-Atlas: S. 248, C 4
Bolonia hat Seltenheitswert: einer der schönsten Atlantikstrände an einer weit geschwungenen Bucht, an deren Ende sich der Pulversand zu Dünen auftürmt; Stierweiden bis ans Meer; das ganze unverbaut – bis auf ein paar Bauernhäuser, wenige Hostales und *chiringuitos* am Strand, die frischen Fisch kredenzen, und zwar zu günstigen Preisen; das alles neben der nach Itálica (bei Sevilla) bedeutendsten römischen Ruinenstadt Andalusiens.

Baelo, ab dem 2. Jh. v. Chr. von Römern besiedelt, erhielt unter der Herrschaft des Imperators Claudius im 1. Jh. n. Chr. den Beinamen Claudia. Ihre Bedeutung verdankte die Stadt entscheidend dem Fischfang und -export nach Rom; die Überreste von Fischfabriken am Meer zeugen davon. Nur ein Teil der 1 Mio. m² großen Siedlung wurde bisher ausgegraben.

Gut erhalten ist der Decumanus Maximus, die Hauptstraße des Municipiums. Oberhalb des Forums mit einer Basilika und Tavernen erhoben sich Juno, Jupiter und Minerva gewidmete Tempel sowie – etwas seitlich – ein Isis-Heiligtum, das auf enge Handelsbeziehungen mit Alexandria schließen lässt. Etwas abseits nutzte man das abschüssige Gelände für die Ränge eines Theaters. Die strandnahen Fischfabriken erkennt man deutlich an den runden und viereckigen Einlassungen in den Boden, in denen Fisch gesalzen und eingelagert wurde. Nach dem Untergang des römischen Imperiums verfiel die Stadt ab dem 5. Jh. Die reichen

Funde, darunter eine Trajanstatue und ein Jupiter, gelangten teils in die archäologischen Museen von Cádiz und Madrid (Führungen: Di–So 10–18, im Sommer bis 19 Uhr, ca. stdl.).

 Hostal Baelo: Tel. 956 68 85 62. Zimmer und Apartments, ab 36 €. Auch gut: **Los Jerezanos,** Tel. 956 68 85 92; **Los Ríos,** Tel. 956 68 85 44.

 In den Bars und strohgedeckten Restaurants am Strand serviert man frischen Fisch zu günstigen Preisen.

Tarifa

Andalusien-Atlas: S. 248, D 4
Tarifa ist Spaniens südlichster Ort, er liegt an der schmalsten Stelle der Straße von Gibraltar (13,5 km) und grenzt an zwei Meere. Der windumtoste Südzipfel Iberiens ist ein Eldorado für Windsurfer und ein Zentrum der Windenergiegewinnung. Armeen von Windrädern überziehen die umliegenden Hügel.

Der alte, typisch maurische Siedlungskern ist von einer Stadtmauer eingefasst, die auf die arabische Zeit zurückgeht. Im Sommer des Jahres 710 steuerte der Berber Tarif, Namensgeber des Ortes, mit 400 Männern und 100 Pferden in vier Booten auf die äußerste Südspitze der Iberischen Halbinsel zu. Nach einem Beutezug kehrten sie dorthin zurück, woher sie gekommen waren. Zur Eroberung Iberiens setzten jedoch ein Jahr später erneut bewaffnete Reitertrupps über.

Auf der Alamada, der kleinen Flaniermeile Tarifas, hat die Stadt ihrem grimmig aussehenden Eroberer, Guzmán el Bueno, ein Denkmal gesetzt. 1292 war er von Vejer de la Frontera losgezogen, um Tarifa einzunehmen. Zwei Jahre später belagerten marokkanische Benimiriden den Ort, sie nahmen Guzmáns neunjährigen Sohn gefangen und drohten, ihn zu töten, falls der Vater den Ort nicht übergebe. Guzmán opferte entschlossen sein Kind. Damit verdiente sich die Stadt das königliche Prädikat »sehr treu, sehr edel, sehr heldenhaft«, das am mittelalterlichen Stadttor prangt.

Das **Castillo** von Tarifa geht auf das 10. Jh. zurück. Allein wegen des Ausblicks – bei gutem Wetter bis Afrika – lohnt es sich, die Festung zu besteigen. Am Rathausplatz befindet sich das liebevoll aufgebaute **Museum** von Tarifa. Hier findet man ein Beispiel der Kleidung, wie sie die Frauen Tarifas bis in die 1950er Jahre hinein trugen: Mit *manto* und *saya* verschleierten sie sich, eine Tracht, die vermutlich syrischen Ursprungs ist (Di–So 9–13 Uhr).

Kiosk auf dem Po. de la Alameda, Tel. 956 68 09 93. Hier erhält man auch Infos zu Surfschulen.

Casa Amarilla: Sancho IV El Bravo 9, Tel. 956 68 19 93, Fax 956 68 05 90, www.tarifa.net/lacasaamarilla. Schöne Apartments in einem ›gelben‹ andalusischen Haus mit Patio. Für 2 Pers. 39–56 €.
Calzada: J. Pertíñez 7, Tel. 956 68 03 66. Saubere 8-Zimmer-Pension im Zentrum. DZ 40–45 €.
Alborada: San José 52, Tel. 956 68 11 40, www.hotelalborada.com. Günstige Pension. DZ 31–50 €.

Außerhalb am Atlantik:
Dos Mares, N-340 km 79,5, Tel. 956 68 40 35, Fax 956 68 10 78, www.dosmares.com. Sehr schöne Anlage am Strand, Zimmer oder Bungalows, mit Surfcenter, Pool, Reit- und Sportangeboten. DZ 75–130 € inkl. Frühstück.
Hotel-Restaurante La Codorniz: Tel. 956 68 47 44. Hotel im Cortijo-Stil. DZ 43–81 €.
Camping: Mehrere Plätze an der N–340 nach Norden, so Río Jara, Tarifa Camping, Torre de la Peña.

Bei Surfern besonders beliebt ist die weite Bucht mit feinem Sandstrand gegenüber dem Campingplatz Torre de la Peña II., km 75,5 (auch Bungalowvermietung). Hier liegt am Strand die **Surfschule** Spin Out Surfbase.
Whalewatching-Touren: Firmm, Pedro Cortés 3, Tel. 956 62 70 08/619 45 94 41. Bootsausflüge mit Delfin- und Walbeobachtung.
Schiffsausflüge nach Tanger: tgl. um 11.30 Uhr, Dauer der Überfahrt ca. 35 Min., auch Führungen.

Busse: Entlang der Costa de la Luz nach Cádiz und über Algeciras zur Costa del Sol.

Weiße Dörfer

Arcos de la Frontera

Andalusien-Atlas: S. 248, C 2
Arcos, das wie viele Orte der Küste und des Landesinneren der Provinz Cádiz den Beinamen ›an der Grenze‹ hat, beeindruckt durch seine Lage auf einem steil abfallenden Felsen, zu dessen Füßen sich der Río Guadalete durch die weite Landschaft schlängelt. Der in

Von Tarifa reicht der Blick bei gutem Wetter bis zum marokkanischen Rifgebirge

maurischer Zeit bedeutende Ort galt wegen seiner natürlichen Lage und der Festung als uneinnehmbar, gehörte jedoch zu den ersten der Region, die in christliche Hände fielen (1264).

Im Grunde gruppiert sich die weiße alte Siedlung um eine lang gezogene Hauptgasse, von der verschiedene kurze Gässchen abzweigen, bzw. um die Kirchen Santa María und San Pedro. Die mächtigen Stützbögen der **Kirche Santa María** (16.–18. Jh.) überspannen das Gässchen Callejón de las Monjas. Zur anderen Seite grenzt das Gotteshaus, dessen Turm mit blauen *azulejos* geschmückt ist, an die Plaza del Cabildo. An diesem Platz ragt hinter der weißen Rathausfassade das in

arabischer Zeit errichtete, von den Christen wiederaufgebaute **Kastell** auf. Gegenüber liegt der schöne **Parador** von Arcos, und die unbebaute Seite oberhalb des Abgrunds dient als Mirador – ein großartiger Aussichtspunkt.

Hinter der Kirche führt die Straße weiter zu einem kleinen Platz mit dem Kloster der Mercedarias Descalzas, die einen Teil der am Abgrund gelegenen Räumlichkeiten an das Hotel el Convento abgetreten haben. Gleich daneben war einst eine Jesuitenkirche geplant, im nicht vollendeten Bau hat der kleine **Markt** der Stadt eine Unterkunft gefunden. **San Pedro**, die zweite bedeutende Kirche von Arcos, entstand über der einstigen Hauptmoschee.

Im Cortijo wohnen

Das ländliche Andalusien kennen lernen und genießen: Das kann man auf bäuerlichen Anwesen, den *cortijos*. Bei Arcos wurden einige *cortijos* in Hotels umgewandelt:
Cortijo Faín, Ctra. de Algar, km 3, Tel. 956 23 13 96, Fax 956 23 19 61. Exklusives Landanwesen mit Olivenbäumen und Pool. DZ ab 72 €.
Hacienda El Santiscal: Av. del Santiscal 129 (Abzweig unweit des Sees), Tel. 956 70 83 13, Fax 956 70 82 68. Elegantes Haus mit historischer Note.

Es lohnt sich, länger durch den Ort zu schlendern, auch wenn es mühevoll ist, dem Auf und Ab der Gassen zu folgen. Ein typisches Bild sind die kleinen Stützbögen, die vielerorts von Haus zu Haus über die Wege gezogen sind. Und sie passen zum Namen von Arcos (Bögen), obwohl er auf die mittelalterlichen Tore anspielt, an denen die königlichen Steuern zu entrichten waren. Von Arcos de la Frontera bietet sich ein Ausflug in die Sierra de Grazalema an (s. S. 149f.).

Oficina de Turismo: Pl. del Cabildo, Tel. 956 70 22 64, Fax 956 70 22 26.

Parador Casa del Corregidor: Pl. del Cabildo, Tel. 956 70 05 00, Fax 956 70 11 16. Stilvolles Haus in toller Lage, mit gutem Restaurant. Reservieren! DZ ca. 115 €.
El Convento: Maldonado 2, Tel. 956 70 23 33, Fax 956 70 41 28. Familiäre Bleibe in einem ehemaligen Kloster des 17. Jh., mit Terrasse. DZ 45–64 € .
Hostal Callejón de las Monjas: Deán Espinosa, Tel. 956 70 23 02. Ordentliche Pension bei der Kirche Santa María. DZ ab 27 €, mit Bad ab 33 €.
Camping: Lago de Arcos, beim Stausee am Ortsrand Richtung El Bosque.

 Restaurante El Convento: Marqués de Torresoto 7, rustikale ortstypische Gerichte. Fein speist man im Parador.

Busse von/nach Cádiz, Jerez, Sevilla, Ronda, zur Costa del Sol.

Medina Sidonia

Andalusien-Atlas: S. 248, C 3
Inmitten einer flachhügeligen Landschaft mit Stierweiden und Getreidefeldern thront das Landstädtchen Medina Sidonia auf einem Hügel. Der Ortsname ist phönizisch-arabischen Ursprungs, verbindet sich aber seit Jahrhunderten mit dem Geschlecht der Herzöge von Medina Sidonia, die praktisch über das gesamte Gebiet bis zum Atlantik herrschten.

Hügelaufwärts, den Schildern ›recinto amurallado‹ folgend, gelangt man zu einem Abschnitt der alten **Stadtmauer** und zur sehenswerten gotischen **Kirche Santa María** (15. Jh.). Die Ruinen der Festung – weiter oben – sind ein guter Aussichtspunkt über die hügelige Landschaft. Das Hufeisentor **Arco de la Pastora** gehörte zur arabischen Stadtmauer.

Einen ebenso ursprünglichen Charakter wie Medina hat **Alcalá de los Gazules**, das am Rand des Parque Natural de los Alcornocales liegt, einem geschütztes Korkeichengebiet.

Jimena de la Frontera

Andalusien-Atlas: S. 249, D 3
An der Ostseite des Naturparks überragt das auf einem Hügel gelegene **Jimena de la Frontera** mit seinem Kastell eine weite Weidelandschaft. Beim Bau der arabischen Verteidigungsanlage, dank derer der Ort erst 1431 von den Christen erobert werden konnte, verwendete man römische Grabsteine. Jimena ist ein guter Ausgangspunkt für Exkursionen in die westandalusischen Kork- und Steineichenwälder.

🛏 **Hostal El Añon**: Consuelo 34, Tel. 956 64 01 13, Fax 956 64 11 10, www.andalucia.com/jimena/hostalanon. In vier typischen Dorfhäusern eingerichtet, mit Restaurant und Pool. Ab 50 € inkl. Frühstück.
Rancho Los Lobos: 2 km außerhalb, Tel. 956 64 04 29, Fax 956 64 11 80. Kleines Landanwesen mit Pool, Radverleih, Reitmöglichkeit. DZ/Frühstück 60–82 €.

Castellar de la Frontera

Andalusien-Atlas: S. 249, D 3
Eine schmale Straße windet sich hoch nach **Castellar de la Frontera**, das malerisch auf einem Berg oberhalb des Guadarranque-Stausees liegt. Bei der Anfahrt macht der kleine, innerhalb der Mauern einer maurischen Wehranlage aus dem 12. Jh. errichtete Ort einen imposanten Eindruck. Obwohl Castellar nur 7 km von der Hauptstraße entfernt liegt, lebten die Menschen hier oben isoliert – ohne Schule, ohne An-

bindung an das öffentliche Verkehrsnetz, mit mangelhafter Wasserversorgung – und zogen einer nach dem anderen nach ›unten‹ in das ›neue‹ **Nuevo Castellar**. Nach ›oben‹ zog es Künstler und ›Zivilisationsflüchtlinge‹. Seit einigen Jahren wird das schöne Dorf zu neuem Glanz aufpoliert.

🛏 **Castillo de Castellar:** Rosario 3, Tel. 956 23 66 20, Fax 956 23 66 24, www.tugasa.com. 11 kleine Dorfhäuser. Für das leibliche Wohl sorgt das Restaurant Aljibe. Ein Haus für zwei ca. 65 €.
Finca La Almoraima: an der Auffahrt nach Castellar, Tel. 956 69 30 02, Fax 956 69 32 14. Zu einem sehr schönen Landhotel umgebautes ehemaliges Kloster, in einem weitläufigen Korkeichenhain. Restaurant, Pool, Pferdeausritte, Landrover-Exkursionen. DZ ca. 72 €.

Von Algeciras nach Afrika

Im Sommer wälzen sich die Autokolonnen marokkanischer Gastarbeiter aus Frankreich zum Hafen von Algeciras. Arabischsprachige Schilder entlang der Sonnenküste weisen den Weg. Von Algeciras' Fährhafen setzen mehrmals tgl. Schiffe nach **Tanger** (ca. 2 Std.) und **Ceuta** (1,5 Std. bzw. 45 Min. mit dem Schnellboot) über. Die spanische Exklave, ein Militärstützpunkt, ist wegen der Möglichkeiten des zollfreien Einkaufs von Südspanien aus ein beliebtes Ausflugziel. Tickets an der Uferstraße; organisierte Reisen kann man in Reisebüros buchen.

Die Costa del Sol und ihr Hinterland

MÁLAGA UND DIE WESTLICHE COSTA DEL SOL

Die Hafenstadt Málaga, von einer Maurenburg überragt, überrascht mit normalem andalusischem Leben. Ausflüge lohnen zur Landstadt Antequera mit ihren megalithischen Dolmen und zu aufregenden Naturschauspielen, wie dem Torcal de Antequera oder der Garganta del Chorro. An der Küste von Málaga nach Westen reihen sich die Megaferienzentren der Costa del Sol aneinander.

Málaga

Andalusien-Atlas: S. 250, A 2

Málaga (ca. 550 000 Einwohner) liegt im Zentrum der Costa del Sol, der sommertrubeligen andalusischen Sonnenküste. Doch mit all dem Tourismus drumherum hat die lebhafte Hafen-, Handels- und Universitätsstadt wenig zu tun. Sie wurde auch nicht aus dem Boden gestampft wie die Ferienstädte der Umgebung: Málaga ist rund 2650 Jahre alt, eine der ältesten Städte Europas. Jüngste Ausgrabungen ergaben, dass an der weit geschwungenen, von einer Bergkette geschützten Bucht schon im 7. Jh. v. Chr. eine feste phönizische Siedlung namens Malaka existierte, denn für das Anlegen von Schiffen waren die Bedingungen ideal. Auch zur Zeit der maurischen Herrschaft war Málaga bedeutend. Dies dokumentiert die mächtige Burganlage über der Stadt. Bis zur Eroberung durch die Katholischen Könige 1487 gehörte die Stadt zum Nasridenreich von Granada.

Das Klima ist rund ums Jahr mild. So entdeckten um die Jahrhundertwende betuchte britische Rentner den Ort als Winterresidenz, bevor 50 Jahre später die Dörfer an Málagas 150 km langer Sonnenküste zu Mega-Ferienorten ausgebaut wurden. Demgegenüber überrascht Málaga mit einer fast beschaulichen Altstadt voller Traditionslokale und ist ein Shoppingparadies.

Alcazaba und Gibralfaro

Der Eingang zur Alcazaba befindet sich unweit eines **römischen Theaters** [1] aus der Zeit von Kaiser Augustus, in dem Archäologen seit Jahren graben.

Schon durch ihre Größe beeindruckt die **Alcazaba** [2], die maurische Burg mit doppeltem, turmverstärktem Mauerring, der als lang gezogenes Oval den Berghang beherrscht. Hinter dem Eingang geht es entlang der Mauer – durch mehrere Tortürme mit Hufeisenbögen – in Windungen bergauf zur maurischen Residenz, die zwischen dem 10. und 14. Jh. entstand. Vieles von der ursprünglichen Dekoration ist verloren gegangen, und dennoch kann die Burg von Málaga einen Vorgeschmack auf die prachtvolle Alhambra von Granada geben: Auch hier umschließen die Räume der Residenz drei Innenhöfe mit Teichen und Brunnen. Von den Galerien lässt sich ein herrlicher Ausblick über die Bucht genießen. In der Alcazaba lebte auch der letzte maurische Statthalter von Málaga, ein Onkel und Widersacher Boabdils, des letzten Herrschers von Granada. Der fähige Staatsmann und Feldherr mit dem Beinamen ›El Zagal‹ (›Der Tüchtige‹) verteidigte das von den Christen bedrängte Reich nach Kräften, bis Málaga 1487 nach langer Belagerung aufgeben musste. Die hinteren Räume der Residenz wurden zum **archäologischen Museum** umfunktioniert – mit Amphoren aus vorrömischer Zeit, römischen Büsten und Mosaiken sowie maurischer Keramik, deren Farben und Motive noch heute gebräuchlich sind. (Di–So ca. 9–19/20 Uhr)

Zum **Castillo del Gibralfaro** 3 auf dem Berggipfel kommt man zu Fuß oder mit dem Bus Nr. 35 ab Avda. Cervantes (nahe Touristeninfo). Die Phönizier hatten hier einen Leuchtturm installiert. Aus Djebel al-Faruk, Berg des Leuchtturms, entstand der Name ›Gibralfaro‹. Die heutige maurische Verteidigungsanlage erhielt im 14. Jh. unter den Nasriden ihre Gestalt. Vom begehbaren Mauerumgang blickt man auf die Stadt mit der 1874 errichteten Stierkampfarena und den Hafen. (9.30–18/20 Uhr)

Die Altstadt

Zentrum der Altstadt ist die Plaza de la Constitución mit dem alten Café Central. Durch typische Altstadtgassen erreicht man von hier die **Kathedrale** 4, auch ›La Manquita‹ genannt. Denn einer der Türme blieb ein Torso. Als quasi unvollendetes Zeichen des katholischen Sieges nimmt die Kirche den Platz einer früheren Moschee ein. 1528 begonnen, entstand in 250 Jahren ein kolossaler Renaissancebau mit einer dreischiffigen, durch mächtige Säulen gegliederten Halle. Einen Teil des kostbaren Chorgestühls schnitzte Pedro de Mena. In der Capilla de la Virgen de los Reyes im rechten Seitenschiff knien die Katholischen Könige als betende Figuren neben der Marienfigur, die sie bei der Belagerung Málagas im Feldgepäck mitgeführt hatten. Ein gotisches Retabel von 1524 schmückt die benachbarte Capilla de Santa Bárbara (Mo–Sa 10–18.45 Uhr).

In unmittelbarer Nachbarschaft zur Kathedrale stehen die kleine **Iglesia del Sagrario** 5 aus dem 15. Jh., die mit einem kunstvollen gotisch-isabellinischen Portal und einem platteresken Retabel von Alonso Berruguete glänzt (tgl. 9.30–12.30, 18–19.30 Uhr), sowie der jetzt für Ausstellungen genutzte barocke **Bischofspalast** 6.

Im Palacio de Buenavista, einem Adelshaus des 16. Jh., findet das **Museo Picasso** 7, das 2003 eröffnen soll, einen würdigen Platz. Der spanische Jahrhundertkünstler Pablo Ruiz Picasso, Málagas berühmtester Spross, wird hier mit Exponaten vertreten sein, die er bereits als 14-jähriger anfertigte, dazu mit Lithographien und Tauromaquia-Studien. Einen Teil der Sammlung stiftete eine Nichte Picassos.

Am Weg zum Geburtshaus des Meisters der Moderne steht die **Santiago-Kirche** 8 aus dem 15. Jh., deren Turm ein Beispiel des Mudéjarstils

125

Sehenswürdigkeiten

1. Römisches Theater
2. Alcazaba
3. Gibralfaro
4. Kathedrale
5. Iglesia del Sagrario
6. Bischofspalast
7. Museo Picasso
8. Iglesia de Santiago
9. Picassos Geburtshaus
10. Markthalle/Puerta de Atarazanas
11. Museum der Volkskunst

Übernachten

12. Hotel Larios
13. Parador del Gibralfaro
14. Hotel California
15. Hostal Victoria
16. Hostal Derby
17. Jugendherberge

Essen und Trinken

18. Café de París
19. El Refektorium
20. El Chinitas
21. Orellana
22. Gorki
23. El Compá
24. Bar Logüeno
25. La Tasca
26. Bodega Quitapenas
27. Calle Comisario
28. Café El Jardín

MALAGA

0   500 m

bietet. Im zweiten Stockwerk des Eck-hauses mit der Nr. 15 an der Plaza de la Merced verbrachte Picasso, der hier am 25. Oktober 1881 geboren wurde, die ersten zehn Jahre seines Lebens. In **Picassos Geburtshaus** 9 ist die Fundación Picasso untergebracht, eine Stiftung, die sich als Picasso-Studienzentrum versteht. Sie organisiert Konferenzen und Ausstellungen und präsentiert ein paar Erinnerungsstücke und Werke des Künstlers (11–14, 17–20, im Sommer 18–21, So 11–14 Uhr).

Durch typische Altstadtgassen mit Läden und Bars erreicht man Málagas **Markthalle** 10. Ihr Haupteingang ist die **Puerta de Atarazanas,** ein Tor mit Hufeisenbogen aus der Zeit der Nasriden, geschmückt mit deren Motto »Es gibt keinen Sieger außer Allah«. Die Puerta de Atarazanas gehörte – wie der Name schon sagt – zu den Schiffswerften der Stadt. In ihrem Hafen blühte der Handel mit den nordafrikanischen Glaubensgenossen.

Málagas reichhaltiges **Museum der Volkskunst** 11, mit Handwerks- und Gebrauchsgegenständen, alten Möbeln, Kleidungsstücken u.ä., ist in einer Herberge des 17. Jh. untergebracht (Mo–Fr 10–13.30, 17–20, im Winter 16–19, Sa 10–13.30 Uhr, 12 € Eintritt).

Am Südrand der Altstadt laden die **Alameda Principal** mit ihren Blumenständen und die Grünanlagen des **Paseo del Parque** entlang der Hafenfront zu Spaziergängen unter subtropisch-mediterranen Bäumen ein.

Fischessen am Strand

Málagas alte Fischerviertel **Pedregalejo** und **El Palo** – mit schönen Stränden – liegen am Stadtrand Richtung Almería (Bus Nr. 11 ab Av. Cervantes bis Acacias). Kleine volkstümliche Restaurants, sehr preiswert dazu, säumen die kilometerlange Meerespromenade. Ausgediente Boote unter Palmeninseln fungieren als Holzgrill für *espetos* (Sardinenspießchen) und andere Fische. Beim Verdauungsspaziergang kann man am Strand von Pedregalejo, beim Ruderclub, eine *jábega* bewundern: Dieser alte Bootstyp, erkennbar am aufgemalten Auge am Bug, geht auf phönizische Ursprünge zurück. Heute wird er nur noch bei festlichen Regatten eingesetzt.

Oficina de Turismo: Pasaje Chinitas 4, Tel. 952 21 34 45, Fax 952 22 94 21, und Av. Cervantes s/n. Otmalaga@turismo-andaluz.com.

Larios 12: Marqués de Larios 2, Tel. 952 22 22 00, Fax 952222407, www.hotel-larios.com. Ein gehobenes Stadthotel mit 40 Zimmern, lockere Atmosphäre. Vom 4. Stock blickt man auf die Türme der Kathedrale. DZ ca. 135 €, gute Wochenendtarife.
Parador del Gibralfaro 13: Monte Gibralfaro, Tel. 952 22 19 02, Fax 952 22 19 04. Stilvoller Natursteinbau auf dem Berg unweit des Gibralfaro, mit herrlichem Blick über Stadt und Hafen. Pool und Restaurant. DZ ca. 120 €.
Hotel California 14: Po. de Sancha 17, Tel./Fax 952 21 51 64/5, E-mail: hcalifornia @spa.es. 28 Zimmer in einer Stadtvilla mit Sonnenterrasse und Balkonen, 15 Fußminuten östlich des Zentrums, unweit des Strandes La Malagueta. DZ ab 58 €.

Vom Gibralfaro-Hügel bietet sich ein Panoramablick über den Hafen von Málaga

Hostal Victoria [15]: Sancha de Lara 3, Tel. 952 22 42 23, Fax 952 22 42 24. Gehobene Pension in einer ruhigen Nebenstraße. 14 DZ mit Bad, ab 52 €.

Hostal Derby [16]: San Juan de Dios 1, 4. Stock, Tel. 952 22 13 01/2. Nette Pension nahe der Pl. Marina – von der Hausterrasse blickt man über den Platz und den Hafen. Einfache DZ ohne Bad ab 30 €, mit Bad ab 36 €.

Jugendherberge [17]: Pl. Pio XII 6, Tel. 952 30 85 00, Fax 952 30 85 04, Bus Nr. 18 ab Zentrum.

Café de París [18]: Vélez Málaga 8, Tel. 952 22 50 43, So u. Mo Abend geschl. Besterntes Gourmetrestaurant des jungen Starkochs José Carlos García Cortés. Degustationsmenü ca. 40 €.

El Refektorium [19]: Cervantes 8, Tel. 952 21 89 90. Reiche Auswahl an Fisch, Meeresfrüchten und guten Weinen, am Wochenende stark frequentiert. Auch tapas am Tresen.

El Chinitas [20]: Moreno Monroy 4–6, Tel. 952 21 09 72. Gemälde mit malagueñischen Lebensszenen schmücken das Restaurant, das sich durch seine kreative Fischküche auszeichnet: Dorade in Cava (Sekt) oder Schwertfisch auf mozarabische Art. Nicht ganz billig. Günstiger und gut ist schräg gegenüber das **Orellana** [21], in dem man im Stehen speist.

Tapas-Lokale gibt es in den Seitenstraßen der Calle Marqués de Larios. Besonders empfehlenswert sind das **Gorki** [22] mit ausgezeichneten Tapas und edlen Weinen in der Calle Strachan, **El Compá** [23] in der Calle Bolsa sowie die **Bar Logüeno** [24] mit sehr leckeren Speisen, **La Tasca** [25] mit uraltem Interieur und die **Bodega Quitapenas** [26] in der Calle Alarjón Lucán, nicht zu vergessen die **Calle Comisario** [27] mit ihren zahlreichen *marisquerías*.

El Jardín [28]: Calle Cister. Hübsches Jugendstil-Café mit leckeren Kuchen.

Rund um die Altstadtachse **Calle Marqués de Larios** zeigt sich Málaga als Shoppingparadies. Spanische *alpargatas* (Hanfschuhe) gibt es bei **Calzados Hinojosa,** San Juan 20, neben der gleichnamigen Kirche. Im Einkaufszentrum **Larios Centro,** Av. de la Aurora 25, Nähe Hauptbahnhof, findet man einfach alles: Mode, Lebensmittel, Haushaltsgegenstände, Restaurants...

In der Calle Granda, die sich von der Pl. de la Constitución bis zur Pl. de la Merced schlängelt, reiht sich eine Szenekneipe an die andere. Reizvoll ist etwa El Pimpi! Viel *movida nocturna* (Nachtleben) entfaltet sich auch am Strand von La Malagueta.

Semana Santa: Drei Dutzend Bruderschaften richten die bewegenden Karwochenprozessionen aus.
Virgen del Carmen: 16. Juli, Bootsprozession zu Ehren der Patronin der Fischer.
Feria: ab dem 2. Aug.-Samstag, einwöchiges Stadtfest, auch Stierkämpfe.

Flughafen: 8 km Richtung Torremolinos, Tel. 952 04 88 44. Busse der Linie 19 ab Po. del Parque/Alameda Príncipal alle 20 Min. Nahverkehrszüge, s.u.
Züge: Explanada de la Estación (Bus 3 ab Alameda Príncipal), Tel. 902 24 02 02. Mehrmals tgl. via Bobadilla nach Granada, Ronda, Algeciras, Sevilla sowie Córdoba–Madrid.
Busse: Busbahnhof am Po. de los Tilos, Tel. 952 35 00 61 (beim Hauptbahnhof); nach Antequera, Ronda und den großen andalusischen Städten.
Transmediterránea: Estación Marítima, im Hafen, Tel. 902 45 46 45. Tgl. Fähren nach Melilla sowie via Algeciras nach Tanger und Ceuta.
Autoverleih: Internationale Agenturen im Flughafen. Rent a Car París, Tel. 952 32 28 42/630 05 00 08: Übergabe am Flughafen nach Absprache, gut, günstig, Verständigung in Deutsch.

Antequera

Andalusien-Atlas: S. 250, A 1
Das gepflegte weiße Landstädtchen liegt in den Bergen oberhalb von Málaga. Am Ortsrand befindet sich die bedeutendste iberische Fundstätte der Megalithkultur. Zu Ausflügen in die Umgebung verlocken Naturlandschaften wie der Torcal de Antequera und die Fuente de Piedra oder der Ort Archidona.

Mitten im Ort liegt die kleine Plaza de San Sebastián mit einem Rundbrunnen und der **Iglesia de San Sebastián** mit plateresker Fassade. Von hier sind es wenige Schritte zum **Städtischen Museum,** das in einem Patrizierhaus untergebracht ist: im Palacio de Nájera aus dem 18. Jh. Seine liebevoll gepflegte Sammlung umfasst neben reli-

---

Verkehrsmittel an der Costa del Sol

Die Küste ist in alle Richtungen sehr gut durch Portillo-Busse erschlossen. Die Haltestellen/Bahnhöfe liegen i.d.R. an der Ortsdurchgangsstraße. In Málaga starten sie am Busbahnhof. Außerdem verkehren Busse ab Estación de Autobuses Suburbanos am Hafen nach Torremolinos-Fuengirola sowie nach Nerja. Nahverkehrszüge der Linie C1 befahren alle 30 Min. ab Centro-Alameda die Strecke Málaga -Flughafen-Torremolinos-Fuengirola.

WANDERN IM TORCAL DE ANTEQUERA

Der südlich von Antequera gelegene Torcal ist eine wild zerklüftete Karstlandschaft. Regen und Wind haben den weichen, porösen Kalkstein ausgewaschen, abgeschliffen und zu einer Kapriole der Natur geformt: ein geologisches Schauspiel mit Monstern, in Stein gemeißelten Riesen, Fabeltieren, geheimnisvollen Ruinenstädten und enigmatischen Felssäulen. Die Vegetation in diesem Steinlabyrinth ist spärlich, aber vielfältig: Orchideen, wilde Rosen, Efeu, Weißdorn, Steinbrech, Knabenkraut und andere Pflanzen quellen zwischen den Felsspalten hervor. Schon die Fahrt von Antequera hinauf in die teils alpin wirkende Gebirgslandschaft ist ein Erlebnis, sie eröffnet reizvolle Ausblicke auf die weite Landschaft um Antequera und bei gutem Wetter bis hinüber zum Mittelmeer. Am Informationszentrum beginnt ein grün beschilderter Wanderweg, auf dem sich die Phantasielandschaft erkunden lässt (ca. 1 Std. Gehzeit; festes Schuhwerk ist erforderlich). Zu einer mehrstündigen Wanderung mit Führung kann man sich unter Tel. 649 47 26 88 oder im Informationszentrum, Tel. 952 03 13 89, anmelden, in dem eine kleine Ausstellung über das Ökosystem des Naturparks informiert.

Anfahrt: in Antequera zunächst den Schildern Richtung Sevilla folgen, am Ortsrand ist dann der Torcal ausgeschildert; ca. 13 km.

giöser Kunst, wie einem hölzernern, fast lebensgroßen Franz von Assisi des Barockbildhauers Pedro de Mena, viele archäologische Objekte, darunter als Glanzstück einen rund 1,40 m hohen, wohlgeformten Jüngling, eine römische Bronzeskulptur des 1. Jh. n. Chr. Die Abteilung moderne Kunst bestückt der lokale Maler Cristóbal Toral, der bis zum Alter von 14 Jahren Schafe hütete und weder Lesen noch Schreiben gelernt hatte, mit seinen Werken (Di–Fr 10–13.30, 16–18, Sa 10–13.30, So 11–13.30 Uhr).

Hügelaufwärts gelangt man zur mauerbewehrten ›Zona Monumental‹. Hinter dem **Arco de los Gigantes** von 1585 erhebt sich die Renaissancekirche **Real Colegiata de Santa María la Mayor** (16. Jh.) mit dreigiebligem Fron-

tispiz (Di–Fr 10.30–14, 16.30–18.30 Uhr, Sa/So nur vormittags). Vom Vorplatz blickt man auf die Ausgrabungen römischer Thermen und – in der Ferne – auf den geheimnisvollen Felsberg **Peña de los Enamorados** (Felsen der Verliebten), von dem sich ein christlicher Jüngling und eine Muslimin fest umschlungen herabgestürzt haben sollen, weil man ihnen die Heirat untersagt hatte. Römische, maurische und christliche Konstruktionen umfassen die Reste des **Castillo**, der Burganlage oberhalb der Kirche. Ein Wehrturm mit barockem Aufsatz ist am besten erhalten.

Beim Bummel durch Antequera lassen sich viele Patrizierhäuser sowie 24 Kirchen und 16 Konvente entdecken, die ockerfarben aus dem weißen Ortsbild hervorstechen und von Antequeras Reichtum in Mittelalter und Neuzeit künden. Die Stadt gelangte übrigens erst 1410 in christliche Hände.

Am Ortsrand Richtung Málaga lohnen die drei prähistorischen Grabanlagen einen Besuch. Die **Cueva de Menga**, in einem aufgeschütteten Hügel (Eingang neben der Tankstelle), wurde um 2500 v. Chr. als Sammelgrab angelegte und ist 25 m lang, 6,5 m breit und bis 2,7 m hoch. Wände und Decke des Gangs und der oval geformten Kammer bestehen aus riesigen Steinplatten. Drei monolithische Säulen stützen die Deckenplatten, deren hintere 170 t wiegt. Vermutlich wurden diese gigantischen Steinriesen von den Erbauern der Anlage auf Baumstämmen herbeigerollt. In unmittelbarer Nachbarschaft liegt die kleinere **Cueva de Viera**. Hier gelangt man am Ende des Gangs durch eine Lochtür in die Grabkammer.

Die Entstehungszeit der **Cueva de Romeral** datiert man auf etwa 1800 v. Chr. Die sorgsam aufgeschichteten, mit Lehm verbundenen Steine gelten als Fortschritt in der prähistorischen Architektur. Ein trapezförmiger langer Gang mündet in eine runde Grabkammer, einen Kuppelraum mit einem so genannten Scheingewölbe. Die kleinere Kammer dahinter, vermutlich das Einzelgrab eines Fürsten, enthält eine große Steinplatte als Altar für Opferzeremonien (Öffnungszeiten der Anlagen: Di 9–15.30, Mi–Sa 9–16, So 9.30–14 Uhr).

Oficina de Turismo: Pl. San Sebastián 7, Tel./Fax 952 70 25 05. Website der Stadtverwaltung: aytoantequera.com.

Hotel Mesón Papabellotas: Encarnación 5, Tel. 952 70 50 45, Fax 952 70 48 42. Kleines Hotel im Landhausstil mitten im Ort. Spezialität des Restaurants sind Grillgerichte. DZ ab 42 €.
Hostal Madrona, Calzada 31, Tel. 952 84 00 14, nette Familienpension mitten im Ort, DZ mit Bad ca. 25 €.

Sehenswert ist die **Semana Santa**. **Feria** mit Stierkämpfen Ende Aug.

Busse: stdl. Verbindung ab Málaga. Busbahnhof in Antequera: Paseo del Olmo s.n.

Rund um Antequera

Fuente de Piedra

Andalusien-Atlas: S. 249, F 1
Die Laguna de la Fuente de Piedra nordwestlich von Antequera ist mit 15 km Umfang Andalusiens größter natürlicher Binnensee und steht unter Naturschutz. In diesem Wasservogelparadies brüten im Frühling mehrere tausend Flamingopaare. Beim Dorf Fuente de Piedra an der Nordseite des Sees befindet sich ein Informationszentrum.

Archidona

Andalusien-Atlas: S. 250, B 1
Der typische andalusische Ort mit weiß gekalkten Häusern liegt eindrucksvoll an einem Berghang. Die Plaza Ochavada im Zentrum ist ein achteckiger, nur durch Torbögen zugänglicher Platz, dessen Bauweise an eine Stierkampfarena erinnert.

Garganta del Chorro

Andalusien-Atlas: S. 249, F 2

Von Málaga führt eine Landstraße durch das fruchtbare Guadalhorce-Tal zur **Garganta del Chorro** (Desfiladero de los Gaitanes). Die beidseitig von steilen Felsen gesäumte Schlucht des Río Guadalhorce stellt eine landschaftliche Attraktion im Hinterland Málagas dar. An den Felsen ist ein Bretterweg aufgehängt; es ist reizvoll, aber nicht ungefährlich, das Naturschauspiel von oben zu beobachten. Der Weg ist löchrig! Achtung ist auch auf dem Parkplatz geboten (Diebstahlgefahr).

Die Straße führt weiter zum Stausee Embalse del Guadalhorce. Koniferen und ausgewaschene Felsen bestimmen das Landschaftsbild. Ein Abzweig führt zu den Ruinen von **Bobastro**, der Festung von Omar Ibn Hafsun aus westgotischem Adelsgeschlecht, ein Rebell, der an der Wende vom 9. zum 10. Jh. zeitweise große Gebiete Andalusiens beherrschte (2,8 km hinter dem Abzweig von der Hauptstraße, an einer Rechtskurve, links nach Treppenstufen suchen und dem ausgetrampelten Pfad hinauffolgen). Die Straße selbst führt bis auf einen Berg mit einem Wasserstaubecken und zu einem Schwindel erregenden Aussichtspunkt.

Am Stausee **Embalse del Guadalhorce** angekommen, erreicht man rechts den Freizeitpark **Parque de Ardales** mit Campingplatz und Terrassen-Bars. Wer Abkühlung sucht, kann hier ins Wasser springen.

 Züge: Ab Málaga-Hauptbahnhof 3 x tgl. bis zur Station El Chorro.

Kapriole der Natur: Die enge Schlucht des Río Guadalhorce

133

Westliche Costa del Sol

Torremolinos

Andalusien-Atlas: S. 250, A 2
Torremolinos zählt zu den Megaur-
laubszentren der Costa del Sol, die in
den 1960er Jahren aus dem Boden
schossen. Es ist eine ›Ferienstadt‹:
Rund 90 % der – im Sommer – bis zu
150 000 Einwohner bestehen aus Urlaubern, Residenten und Semi-Resi-
denten. Über 7 km dehnt sich der meist
feinsandige Strand, begleitet von einer
Meerespromenade, bis zum Hafen von
Benalmádena. Kein Zentimeter ist un-
bebaut. Selbst die Felsnase, die zwischen den Ortskernen bzw. Strandzo-
nen von El Bajondillo und La Carihuela ins Meer vorspringt, trägt Beton. In
El Bajondillo führen steile Gässchen
hinauf zu einem Turm aus arabischer
Zeit, der zu den Namengebern *(torre)*
von Torremolinos zählt. In **La Carihuela** ist noch ein wenig vom Flair des ehemaligen Fischerviertels zu erspüren,
und sei es in den exzellenten Fischrestaurants (z.B. La Coquina).

Oficina de Turismo: Pl. Borbollón,
Tel. 952 37 29 56 (La Carihuela); am
Strand von Bajondillo, Tel. 952 37 19 09,
www.ayto-torremolinos.org.

Miami: Aladino 14, Tel. 952 38
52 55. Familienhotel mit Patina, eine
Villa, fast versteckt in einem tropischen
Garten mit Pool in La Carihuela, strand-
nah. DZ ca. 53 €, im Winter 34 €.
Apartamentos Alegría: Carmen 23, Tel.
952 38 02 73, Fax 952 37 27 35. 12 nette
Studios für zwei, in La Carihuela, teils mit
Meerblick. Ca. 35–60 €.

Benalmádena

Andalusien-Atlas: S. 250, A 3
In **Benalmádena Costa** dreht sich fast
alles um den Yachthafen, den eine
Siedlung im neomaurischen Stil um-
rahmt: Hier gibt es Wassersport- und
Tauchkursangebote, liegen Boote zu
Ausflügen bereit und lädt ein echter
Mississippi-Dampfer zu Disco-Näch-
ten ein. Weitere Attraktionen sind die
langen Strände, das Meeresmuseum
Sea-Life (Unterwasser-Aquarium), das
Kulturzentrum im Castillo Bil-Bil, ein
Golfplatz, das Casino von Torreque-
brada sowie der Vergnügungspark

Tour durch die Berge

Von Benalmádena Costa bietet
sich eine Panoramatour oberhalb
der Küste durch das gebirgige Hinterland an. Erste Station ist der
authentische weiße Ort **Benalmádena** (S. 250, A 3). Bis **Mijas,**
ebenso reizvoll, sind es kurvenrei-
che 7 km entlang der Bergflanke –
mit herrlichen Ausblicken hinunter
aufs Mittelmeer. Über **Alhaurín el
Grande** (S. 249, F 2) mit großem
Golfplatz und **Coín,** wo man am
Ortseingang rechts originär andalusische Töpfereiwaren einkau-
fen kann, nähert man sich der Serranía de Ronda und dem naturge-
schützten Biosphärenreservat der
Sierra de las Nieves. Das Dorf **El
Burgo** (S. 249, F 2) ist dann die
letzte Zwischenstation am Weg
nach Ronda (s. S. 140).

Tívoli World (in Arroyo de la Miel). 2 km bergauf liegt am Hang das schmucke weiße Dorf **Benalmádena.** Das nahe Castillo de Colomares enthält ein Museum mit präkolumbischen Exponaten.

Oficina de Turismo: Av. Antonio Machado 10, Tel. 952 44 24 94, www.benalmadena.com.

Hotel La Fonda: Benalmádena-Pueblo, Santo Domingo 7, Tel./Fax 952 56 82 73. Villa im andalusischen Landhausstil, auf mehreren Ebenen am Hang, 26 Zimmer, Aussichtsterrassen mit Weitblick aufs Meer, Pool und Restaurant. DZ ca. 60–72 € inklusive Frühstück.

Busse: Von Benalmádena, Fuengirola und Torremolinos mehrmals tgl. nach Benalmádena-Pueblo.

Fuengirola und Mijas

Andalusien-Atlas: S. 250, A 3
Das Fischerdorf expandierte zur Strandstadt mit Yachthafen. **Fuengirolas** breiten, gepflegten Strand säumen eine kilometerlange Promenade und eine ebenso lange Betonsilhouette. Das im 10. Jh. unter Abd ar-Rahman III. errichtete Kastell am westlichen Ortsrand nimmt sich im Schatten dieser Kulisse fast wie eine Spielzeugburg aus.

Im gebirgigen Hinterland von Fuengirola liegt dieser hübsche weiße Ort, ein Standardausflugsziel der Küstenurlauber. Im Zentrum von **Mijas** dominieren Restaurants, Bars und Geschäfte mit Geschenkartikeln und Lederwaren. Ausritte auf Maultieren (*burros*) werden angeboten.

Oficina de Turismo: Avda. Jesús Santos Rein 6, Tel. 952 46 74 57, www.fuengirola.org.

Hotel Mijas: Mijas, Tel. 952 48 58 00, Fax 952 48 58 25. Schönes Haus mit Pool und Garten. DZ ab ca. 100 €.
Hostal Agur: Fuengirola, Tostón 4, Tel. 952 47 66 66, Fax 952 66 40 66. Strandnahe Pension mit freundlichen Zimmern. DZ je nach Saison 35–55 €.

Busse von Fuengirola nach Mijas etwa alle 30 Min.

Marbella/Puerto Banús

Andalusien-Atlas: S. 249, F 3
Das ›Schöne Meer‹, einst ein Fischerort, entwickelte sich seit Mitte des 20. Jh. – als sich hier allsommerlich die internationale Klatschspaltengesellschaft ein Stelldichein gab – zur ersten Adresse der Costa del Sol. Hinweisschilder in Arabisch, eine Moschee und Gebäude im orientalischen Stil weisen Marbella heute nicht zuletzt als beliebten Aufenthaltsort arabischer Ölscheichs aus. Es hebt sich durch kleine, aber bezeichnende Unterschiede von den übrigen Zentren der Sonnenküste ab: durch mehr Luxushotels und edlere Apartments, großzügige Grünflächen und eine hübsche kleine **Altstadt.**

Zentrum dieses weißen *casco antiguo* oberhalb der vierspurigen Ortsdurchfahrtsstraße ist die anheimelnde Plaza de los Naranjos. Am Rande der Altstadt befinden sich Reste der arabischen Stadtbefestigung und das **Museo del Grabado Español Contemporáneo** mit spanischer Kunst des 20.

Luxusyachtafen der Costa del Sol: Puerto Banús bei Marbella

Jh.: von Picasso, Dalí, Miró, Tàpies (Mo 10–14, Di–Sa 10–14, 17.30–20.30, So Uhr).

Marbella wartet mit mehr als 20 km Strand und drei Yachthäfen auf: **Cabopino** liegt am östlichen Ortsrand, ein weiterer Sporthafen im Ort und 7 km westlich der schöne Luxusyachthafen **Puerto Banús**. Ein weißer Gebäudekranz im neomaurischen Stil mit schicken Restaurants, Cafés, Bars und Boutiquen rahmt ihn ein. Auch Golfplätze und ein Casino dürfen in einem ›Edelzentrum‹ wie Marbella nicht fehlen.

Oficina de Turismo: Pl. de los Naranjos, Tel. 952 82 35 50 (in der Altstadt), und am Po. Marítimo, www.marbella2000.com.

****El Fuerte: Av. El Fuerte, Tel. 952 86 15 00, Fax 952 82 44 11, www.fuertehoteles.com. Gediegenes Hotel mit schönem Garten, direkt am Strand. DZ ca. 105–145 €.

Pensión El Castillo: Pl. San Bernabé 2 (nahe Pl. Naranjos), Tel. 952 77 17 39. Ein gemütliches Haus in der Altstadt. DZ ab ca. 32 €.

La Taberna del Mercado: Jacinto Benavente 1, Tel. 952 86 68 41. Traditionslokal mit innovativer Küche, Menü ca. 30 €.

Restaurants im Fischerhafen: frischen Fisch servieren hier der **Cocedero de Marisco, Puerto Playa** und **La Relojera.**

San Pedro de Alcántara

Andalusien-Atlas: S. 249, E 3
Der lange Strand von San Pedro ist noch vergleichsweise dezent bebaut. Unweit des Meeres liegen die Ruinen der frühchristlichen **Basílica de la Vega del Mar** sowie römischer Thermen (Führungen organisiert die Oficina de Turismo, N–340, km 160, Tel. 952 78 13 60 am Di, Do, Sa um 12 Uhr). Ein Ausflug lohnt sich nach **Benahavís** (7 km landeinwärts), ein hübsches Dorf voller Restaurants, das sich selbst als gastronomische Enklave der Costa del Sol bezeichnet.

Amanhavis: Benahavís, Pilar 3, Tel. 952 85 60 26. Kreative mediterrane Küche, Menüs für ca. 35 €. Auch Vermietung einiger exklusiver Zimmer mit maurischem Touch. Terrassen und Pool. DZ ab ca. 125 €. Im Ort gibt es weitere rustikale Lokale.

Estepona und Umgebung

Andalusien-Atlas: S. 249, E 3
In Estepona – mit großem Fischerei- und Yachthafen – lässt man die Megaferienzentren der Costa del Sol hinter sich. Der Ortskern hinter der Hauptstraße und der palmengesäumten Meerespromenade hat noch den originären Charakter eines spanisch-andalusischen Küstenstädtchens. Schmuck gibt sich die Plaza de las Flores mitten im weißen Zentrum. Ein Ausflugsziel im Hinterland ist der **Parque Selwo**, ein Naturpark mit halbfrei lebenden Tieren (N–340, km 162,4, tgl. ab 10 Uhr, 15 €).
Westlich von Estepona liegen der Yachthafen **Puerto Duquesa** und die abgeschottete, englisch beherrschte Nobelsiedlung **Sotogrande** mit Yachthafen und ausgezeichneten Golfplätzen.

Oficina de Turismo: Av. San Lorenzo 1, Tel. 952 80 20 02, www.infoestepona.com.

Hostal El Pilar: Pl. de las Flores 10, Tel./Fax 952 80 00 18. Einfache Zimmer mit Bad in einem traditionellen andalusischen Haus, teils Balkone zum schönen Platz. DZ ab 36 €.
Hostal La Malagueña: Castillo 1, Tel./Fax 952 80 00 11. Gleich bei der Pl. de las Flores, einfache Zimmer mit Bad. 36–45 €.

Von der Küste nach Ronda

Die schnellste Anfahrt nach Ronda ermöglicht die gut ausgebaute A 376 ab San Pedro de Alcántara. Alternativ kann man nahe La Duquesa den Weg nach **Casares** einschlagen, einem schmucken weißen Dorf in den felsigen Ausläufern der Sierra Bermeja, das von den Ruinen einer Burg und einer Kirche bekrönt wird. Eine Panoramastrecke führt von hier weiter durch eine Gebirgslandschaft, in der kleine Dörfer als weiße Flecken an den Bergen kleben: **Gaucín** und etwas abseits der Straße **Benarrabá** oder **Algatocín.** Dies war ein alter Schmugglerweg von der Hafenstadt Algeciras nach Ronda.

Hostelería de Benarrabá: Sierra Bermeja s/n, Benarrabá, Tel. 952 15 02 88, Fax 952 15 00 05, www.hbenarraba.es. Ein Landhotel mit 12 Zimmern und Pool. Wanderungen und Maultierausritte sind möglich. DZ 45–52 €.

GIBRALTAR – DER AFFENFELSEN

Umgeben von einer Aura des Geheimnisvollen steckt am Ende der Sonnenküste, bereits in der Provinz Cádiz, der Felsen von Gibraltar keck seine Nase aus dem Wasser. Wenn die antiken Seefahrer den Berg sichteten, glaubten sie, das Ende der Welt erreicht zu haben. Herkules (griech.: Herakles), Sohn des Zeus, hatte der Sage zufolge zwei Säulen am Rande des Erdkreises aufgerichtet: den Felsen von Gibraltar und den Berg Musa, der schräg gegenüber auf der afrikanischen Seite liegt.

Seinen Namen, abgeleitet von Djebel al-Tariq (Berg des Tarik), erhielt der 423 m hohe Felsen an der Spitze einer Halbinsel nach dem arabischen Feldherrn, der hier 711 mit seinen Truppen landete und die Eroberung Iberiens einleitete. Und mit den Mauren sollen auch die berühmten Affen gekommen sein, deren Nachfahren von den Briten gehätschelt und gepflegt wurden, als sähen sie eine abergläubische Verbindung zwischen dem eigenen Verbleib auf dem Felsen und der Fortexistenz der *apes*. Churchill soll angeordnet haben, ihre Zahl dürfe 24 niemals unterschreiten.

Seit die Engländer dieses exotische Zipfelchen am Mittelmeer im Frieden von Utrecht zugesprochen bekommen hatten, ließen sie nicht mehr von ihm. Gibraltar war für sie als Marine- und Militärstützpunkt an der Nahtstelle zwischen Mittelmeer und Atlantik strategisch bedeutsam. Und als Steuerparadies dazu. Akzeptieren mochten dies die Spanier in der Folgezeit nicht, Versuche der Rückeroberung endeten jedoch erfolglos, sie hinterließen lediglich Narben in den Festungsgemäuern. Die Engländer beharrten darauf, dass Gibraltar ihnen gehörte. Das beständige Gezerre zwischen Spanien und England um dieses Zipfelchen Land scheint erst im vereinten Europa ein Ende zu nehmen: Die Lösung soll in einer gemeinsamen Verwaltung bestehen. Die einzigen, denen das nicht passt, sind die Bewohner, die vom Sonderstatus Gibraltars profitieren.

›Yanitos‹ nennen die Spanier diese eigenartigen Nachbarn und drücken damit aus, dass sie weder spanisch noch englisch sind, sondern Mischlinge. Auch ihre Sprache, ein mit andalusischen Wörtern gespicktes *broken English*, wird mit diesem Begriff belegt. Ganz unenglisch ist der Rechtsverkehr. Und von den gut 31 000 Menschen, die auf dem Felsen dicht zusammenleben, hat ein Drittel ohnehin nichts mit einem ›echten‹ Engländer gemein: Zahlreiche Marokkaner verdingen sich hier als ›Dauergäste‹; auch die vielen Inder möchten mit ihren kleinen Läden am Vertrieb zollfreier Ware mitverdienen.

Dennoch: Wenn man den Zugang nach Gibraltar hinter La Línea de la Concepción passiert (teils lange Warteschlangen) und dann die Flughafenbahn (Achtung: Ampel!), die mangels Platz quer vor dem Felsen angelegt und bis ins Meer verlängert werden musste, überquert hat, wird es ›britisch‹: Statt ›Ceda el Paso‹ heißt es nun ›Give Way‹. Die Straßennamen sind englisch, die Telefonzellen rot. Statt spanischer *tapa*-Bars reihen sich plüschig-englische Pubs aneinander, in denen es Sandwiches und Ale gibt, Gin und schottischen Whisky.

Nicht nur die exotische Lage des meerumspülten und möwenumschwirrten Festungsfelsens lockt Tagesbesucher zu Tausenden her, sondern ebenso die Möglichkeit des zollfreien Einkaufs. Das Einkaufszentrum, die Main Street, ist nicht zu verfehlen, wenn man dem Hinweis ›town centre‹ folgt. Durch diese Straße erreicht man auch den Gouverneurspalast; dienstags um 11 zieht er viele Touristen an, die der Wachablösung beiwohnen möchten. Steuert man dagegen auf den Europe's Point zu, so gelangt man zur Südspitze Gibraltars mit seinem berühmten Leuchtturm. An der Ostseite, wo die Straße teils durch lange Tunnel geführt wird, kann man die *water catchments* sehen, großflächige Regenauffanganlagen, die die Wasserversorgung Gibraltars sichern sollen.

Auf die Upper Rocks kommt man sowohl mit dem Wagen als auch mit der Seilbahn oder einem Taxi. Die Michael's Cave ist eine der 143 Höhlen im Felsen und sollte unbedingt besichtigt werden: Die bunte Beleuchtung der Stalaktiten und Stalagmiten demonstriert die englische Vorliebe für Kitsch nicht weniger anschaulich als die nachgestellte prähistorische Menschengruppe, die an einem künstlichen Feuer hockt und in Erinnerung ruft, dass man auf Gibraltar Skelettteile von Neandertalern fand. Nicht weit davon entfernt kann man die unbestrittene Hauptattraktion Gibraltars bewundern: die Affen. Hält man danach auf die Princess Caroline's Battery zu, gelangt man zu einem Aussichtspunkt: Die englische Flughafenbahn und die spanische Stadt La Línea liegen zu Füßen des Felsens.

RONDA UND DIE SERRANÍA DE RONDA

Ausgesprochen reizvoll ist das von Gebirgen umstellte Landstädtchen Ronda, das einen Ruf als Zentrum des spanischen Stierkampfes zu verteidigen hat. In der Umgebung locken authentische Bergdörfer und die prähistorischen Felsmalereien der Cueva de la Pileta zu Ausflügen.

Ronda

Andalusien-Atlas: S. 249, E 2

Ronda ist eine Reise wert – schon allein wegen der grandiosen Lage der »auf zwei Felsmassen hinaufgehäufelten Stadt«, wie Rainer Maria Rilke treffend formulierte, der sich hier im Winter 1913 aufhielt. Der Tajo, eine 100 bis 180 m tiefe Schlucht, durch die sich der schmale Río Guadalevín schlängelt, bildet einen gähnenden Abgrund zwischen Alt- und Neustadt, die durch drei Brücken verbunden sind. Ronda galt aufgrund seiner Lage bis ins hohe Mittelalter als uneinnehmbar. Das weiße Landstädtchen mit 30 000 Einwohnern ist 780 m hoch gelegen und von Gebirgszügen umstellt, die in der Sierra de las Nieves fast 2000 m erreichen und der Stadt nach allen Seiten ein herrliches Panorama verleihen. Seit jeher war Ronda ein Zentrum der Schmuggler und *bandoleros*, die in der unwegsamen Bergwelt Unterschlupf fanden (s. S. 144). Heute belebt der Fremdenverkehr deutlich die Wirtschaft der Stadt.

711 fiel Ronda in arabische Hand. Aufgrund seiner Lage am Weg von der Hauptstadt Córdoba zur Küste war es strategisch bedeutsam und wurde daher mit Mauern und Türmen bewehrt. Als die Christen im 13. Jh. Westandalusien erobert hatten, bildete Ronda eine Art Grenzposten des granadinischen Nasridenreichs. Erst 1485 – der muslimische Statthalter war gerade zur Verteidigung Málagas – konnten die Katholischen Könige die Stadt einnehmen.

Die Altstadt ›La Ciudad‹ zeigt noch die in arabischer Zeit geschaffenen Strukturen. Die Neustadt auf der anderen Seite des Tajo entstand erst nach der *reconquista* – als Resultat der königlichen Steuergesetzgebung. Kaufleute und Händler, die ihre Waren in Ronda vertreiben wollten, mussten so hohe Abgaben zahlen, dass sie ihre Lager lieber vor den Toren der Stadt aufschlugen. Allmählich entwickelten sich daraus feste Einrichtungen. Der Name der Neustadt ›El Mercadillo‹ (›kleiner Markt‹) erinnert an diese Ursprünge.

Rund um den Tajo

Ein guter Ausgangspunkt, um sich von Rondas außergewöhnlicher Lage ein Bild zu machen, ist die Plaza de España am **Puente Nuevo** [1], der ›Neuen Brücke‹, einem Meisterwerk der Architektur des 18. Jh. Im unteren Teil einbogig, im oberen dreibogig, wobei der Trakt über dem mittleren Bogen ursprünglich als Gefängnis diente, überspannt die Konstruktion die an dieser Stelle rund 100 m tiefe Schlucht. Von den Terrassen des Café-Restaurant Don Miguel oder vom Rundweg um den Parador Nacional lässt sich das nach 42 Jahren Bauzeit vollendete Werk des Architekten Antonio Martín Aldehuela bewundern. Er stürzte übrigens in die Tiefe, während er die letzten Handgriffe anlegte.

Auch die Aussichtsterrassen der schmalen **Calle La Mina** , in der es am Rande des Tajo bergab geht, sind ein idealer Ort, um die Schlucht, die Altstadt auf dem gegenüberliegenden Felsen und die beiden anderen Brücken über dem Tajo zu bewundern. Der **Puente Viejo** [3], die ›alte‹ Brücke, entstand 1616 auf den Fundamenten einer arabischen Konstruktion. Von hier aus sind links unten der so genannte **Puente Romano** [4] die ›römische‹ Brücke arabischen Ursprungs (14. Jh.), und die Gewölbe der arabischen Bäder mit ihren Luft- und Lichtlöchern zu sehen und oben ein längerer Abschnitt der arabischen Stadtbewerung. Hinter der Brücke führt links eine Treppengasse nach unten zu den **arabischen Bädern** [5] aus dem 13. Jh., die zu den besterhaltenen Spaniens zählen (Di 9.30–13.30, 16–18, Mi–Sa 9.30–15.30 Uhr).

Wieder oben, geht es durch die Puerta de Felipe V. steil bergauf. Dann erscheint die mit Skulpturen von Indio-Kindern geschmückte Renaissance-

Hoch über der Schlucht: Ronda

fassade der **Casa del Marqués de Salvatierra** 6 , eines typischen Landadelshauses, dessen heutige Gestalt auf das 18. Jh. zurückgeht (auf unbestimmte Zeit geschlossen).

Direkt über der Schlucht steht der nahe Adelspalast **Casa del Rey Moro** 7 aus dem 17. Jh., und zwar über einer ›La Mina‹ genannten arabischen Militärkonstruktion. Es handelt sich um eine in den Felsen geschlagene Treppe mit einst 365 – heute noch 232 – Stufen, die zum Grund der Schlucht führt. Sie wurde im 14. Jh. angelegt, als die christlichen Heere nach Süden vordrangen, um die Wasserversorgung der Stadt in Zeiten der Belagerung sicherzustellen. Eine Aufgabe, die man christlichen Sklaven aufbürdete. Der überlieferte Ausspruch »In Ronda stirbt man beim Schleppen von Wassersäcken« drückt die damals verbreitete Furcht aus, hier in arabische Gefangenschaft zu geraten. Wer die Treppe hinabsteigt, kann das nachvollziehen – nichts für Herzkranke und Klaustrophobe. Diese sollten lieber die vom Franzosen Nicolas Forestier 1912 angelegten Gärten und den Ausblick auf den Tajo genießen (10–19 Uhr, im Sommer bis 20 Uhr, 3,80 €). Es gibt Pläne, das Haus in ein Nobelhotel zu verwandeln.

Nach Queren der Calle Armiñán, der Hauptstraße der Altstadt mit ihren zahlreichen Antiquitätenläden, erreicht man in der Calle Tenorio Nr. 20 die **Casa de Don Bosco** 8 , ein weiteres typisches Landadelshaus, von dessen Garten man auf den Puente Nuevo blickt (Eintritt 1 €). Von der nahen Plaza de María Auxiliadora führt ein schmaler Treppenpfad bergab in die Schlucht.

Die Altstadt La Ciudad

Der ursprüngliche Stadtkern zeigt mit seinem verwinkelten Gassengestrüpp eine typisch arabische Struktur. Nur die

Sehenswürdigkeiten

1 Puente Nuevo
2 Calle La Mina
3 Puente Viejo
4 Puente Romano
5 Arabische Bäder
6 Casa del Marqués de Salvatierra
7 Casa del Rey Moro
8 Casa de Don Bosco
9 Minarett
10 Museo del Bandolero
11 Rathaus
12 Santa María la Mayor
13 Puerta de Almocábar
14 Iglesia del Espíritu Sanctu
15 Palacio de Mondragón
16 Museo Peinado
17 Plaza de Toros

Übernachten

18 Parador de Ronda
19 Hotel En Frente Arte
20 Hotel La Alavera de los Baños
21 Virgen de los Reyes
22 Pensión Biarritz

Essen und Trinken

23 Tragabuches
24 Don Miguel
25 Pedro Romero
26 Doña Pepa
27 Bodega La Verdad

Hauptstraße Calle Armiñán durch-schneidet die Siedlung fast gradlinig. Etwa in der Mitte steht seitlich an ei-nem kleinen Platz ein zierlicher Turm: ein **Minarett** 9 aus dem 14. Jh.

Etwas weiter sind im **Museo del Bandolero** 10 die historischen Räu-bergestalten aus den Bergen um Ron-da zu neuem Leben erwacht (10–19 Uhr, s. S. 144).

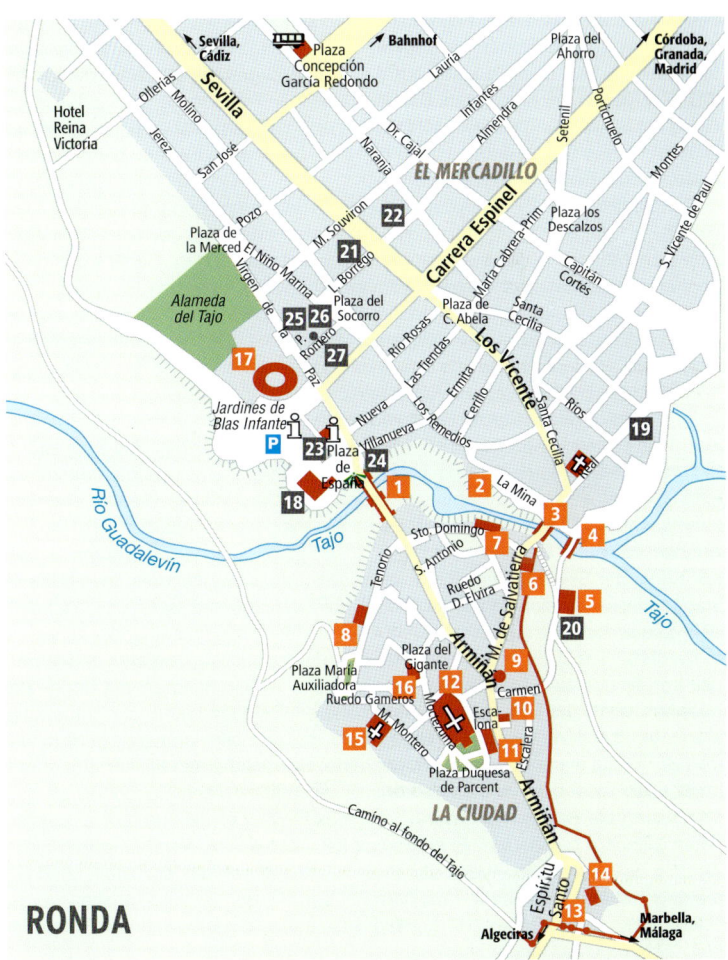

RONDA

BANDOLEROS

Jedes spanische Kind kennt sie: die Namen der sagenumwobenen Räubergestalten, die in den andalusischen *sierras,* vor allem in den Bergen von Ronda und Málaga, ihr Unwesen trieben. Romane und Abenteuerfilme dokumentieren das Leben der *bandoleros.* Die Namen dieser Männer klingen wie die Namen von Helden, sie klingen wie Robin Hood. Denn die Untaten und Abenteuer der *bandoleros* spiegeln den Überlebenskampf der Armen gegen die Reichen, der Unterdrückten gegen die Mächtigen. Die andalusischen Räuber, die der bestehenden Gesellschaftsordnung den Respekt verweigerten und sozusagen einen Gegenpol zu den reichen Großgrundbesitzern bildeten, welche die Ebenen beherrschten, hatten in den Bergen ihr Zuhause.

Den Wahlspruch »Beraube die Reichen, gib den Armen und töte niemand«, der von Diego Corriente stammte, einer der historischen Räubergestalten, schrieben sich Generationen andalusischer *bandoleros* auf ihre Fahnen. Daher waren viele der *bandoleros* von einer geradezu romantischen Aura umgeben. Sie hatten zahlreiche Anhänger und Komplizen in den Dörfern und Ebenen. In Anwendung von Guerilla-Methoden, bei der Wegelagerei und bei ihren bewaffneten Viehdiebstählen zeigten sie sich indessen wenig zimperlich, so wie die Hüter des Gesetzes umgekehrt mit aller Härte gegen sie vorgingen.

Im Museo del Bandolero in Ronda erwachen die Bandenführer, die mit Fug und Recht als Rebellen bezeichnet werden dürfen, zu neuem Leben. Als ausgestopfte Figuren präsentieren sie sich in den Trachten ihrer Zeit, Besucher bekommen einen Einblick in die Geschichte und Lebensweise der Männer, sie schließen Bekanntschaft mit Diego Corriente, ›El Pernales‹, mit dessen Exekution 1910 die Zeit der *bandoleros* zu Ende ging, El Vivillo, José María Hinojosa ›El Tempranillo‹, der als ›König der Sierra Morena‹ bekannt wurde, ›Pasos Largos‹ oder José Ulloa ›El Tragabuches‹, der sich den *bandoleros* in der Sierra Morena anschloss, nachdem er Frau und Geliebte umgebracht hatte, als sie friedlich nebeneinander schliefen.

Berühmt sind auch Pedro Machuca, dessen geschicktes Taktieren in den Bergen von Ronda sich spätere Generationen zum Vorbild nahmen; die Bande der ›Sieben Jungs aus Écija‹, die in Wahrheit weder sieben waren noch aus Écija stammten; der durchtriebene ›El Garibaldino‹, der im Heer Napoleons gedient und dort den Grad eines Kapitäns erreicht hatte; Curro Jiménez, dessen Abenteuer und Liebschaften über die Fernsehschirme verbreitet wurden. Besonders gewalttätig waren die Banden ›El Tenazas‹ und ›Los Berracos‹, die aus fast 50 bewaffneten Männern bestanden. ›El Fraile‹ war kein anderer als der ehemalige Mönch Antonio de Legama. ›El Vivillo‹, der zu den letzten aktiven andaluischen *bandoleros* gehörte, sagte vorher, wer mit dem Räuberunwesen Schluss machen würde: Telegraphen und Guardia Civil, eine bis heute existierende bewaffnete Polizeieinheit. (Von Manuel García Blázquez)

Zentrum von La Ciudad ist die Plaza Duquesa de Parcent mit dem lang gestreckten **Rathaus** [11] und der Kirche **Santa María la Mayor** [12]. Das Gotteshaus ersetzte die Moschee der arabischen Stadt. Das einstige Minarett wurde in den heutigen Glockenturm verwandelt. Ein weiteres Relikt der Moschee findet sich im Vorraum: Ein islamisch dekorierter Hufeisenbogen blieb von der ehemaligen Gebetsnische übrig. Die Grundstruktur der Kirche ist gotisch, während der nach einem Erdbeben erneuerte Teil die Merkmale der Renaissance aufweist. So zeigt auch der Innenraum verschiedene Bau- und Dekorationsstile. Der aufwändige Barockaltar ist mit über 80 kg Gold aus Mexiko belegt (18. Jh.). Die religiösen Gemälde im linken Schiff setzen in der Kirche einen ungewöhnlich modernen Akzent. Historisch bedeutend ist der Zedernholzchor, den Pedro de Mena schnitzte. Ein Besuch des kleinen Ikonenmuseums im ersten Stock lohnt schon deswegen, weil der Raum Zugang zu den seitlich am Gotteshaus angebrachten Galerien bietet: Adelige und Würdenträger schauten einst von hier den Stierkämpfen und anderen Volksbelustigungen auf dem Platz zu (10–18, im Sommer bis 20 Uhr).

Die Calle Armiñán endet an der **Puerta de Almocábar** [13] aus dem 13. Jh., ein von Rundtürmen flankiertes Hufeisentor, das in arabischer Zeit Einlass in die Stadt gewährte. Gleich daneben schufen die späteren Stadtväter die Puerta de Carlos V. im Renaissancestil. Und in der Nähe ragt festungsartig, wie ein Zeichen des katholischen Sieges, die **Iglesia del Espíritu Sanctu** [14], die Heiliggeistkirche, in die Höhe. 1505 wurde sie errichtet.

Zwei Altstadtpaläste, heute Museen, lohnen einen Besuch. Im **Palacio de Mondragón** [15] mit Mudéjartürmen und hübschen Patios, der ursprünglich in maurischer Zeit errichtet wurde, wohnten die Katholischen Könige nach der Eroberung der Stadt. Das kleine Museum informiert u.a. über die prähistorischen Siedler in den Bergen um Ronda (10–19, Sa/So bis 15 Uhr). Das **Museo Peinado** [16] zeigt im schönen Palacio de Moctezuma – aus dem 17. Jh. mit originalen Artesonado-Decken – das Werk des rondeñischen Malers Peinado, der ein Zeitgenosse Picassos war (Mo–Fr 10–14, 15.30–18.30, Sa 10–14 Uhr).

Plaza de Toros

Rondas **Plaza de Toros** [17] ist für *aficionados* ein Sanktuarium der Stierkampfkunst. 1785 wurde die Arena eingeweiht, deren Rund doppelstöckige toskanische Säulen einfassen. Auf den Rängen haben 5000 Zuschauer Platz. Einmal im Jahr können sie hier zur Erinnerung an Pedro Romero eine traditionelle goyeskische *corrida* erleben. Die Romeros prägten den modernen Stierkampf: Großvater Francisco führte den Stierkampf zu Fuß ein, auf Juan Romero, der das biblische Alter von 102 Jahren erreichte, geht der Einsatz von *picadores* und *banderilleros* (s. S. 38f.) zurück, und Pedro Romero, der 1755 in Ronda geboren wurde und als 15-Jähriger den ersten Stier tötete, perfektionierte die Regelgebung seiner Dynastie. Noch als 72-Jähriger führte

145

er den kunstvollen Akt des Opfertodes vor, den er sechstausend Mal vollzogen haben soll. Er war ein Liebling der Massen. Auch Goya muss diesen Zeitgenossen bewundert oder gemocht haben, denn er porträtierte ihn häufiger als den König, an dessen Hof er arbeitete. Das **Stierkampfmuseum** von Ronda geht der Geschichte und den mythologischen Ursprüngen der Tauromachie nach. Es verwaltet das Erbe der Romeros und der zweiten großen Stierkämpferdynastie von Ronda: der Ordóñez. Auf einem Foto ist der Regisseur und Schauspieler Orson Welles zu sehen. Er war mit Antonio Ordóñez befreundet, auf dessen Finca seine Asche 1987 in einem Brunnen versenkt wurde (10–18/20 Uhr).

Hinter dem Parkplatz neben der Arena, wo Droschken auf Kunden für eine Stadtrundfahrt warten, liegen die **Jardines de Blas Infante**. Von der Terrasse, die über dem Abgrund angelegt ist, kann man den abendlichen Sonnenuntergang hinter der Serranía genießen.

🛈 **Oficina de Turismo:** Pl. de España, 1, Tel./Fax 952 87 12 72. **Turismo de Ronda:** Po. Blas Infante s/n, Tel. 952 18 71 19, www.turismoderonda.es.

🛏 **Parador de Ronda** 18: Pl. de España s/n, Tel. 952 87 75 00, Fax 952 87 81 88, E-Mail: ronda@parador.es. Nobelhaus mit großzügigen, stilvollen Räumen hinter einer historischen Fassade, traumhaft über dem Tajo gelegen, mit Pool; gutes Restaurant. DZ ab ca. 115 €.
En Frente Arte 19: Real 40, Tel. 952 87 43 12 Fax 952 87 72 17, www.enfrentearte.com. 10 mit Antiquitäten eingerichtete Zimmer, Pool, Sauna. DZ inkl. Frühstück/Getränke ca. 85 €.
Alavera de los Baños 20: Hoyo San Miguel s/n, Tel./Fax 952 87 91 43, www.andalucia.com/alavera. Ein zauberhaftes Haus im ehemaligen Töpfer- und Gerberviertel der Stadt, direkt neben den arabischen Bädern am Fuße der maurischen Stadtmauer. Die wenigen Zimmer gruppieren sich um das loftartige zentrale Restaurant mit guter, marokkanisch inspirierter Küche. Mit Pool und Gartenterrasse, von der man auf die Berge blickt. DZ ca. 58–72 €.
Virgen de los Reyes 21: Lorenzo. Borrego 13, Tel./Fax. 952 87 11 40. Unkompliziertes Hotel mit kleinen, sauberen Zimmern. DZ ca. 40 €.
Pensión Biarritz 22: Almendra 7, Tel. 952 87 29 10. Einfache Pension. DZ mit Bad ca. 21, ohne Bad ca. 17 €.
Camping: El Sur, 3 km Richtung Algeciras, Tel. 952 87 59 39. Pool, Sportangebote.

Auf Dichters Spuren

Reisegruppen und Liebhaber des Dichters Rainer Maria Rilke steigen gern im **Reina Victoria**, einem Hotel im englischen Landhausstil, ab. Rilke hatte sich hier Anfang 1913 in eine Dachstube eingemietet, die der Pförtner Interessierten aufschließt. 31 Zeilen der Sechs-ten Duineser Elegie entstanden im Zimmer 208, wo noch ein paar Bücher des Dichters stehen. Vom Garten genießt man eine herrliche Aussicht auf die Landschaft, just an der Stelle, wo der in Bronze gegossene Rilke steht und fortwährend den Blick auf die Berge von Ronda heftet.

Tragabuches 23: José Aparicio 1, Tel. 952 19 02 91. Sternengekrönte, sehr kreative andalusische Küche, auch ausgefallene Tapas in einem stilvollen Lokal. Menü ca. 50 €.
Don Miguel 24: Pl. de España 3, Tel. 952 87 10 90. Mit Terrasse über der Schlucht; ortstypische Speisen, auch Wildgerichte, für 9–15 €.
Pedro Romero 25: Virgen de la Paz, 18, Tel. 952 87 11 10. Rondeñische Traditionsküche in Stierkampfambiente. Preiswerte Tagesmenüs gibt es u.a. im Restaurant **Doña Pepa** 26 an der Pl. del Socorro. Gut ist auch die Marisquería Paco (daneben). Tapas serviert die gemütliche **Bodega La Verdad** 27, Pedro Romero 5.

Kunsthandwerk: v.a. Töpferwaren werden überall im Zentrum angeboten. Im Laden Rondeña, Pl. de España 2, vertreibt ein rondeñischer Töpfer seine an der Kombination von Ton und weißer Glasur erkennbare Keramik.
Antiquitäten: zahlreiche Läden entlang der Calle Armiñán.

Feria vom 20.bis 23. Mai, Rondas Stadtfest.
Fiestas de Pedro Romero: Anfang Sept., mit Stierkämpfen in goyeskischen Trachten und Flamencofestival.

Picadero La Granja: Camino de los Molinos,Tel. 666 56 78 11. Pferdeausritte durch die Gebirgslandschaft rund um Ronda, darunter die dreistündige ›Ruta del Bandolero‹; auch Mehrtagestouren.
Los Molinos del Tajo: Los Molinos del Tajo s/n, Tel. 952 19 09 14, 619 01 22 72, www.molinodeltajo.com. Wandertouren durch die mediterranen Wälder und Gebirge rund um Ronda sowie Höhlenerkundungen, Klettern und Ausritte.

Züge: Ab Estación del Ferrocarril, Av. Andalucía, Tel. 952 87 16 73, 902 24 02 02, Direktzüge nach Málaga, Algeciras, Antequera, Granada, Madrid; via Bobadilla nach Córdoba, Sevilla.
Busse: Ab der Estación de Autobuses, Pl. Concepción García Redondo, tgl. mehrmals entlang der Küste von/nach Málaga sowie nach Sevilla, Jerez–Cádiz, Algeciras. Dazu ein bis zwei Verbindungen tgl. in die Dörfer der Serranía, wie Benaoján, Ubrique, Arcos.

Acinipo – Setenil – Olvera

Andalusien-Atlas: S. 249, E 1/2
Diese Orte lassen sich gut im Rahmen einer Autotour ab Ronda besuchen. Kurz hinter Ronda ist an der A 376 der Abzweig nach **Ronda la Vieja/Acinipo** beschildert. Das römische Acinipo wurde nach seiner Zerstörung durch Vandalen von Oströmern wieder aufgebaut und Runda genannt. Daher ist auch der Name Ronda La Vieja (Altes Ronda) gebräuchlich. Ein römisches Theater, Ruinen von Forum und Thermen sowie Siedlungsreste aus dem 7. Jh. v. Chr. liegen an einer Stelle, von der sich die Umgebung nach allen Seiten gut kontrollieren ließ (Mi–So 9–ca. 15.30 Uhr).

Ein Landsträßchen führt weiter nach **Setenil**, dessen Markenzeichen die unter überhängenden Felsen errichteten Häuser unten im Ort sind. Ein arabisches *castillo* des 11. Jh. – auf einem spitzen Felszapfen thronend – überragt das etwa 15 km entfernte **Olvera**. Schmiedeeiserne Fenstergitter geben dem weißen Ort sein charakteristisches Gepräge. Am **Embalse de Zahara** vorbei geht es zurück nach Ronda.

Cueva de la Pileta

Andalusien-Atlas: S. 249, E 2

Die 1905 von Bauern entdeckte Höhle, eine bedeutende Fundstätte prähistorischer Kultur, liegt in einem Kalksteingebirgszug nahe dem Ort Benaoján. Vom Jungpaläolithikum bis zum Neolithikum war sie von Menschen bewohnt, die hier ihre Felszeichnungen hinterließen. Etwa 25 000 v. Chr. entstanden die ältesten farbigen Umrisszeichnungen von Tierfiguren, die mit Kohle, Manganerde oder rotem Eisenoxyd angefertigt wurden. Sie ähneln den franko-kantabrischen Felszeichnungen in Nordspanien und lassen auf magische Beschwörungen von Jagdglück und Fruchtbarkeit schließen.

In größerer Anzahl finden sich hochstilisierte Strichzeichnungen, darunter Darstellungen von menschlichen Figuren, deren Verwandtschaft mit levantinischen und afrikanischen prähistorischen Felsmalereien unverkennbar ist. Ein Pferd, ein Stierkopf sowie ein selten in der prähistorischen Kunst anzutreffender Fisch zählen zu den interessantesten Bildern (Führungen von ca. 1 Std. Dauer in Gruppen von maximal 25 Personen, Eintritt ca. 6,50 €. Falls der Führer nicht da ist, hupen oder rufen; er wohnt in einem der Häuser unterhalb der Höhle. 10–13 und 16–17, im Sommer bis 18 Uhr, Tel. 952 16 73 43).

Von der Straße Richtung Jerez de la Frontera nach Montejaque/Benaoján abbiegen, ca. 22 km. Oder ab Benaoján (s. u.) ca. 6 km zu Fuß gehen.

Sierra de Grazalema

Die naturgeschützte **Sierra de Grazalema** setzt sich aus mehreren *sierras,* Ausläufern der Betischen Kordillere, zusammen, in denen Höhen von über 1500 m erreicht werden. In der grünen Gebirgslandschaft dominieren Stein- und Korkeichen, wilde Ölbäume und der Pinsapo (Igeltanne), eine vom Aussterben bedrohte Koniferenart mit kurzen dunklen Nadeln. Die üppige Flora ist dem für Andalusien ungewöhnlich milden Klima und Niederschlagsreichtum zu verdanken. Wanderer und Naturliebhaber finden in der Sierra de Grazalema ein Paradies. Die streng geschützte Kernzone darf allerdings nur mit behördlicher Genehmigung betreten werden (s. Grazalema/El Bosque).

Benaoján

Andalusien-Atlas: S. 249, E 2

Das hübsche weiße Dorf liegt am Rande der Sierra de Grazalema, überragt von steilen Felswänden. In Benaoján hat man sich auf die Herstellung von *embutidos,* Wurstwaren, spezialisiert. In den letzten Jahren entwickelte sich der Ort zu einem Treffpunkt von Wanderern, Steilfelskletterern und Leuten, die es zu den Führungen durch die nahe Höhle Cueva del Gato-Hundidero zieht.

Molino del Santo: Bda. de la Estación s/n, Tel. 952 16 71 51, Fax 952 16 73 27, www.andaluciacom/molino. Familiäres Landhotel, das der englische Besitzer um eine ehemalige Wassermühle schuf. Mit Restaurant, Pool,

Dorftreffpunkt: Der Kirchplatz von Grazalema

Garten und Terrasse direkt am rauschenden Bach. Unten im Ort nahe dem Bahnhof gelegen. DZ 38–68 €.

Züge ab Ronda mehrmals tgl., Busse Mo–Fr 2 x tgl.

Grazalema und Umgebung

Andalusien-Atlas: S. 249, D 2
Grazalema gehört zu den reizvollsten *pueblos blancos* dieser Gegend und ist ein guter Standort für einen Aufenthalt im Gebirge. Es liegt in rund 800 m Höhe und scheint von Berggipfeln umstellt. Unterhalb des Ortes finden sich Reste einer alten Römertrasse. Im Zentrum, rund um den zentralen Kirchplatz, verköstigen sich die zahlreichen Wochenendbesucher in den Restaurants mit regionalen Spezialitäten. Grazalema ist bekannt für handgewebte Decken, die hier überall angeboten werden. Ausflüge bieten sich in das zu Füßen der gleichnamigen Sierra gelegene Städtchen **Ubrique** mit seinen Lederfabriken sowie nach **El Bosque** an.

149

Wandern in der Sierra de Grazalema

In **El Bosque** existiert ein Informationszentrum über den Parque Natural de la Sierra de Grazalema. Hier kann man sich zu geführten Wanderungen in die streng geschützte Kernzone des Naturparks anmelden: **Centro de Interpretación, Agencia de Medio Ambiente,** Tel. 956 72 70 29, Mo–Fr 10–14, Fr/Sa auch nachmittags.

Oficina de Turismo/Ben-Zalema: Pl. de España 11, Tel. 956 13 22 25. Hier auch Infos über Wandermöglichkeiten im Gebirge. Verkauf von Decken, Käse, Honig u.ä.

Villa Turística de Grazalema: El Olivar s/n, Tel. 956 13 21 36, Fax 956 13 22 13. Im ortstypischen Stil angelegtes ›Dorf‹ am Ortseingang, mit Restaurant, Pool und Garten. DZ ab 48 €, *villas*/Apartments für bis zu 4 Personen. 60–115 €.
Hostal Casa de las Piedras: Las Piedras 32, Tel. 956 13 20 14. Familiäre Pension mit kleinem Restaurant, DZ mit Bad ca. 33 €, ohne Bad ca. 18 €.
Weitere gute Hotels: Puerta de la Villa und Peñón Grande, beide im Zentrum.

Horizón Naturaleza y Aventura: Corrales Terceros 29, Tel. 956 13 23 63, im Zentrum. Natur und Abenteuer lautet das Angebot: geführte Wanderungen, darunter im streng kontrollierten Pinsapar-Gebiet, Höhlenerkundungen, Klettertouren u.ä.

Busse Ronda-Grazalema 2 x tgl. hin und zurück.

Zahara de la Sierra

Andalusien-Atlas: S. 249 D 2
Der unter Denkmalschutz gestellte Ort liegt reizvoll auf einem Hügel vor der grandiosen Bergkulisse der Sierra de Margarita, oberhalb des aufgestauten Río Guadalete. Auf einem hohen Felsen über der Siedlung wurde in arabischer Zeit ein Kastell errichtet, das nach der christlichen Rückeroberung eine der stärksten Grenzfesten zwischen Kastilien und dem Nasridenreich bildete. Abul Hassan ließ diese Festung in einer Nacht des Jahres 1481 erstürmen. Damit begann der Endkampf um das islamische Restreich Granada.

Von Zahara windet sich ein Sträßchen in Serpentinen hinauf in die Sierra de Margarita (Richtung Grazalema). Man muss schwindelfrei sein, um die Ausblicke hinunter ins grüne Tal genießen zu können. Kurz hinter dem Puerto de las Palomas (Pass, 1331 m) kann man sich für die Weiterfahrt nach Grazalema oder El Bosque entscheiden.

Arco de la Villa: El Fuerte s/n, Tel. 956 12 32 30, Fax 956 12 32 44, www.tugasa.com. Kleines Hotel am Ortsrand, mit schöner Aussicht über den Stausee, Restaurant. DZ ab ca. 50 €.
Hostal Marqués de Zahara: San Juan 3, Tel. 956 12 30 61. Mitten im Ort, mit Restaurant. DZ 40 €.

Rutas a Caballo Santiago: Guadalete 7, Tel. 608 84 03 76. Geführte Pferdeausritte, u.a. in die Sierra de Grazalema.

Busse Ronda–Zahara Mo–Sa 2 x tgl.

AXARQUÍA, ÖSTLICHE COSTA DEL SOL UND COSTA TROPICAL

Die östliche Costa del Sol und die sich anschließende Costa Tropical sind ruhiger und beschaulicher als die Küste westlich von Málaga. Statt langer Sandstrände dominieren Steilküsten und kleine Badebuchten. Schön ist das Hinterland der Axarquía, mit 2000 m hohen Bergen und hübschen weißen Dörfern.

Durch die Berge der Axarquía

Macharaviaya

Andalusien-Atlas: S. 250, B 2
Die östliche Costa del Sol von Málaga bis zum Fischerhafen La Caleta de Vélez bzw. Torrox Costa bietet entlang der verbauten Küste kaum Attraktionen. Um so reizvoller ist das Hinterland, die Bergwelt der Axarquía, die man sich am einfachsten mit dem Pkw erschließt. Kaum biegt man von der Autobahn nahe Torre de Benagalbón ins Landesinnere Richtung Macharaviaya ab, gibt es eine Welt abseits allen Küstentrubels zu entdecken. Durch Hügelland mit Oliven- und Mandelbäumen erreicht man die ursprünglichen Dörfer **Macharaviaya** und **Benaque,** wo die Straße endet.

Molino de Santillán: Ctra. de Macharaviaya, km 3, Tel. 902 12 02 40, Fax 952 40 09 50, www.hotelguionmsantillan.es. Ein traumhaftes Landhaus, 10 mit Antiquitäten eingerichtete Zimmer, Restaurant, Garten, Pool – mit Blick auf Berge und Meer. DZ ab ca. 102 €.

Comares

Andalusien-Atlas: S. 250, B 2
Hinter **Vélez-Málaga,** mit weißem Ortskern und maurischer Burg, biegt man bei Trapiche in das fruchtbare Tal des Rio Benamargosa ab und genießt den Blick über tropische Obst- und Gemüsekulturen: Orangen, Feigen, Avocados. Die Straße nach Comares steigt steil und kurvenreich bergan. Der Ort bedeckt wie ein Adlerhorst die Spitze eines steilen Hügels. Von der Terrasse seitlich des Hauptplatzes, auf dem die Straße endet, reicht der Blick bis zum Mittelmeer. Sehenswert sind der weiße Friedhof und daneben die Ruinen einer maurischen Burg.

El Molino de los Abuelos: Plaza 2, Tel. 952 50 93 09, Fax 952 21 42 20, www.molino-abuelos.com. Die ›Ölmühle ihrer Großeltern‹ haben die heutigen Besitzer in ein kleines Hotel verwandelt, das durch und durch Museumscharakter hat. 8 Zimmer bzw. Apartments, teils mit Kamin, ein geräumiger Innenhof mit Blick aufs Meer, ein gutes Restaurant mit zahlreichen museumsreifen Objekten der ehemaligen Ölmühle. DZ 35–80 €.

Olivenöl aus Periana

Bei der **Kooperative San Isidro in Periana,** in der Calle Carrascal 3 gleich unterhalb der Ortskirche, erhält man im Direktverkauf das ›Gold von Periana‹: ausschließlich jungfräuliches Olivenöl, *aceite de oliva virgen extra.* Es ist im Geschmack nicht so kräftig wie andere andalusische Öle, etwa der Marke Hojiblanca oder das ebenfalls hervorragende Olivenöl aus Baena. 1 Liter kostet ca. 2,50 €.

Periana und Umgebung

Andalusien-Atlas: S. 250, B 1
Vorbei am Viñuela-Stausee führt der Weg nach Periana, einem typisch andalusischen Ort und Zentrum des Olivenanbaus. Die Gegend eignet sich für geruhsame Ferien auf dem Land. Die Villa Turística ist dazu ein guter Standort (am Ortseingang beschildert, 3 km). Gute Wandermöglichkeiten.

Villa Turística de la Axarquía: Carril del Cortijo Blanco s/n, Periana, Tel./Fax 952 53 62 22, www.axarquia.com/villaturistica. Zimmer, Apartments und Reihenhäuser im Regionalstil, Restaurant, Pool, Reitmöglichkeiten, Radverleih. Ab 30 € pro Pers.

Cómpeta

Andalusien-Atlas: S. 250, B 1
Von Algarrobo Costa oder Torrox-Costa winden sich Sträßchen landeinwärts hinauf nach Cómpeta. Die Route über Algarrobo passiert das weiße Dörfchen **Sayalonga** mit einem außergewöhnlichen Rundfriedhof und verleitet zu einem Abstecher nach **Archez,** dessen Kirchturm deutliche Spuren des früheren Minaretts aufweist. In die malerische Gebirgslandschaft mit Ölbäumen, Wein, Ginster, Rosmarin und Kamille sind kleine weiß getünchte Anwesen gesprengselt.

Aus **Cómpetas** weißen Häuserkuben, die sich den Hang hinauf erstrecken, ragt der ockerfarbene Mudéjarturm der Kirche hervor. Das kleine Museo del Vino widmet sich dem lokalen Weinbau. Überall im Ort kann man den Wein probieren.

In der Nacht des 15. August feiert Cómpeta ein feucht-fröhliches **Weinfest.**

Östliche Costa del Sol

Nerja und Maro

Andalusien-Atlas: S. 250, B 1
Nerja (ca. 15 000 Einwohner) ist bei englischen Touristen besonders beliebt. Das Zentrum bestimmen Boutiquen, Andenkenläden, Restaurants, Cafés, Diskos und Autoverleiher. Dennoch – Nerja ist der hübscheste Ort an diesem Küstenabschnitt. Reizvoll ist die Kulisse der Sierra de Tejeda im Hinterland, an deren Hängen sich Feriensiedlungen im neomaurischen Stil staffeln. Zu dem auf Felsklippen gelegenen Städtchen gehören mehrere kleine Badebuchten. Der Balcón de Europa, Flaniermeile und Aussichtsterrasse, befin-

det sich auf einer in das Meer vor-
stoßenden Felsnase.

Als alternatives Standquartier bietet
sich das benachbarte **Maro** an, ein
gemütliches Dorf, von terrassierten Feldern umgeben. Unterhalb des Ortes,
durch Gemüsefelder zu erreichen, lädt
eine kleine, ruhige Badebucht zum
Sonnen und Schwimmen ein. Wer ein
Auto zur Verfügung hat, findet Richtung
Almuñécar weitere Buchten in der
Steilküste, z.B. bei den **Acantilados de
Maro-Cerro Gordo,** zu denen man auf
kurvigen Schotterpisten gelangt.

Die **Cueva de Nerja** (östlich von
Nerja) lädt zu Spaziergängen durch eine rund 3 km lange Höhle mit Tropf-
steingebilden ein – während man de-
zenter klassischer Musik lauscht. Ein
Höhlensaal wird im Juli zur Bühne umfunktioniert: für Ballett und Konzerte
(10–14, 16–18.30, Juli/Aug. bis 20 Uhr;
Eintritt ca. 4 €).

Oficina de Turismo: Nerja, Puerta
del Mar 2, Tel. 952 52 15 31, www.
bd-andalucia.es/nerja.html.

Parador de Nerja: Almuñécar 8,
Tel. 952 52 00 50, Fax 952 52 19 97.
Mit Pool und Garten. Ab 110 €.
Paraíso del Mar: Prolong. de Carabeo
22, Tel. 952 52 16 21, Fax 952 52 23 09,
www.hotelparaisodelmar.es. Ein intimes
Hotel mit Terrasse über dem Meer und
Pool, oft ausgebucht, daher reservieren.
DZ 57–92 €.
Hostal Marissal: Balcón de Europa 3,
Tel./Fax 952 52 01 99, E-Mail: maris-
sal@terra.es. Direkt im Zentrum, neu, 14
gemütliche, saubere Zimmer, DZ 35–55 €.
Pensión Mena: El Barrio 15, Tel. 952 52
05 41. Familiär, sehr einfache Zimmer, im
Zentrum. DZ 24–36 €.

Balcón de Maro: Maro, Pl. de las Maravillas, Tel. 952 52 95 23, Fax 952 52 26 08.
15 einfache Zimmer und Studios mit
Meerblick. 36–55 € nach Saison.
Hotel Casa Maro: Maro, Tel. 952 52 96
90, Fax 952 52 95 52, E-Mail: hotelcasa-
maro@teleline.es. Klein und fein, Wohl-
fühlzimmer und -apartments mit Blick
aufs Meer. Ein Abend im Restaurant kann
teuer werden. DZ ab ca. 75 €.
Camping: 4 km außerhalb bei Maro, Tel.
952 52 97 14. Mit Radverleih.

Casa Luque: Pl. Cavana 2 (bei der
Kirche), Tel. 952 52 10 04. Gediegenes Traditionsrestaurant, Terrasse mit
Blick aufs Meer. Hauptgerichte 10–17 €.
La Restinga: Playa de Vilchez, Tel. 952
03 00 88. Strohgedecktes Restaurant am
Strand von Nerja Richtung Torrox, mit exzellenten Fischgerichten, Meeresfrüchten
und Paella, ab ca. 20 €. Preiswerter ist
100 m weiter der *chiringuito* **Almanzor**, in
dem es u.a. *espetos* gibt, gegrillte Sardi-
nenspieße.

Wandertipps

In der Tourist-Info von Nerja erhält
man in verschiedenen Sprachen,
auch in Deutsch, die Broschüre
›Die Berge von Nerja und die Steilküste von Maro‹ mit sechs genau
beschriebenen Wandertouren rund
um Nerja und Hinweisen, wie man
zu Fuß zu den schönsten Badebuchten gelangt. Wanderer werden daran ihre Freude haben. Be-
achten Sie, dass sich die schmalen Flüsse bzw. ausgetrockneten
Flussbetten zur winterlichen Re-
genzeit in gefährliche, reißende
Bäche verwandeln können.

Ein schmuckes weißes Dorf: Frigiliana

Busse: ab der Durchgangsstraße Av. de Pescia Richtung Málaga und Almería, nach Granada, Córdoba, Cádiz, Sevilla, Frigiliana und zur Cueva de Nerja.

Frigiliana

Andalusien-Atlas: S. 250, C 2

Frigilana, an den Hängen der Sierra de Tejeda ist bekannt für seinen Honig und süßen Wein. Das an den Berg geschmiegte maurische Viertel mit blumengeschmückten weißen Häusern besitzt Treppengassen, in denen Esel zum Transport eingesetzt werden. Azulejo-Tafeln an den Häusern erzählen Ereignisse aus der Dorfgeschichte.

Las Chinas: Pl. Capitán Cortés 14, Tel. 952 53 30 73. Kleines, einfaches Hotel, familiär. DZ 42 €.

Los Caracoles: Ctra. Frigiliana–Torrox km 4,5, Tel. 952 03 06 80, Fax 952 03 06 09, www.hotelloscaracoles.com. Bungalows wie ›Schneckenhäuser‹ – daher der Name – und Zimmer. Schöne ländliche Umgebung, Pool, Restaurant. Zimmer ca 77, Bungalows ca. 110 €.

Fest der Maikreuze: *Cruces de Mayo,* Anf. Mai, Volksfest zur Ankunft des Frühlings mit Musik und Tanz.

Busse mehrmals tgl. von Nerja nach Frigiliana.

Costa Tropical

Almuñécar/La Herradura

Andalusien-Atlas: S. 250, C 2
Almuñécar besitzt einen netten Stadtkern mit moriskischer Struktur und eine arabische Festung, die Karl V. zum Schutz vor Piratenangriffen ausbauen ließ. Als Gründer der Siedlung gelten die Phönizier: Reste von Fischfabriken im **Botanischen Garten El Majuelo** erinnern an sie. Gewölbe aus der Römerzeit prägen das **Archäologische Museum.** Vogelliebhaber werden am exotischen Federvieh des **Parque Ornitológico Loro-Sexi** ihre Freude haben. Ein Felsvorsprung untergliedert die Ortsstrände. Viele kleine Playas finden sich in der reizvollen, buchtenreichen Küste rund um Almuñécar. Richtung Osten liegt – fast versteckt in einer Felsbucht – der Sporthafen **Marina del Este.**

Zur Gemeinde gehört die westlich gelegene, gemütlich gebliebene weiße Siedlung **La Herradura** mit langem Strand, auf dem *chiringuitos* zum Fischessen einladen (wie El Chambao de Joaquín).

Oficina de Turismo: Avda. de Europa s/n, Tel. 958 63 11 25, Fax 958 63 50 07, www.almunecar.info.

Goya: Almuñécar, Av. de Europa 31, Tel. 958 63 05 50. Schräg gegenüber der Tourist-Info, einen Katzensprung vom Strand, kleines Hotel mit einfachen, sauberen Zimmern. DZ 35–45 € nach Saison. **Hotel La Tartana:** La Herradura, Ctra. de Málaga, km 308, an der Nationalstraße, Tel. 958 64 05 35, E-Mail: hoteltartana@hotmail.com. Rustikales Landhaus mit Patio, liebevoll in ein Mini-Hotel verwandelt, mit Blick aufs Meer. DZ inkl. Frühstück ab ca. 60 €.
Camping: Zwei Plätze in La Herradura.

Salobreña

Andalusien-Atlas: S. 251, D 2
Die weißen Häuserkuben des pittoresken Salobreña bedecken einen Felshügel, den ein in arabischer Zeit errichtetes riesiges Kastell bekrönt. Schon wegen der Aussicht sollte man hinaufsteigen. Ein Bummel durch die steilen, gewundenen Gassen, in denen man leicht die Orientierung verliert, lohnt. Am langen grobsandigen Strand liegt eine Feriensiedlung.

Pensión Mari Carmen: Nueva 30, Tel./Fax 958 61 09 06. Nette Pension im Ortskern, 5 Zimmer mit eigenem Balkon und Bad. DZ 30 €, ohne Bad 21 €.

Östliche Costa Tropical

Andalusien-Atlas: S. 251, D/E 2
›Tropische Küste‹ ist ein passender Name für Granadas 70 km langen Strand bis Adra an der Grenze zur Provinz Almería: Jenseits der Ferienzentren Almuñécar und Salobreña gedeihen in der weiten Mündungsebene des Río Guadalfeo – mit dem Landwirtschaftszentrum Motril – Zuckerrohr, Melonen und tropische Früchte. Über Puerto de Motril, das auch einen Fischerhafen besitzt, werden sie exportiert. Östlich davon wird unter Plastikplanen Gemüse gezogen. Die kleinen Küstenorte haben kaum touristische Bedeutung.

Der Nordosten: Córdoba und Jaén

Olivenhügel
bei Jaén

Andalusien-Atlas: S. 244 – 247

CÓRDOBA UND UMGEBUNG

Córdobas Moschee und jüdisches Viertel bieten einen Abglanz vergangener Größe zur Zeit des Kalifats. Vor den Toren des einstigen ›Konstantinopel des Westens‹ liegen die Ruinen der Kalifenpalaststadt Medinat al-Zahra. Abseits aller Touristenpfade kann man bei einer Rundreise durch die ›stille‹ Provinz typisch andalusische Dörfer entdecken.

Córdoba

Andalusien-Atlas: S. 244, C 2

Die einstige omaiyadische Kalifenresidenz hat rund 300 000 Einwohner – kaum mehr als ein Drittel der Menschen, die sie vor 1000 Jahren besaß. Ein Besuch von Mezquita und *judería* – von der UNESCO zum Kulturgut der Menschheit erklärt – gehören zu den Höhepunkten einer Andalusienreise.

Córdoba ist das Zentrum eines landwirtschaftlichen Anbaugebietes, das im Süden die weite *vega* des Guadalquivir-Tals und im Norden die nur dünn besiedelte Sierra Morena umfasst. Daneben haben Textilindustrie und in arabischer Zeit gegründete Handwerkszweige Bedeutung: Gold- und Silber-, Bronze- und Eisenschmiede, Lederverarbeitung und Keramikherstellung.

Córdobas Klima zeichnet sich durch milde Winter und extrem heiße Sommer aus. Im August werden mittags bis zu 45 °C erreicht. Ein besonderes Erlebnis ist der Besuch Córdobas im Mai, wenn die üppig mit Blumen geschmückten Patios der Stadt zur Besichtigung offenstehen.

Geschichte

An der Stelle der karthagischen Siedlung Quart Iuba gründete M. Claudius Marcellus 152 v. Chr. das römische Corduba. Es wurde Hauptstadt der Provinz Baetica, die etwa das heutige Andalusien umfasste. Archäologen fördern aus Córdobas Untergrund immer wieder Zeugnisse der römischen Geschichte zutage, so etwa beim Bahnhof die Reste eines Imperatorenpalastes aus dem 3. Jh. n. Chr.

Nach 711 entwickelte sich der Ort zum Sitz der arabischen Statthalter und Emire. Abd ar-Rahman I., der 756 ein faktisch unabhängiges Emirat begründete (s. S. 23), installierte in Córdoba seine Residenz. Seither bildete es die Hauptstadt des Omaiyaden-Reiches al-Andalus, das im 10. Jh. mit dem Kalifen Abd ar-Rahman III. seine größte Blütezeit erlebte. Historischen Quellen zufolge gab es damals in Córdoba ca. 1 Mio. Einwohner, 500 Moscheen, 80 Schulen, 50 Spitäler und mehrere hundert Bäder. Es war wohl – neben Konstantinopel – die reichste und schönste Stadt Europas, ein florierendes Handels- und Handwerkszentrum, ein Hort der Wissenschaft und Kunst. Die Bibliothek des feinsinnigen Kalifen al-Hakem soll 400 000 Bände umfasst haben. Die kulturelle Blüte ging nicht zuletzt auf das Klima großer Toleranz zwischen Moslems, Juden und Christen zurück.

Nach dem Tod des Reichsverwesers al-Mansur brach jedoch 1009 ein Bürgerkrieg aus, in dem berberische Söldner eine unheilvolle Rolle spielten: 1010 stürmten sie die Palaststadt Medinat al-Zahra nahe Córdoba und zerstörten sie. Nachdem das Kalifat 1031 endgültig auseinander gebrochen war, verlagerte sich das politische und kulturelle Zentrum von al-Andalus nach Sevilla. 1236 eroberte der ›Heilige König‹ Fernando III. die einstige Kalifenstadt. Danach wurde es still um Córdoba. Die Verarmung von Stadt und Land ließen den Ort seit dem 19. Jh. zu einem Zentrum der anarchistischen Landarbeiterbewegung werden (s. 27). Lange galt Córdoba als ›rote‹ Stadt, bis heute ist es eine Hochburg der linken Izquierda Unida.

Die große Moschee

Die Brücke, die bereits unter den Römern den Guadalquivir überspannte, führt in das geschichtsträchtige Herz der Stadt. Hier steht die **Moschee** 1 an der Stelle, die zuvor ein römischer Tempel und später eine westgotische Basilika eingenommen hatten. Die Mezquita Córdobas zählt zu den großartigsten Moscheen der Welt. Die im Mittelalter in das Zentrum der Anlage gepflanzte Kathedrale machte dar-

Blick über den Guadalquivir auf die Mezquita von Córdoba

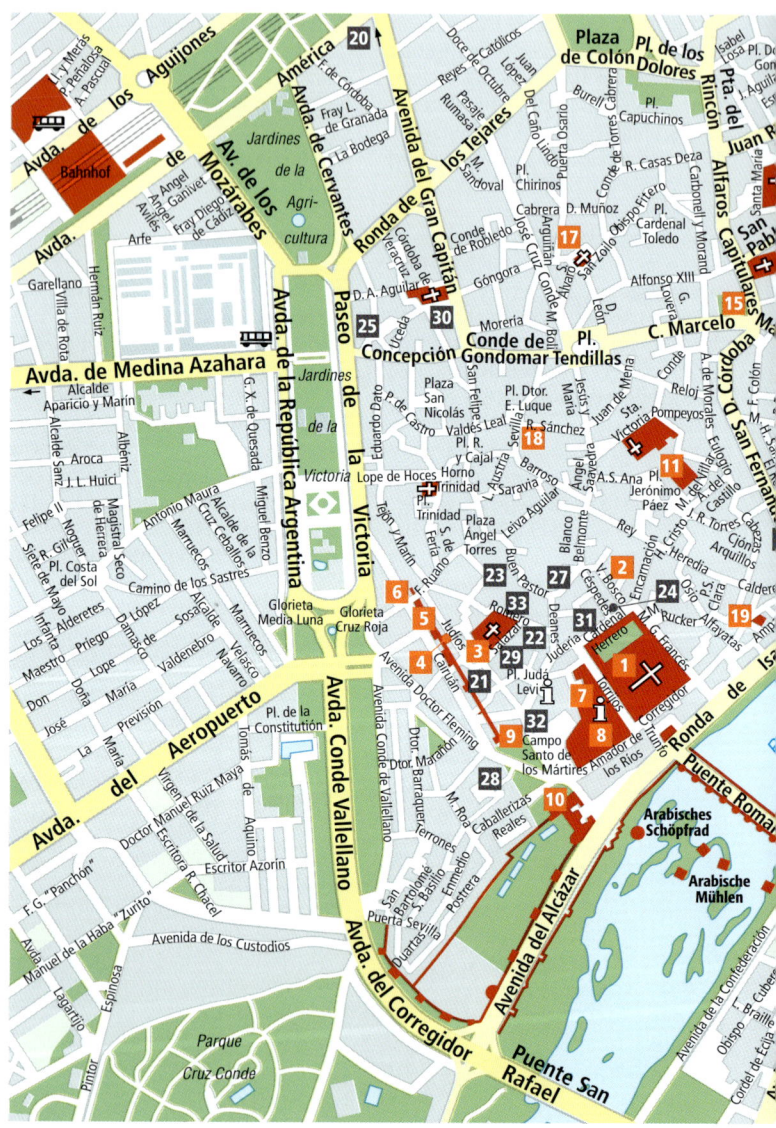

Córdoba

Sehenswürdigkeiten

1 Moschee/Kathedrale
2 Calleja de las Flores
3 Museo Municipal Taurino
4 Synagoge
5 Casa Andalusí
6 Puerta de Almodóvar
7 Ausstellungs-/Kongresspalast
8 Diözesanmuseum
9 Ruinen arabischer Bäder
10 Alcázar
11 Archäologisches Museum
12 Posada del Potro
13 Museum der Schönen Künste/
   Geburtshaus Romero de Torres'
14 Plaza de la Corredera
15 Rathaus/römische Säulen
16 Palacio de Viana
17 San Miguel
18 San Juan
19 Hammam/arabisches Bad

Hotels

20 Parador La Arruzafa
21 Amistad Córdoba
22 Hotel Lola
23 Albucasis
24 Marisa
25 Riviera
26 Hotel/Hostal Maestre
27 Hostal Séneca
28 Hostal Alcázar
29 Jugendherberge

Essen und Trinken

30 El Blasón
31 El Caballo Rojo
32 La Almudaina
33 El Churrasco

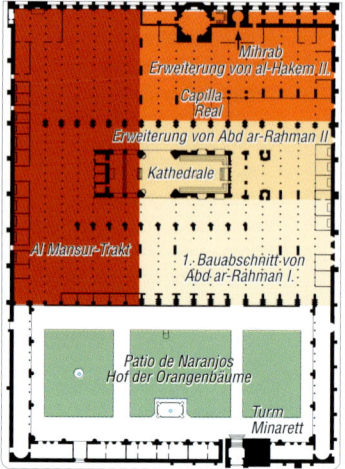

Mihrab
Erweiterung von al-Hakem II.

Capilla
Real

Erweiterung von Abd ar-Rahman II

Kathedrale

Al Mansur-Trakt

1. Bauabschnitt von
Abd ar-Rahman I.

Patio de Naranjos
Hof der Orangenbäume

Turm
Minarett

Bauphasen der Mezquita

aus allerdings ein Zwitterwesen, das zutreffend auch als ›Moschee-Kathedrale‹ bezeichnet wird. Die Hauptmoschee bildete das Zentrum der islamischen Gemeinde und diente nicht nur dem sich fünf Mal täglich wiederholenden Gebetsvorgang der Gläubigen; hier scharten auch die Meister der theologischen Lehre, des Arabischen als Sprache des Korans und der Rechtskunde als einer Richtung der Glaubensdeutung ihre Schüler um sich, und hier fällte der höchste Richter *(quadi)* bei Streitigkeiten sein Urteil.

Um das Jahr 785 ließ Abd ar-Rahman I. die Freitagsmoschee errichten und arbeitete daran selbst täglich eine Stunde mit. So entstand eine typische Hofmoschee mit Gebetssaal und Vorhof, in dem sich die Gläubigen den vorgeschriebenen Reinigungsritualen unterzogen. Dass die Qibla, die nach

Mekka zeigende Mauer mit der Gebetsnische, nicht exakt ausgerichtet ist, mag am vorgegebenen Platz liegen.

Den **ersten Bauabschnitt**, der vom Vorhof aus betrachtet rechts liegt, beendete Abd ar-Rahmans Sohn Hisham um das Jahr 796. Zunächst entstanden elf Schiffe, gegliedert durch zehn Reihen aus je zwölf durch Bögen verbundenen Säulen. Abd ar-Rahman II. ließ 833–848 die **erste Erweiterung** um acht Joche nach Süden vornehmen, während Abd ar-Rahman III. den Vorhof nach Norden ausbaute und das Minarett errichtete, das sich heute im Glockenturm versteckt. In einem **dritten Bauabschnitt** verlängerte al-Hakem II. zwischen 962 und 966 den Komplex ein weiteres Mal, und zwar um zwölf Joche. Seine endgültige Größe erhielt er dann unter dem despotischen Herrscher al-Mansur, der die Ostmauer zwischen 987 und 990 um acht Schiffe versetzte. So hatte die Moschee noch vor der Jahrtausendwende ihre heutige Ausdehnung erreicht: Die Umfassungsmauer umschließt ein aus dem 19-schiffigen, knapp 104 m langen Betsaal und dem Vorhof bestehendes Areal von 175 x 128 m Größe.

Der Innenraum wird gern mit den Begriffen ›Säulenwald‹ oder ›Palmenhain‹ beschrieben. Tatsächlich treffen diese Bezeichnungen nicht nur sehr gut die Konstruktionsweise, sondern auch das Gefühl des Betrachters, gleich an welchem Punkt des **Betsaales** er gerade steht und schaut. Die Erhabenheit dieses Ortes der Lobpreisung Allahs besteht in seiner Ruhe, in der ›Raumlosigkeit‹, der hundertfachen rhythmischen Wiederholung eines einzigen

Konstruktionselementes: ein mathematisch-halluzinatorisches Wunderwerk. Die Harmonie stören lediglich Altarraum und Chor der gegen den Willen des Stadtrates hineingebauten Kathedrale. Als Karl V. auf der Rückreise von Sevilla, wo er sich vermählt hatte, durch Córdoba kam und das Werk anschaute, muss er ähnlich empfunden haben, denn er äußerte, hier habe man etwas gebaut, was man überall hätte bauen können, aber etwas zerstört, das einmalig gewesen sei.

Über 800 Säulen stehen noch. Für die ersten Bauabschnitte verwendete man antike Kolumnen aus Marmor und Jaspis, die teils aus römischen Ruinen herangeschafft wurden, teils Geschenke aus Byzanz sein sollen. Der Baumeister verband sie durch Hufeisenbögen zu Reihen. Vermutlich um eine größere Höhe zu erreichen, setzte er auf die mit Kapitellen geschmückten Säulen Tragsteine und je einen zweiten Pfeiler, nun von Rundbögen über-

spannt. Die lichte Bauweise dieser Doppelbögen, die von den Säulen ›ausfächern‹, und der fächerartige Wechsel roter Ziegel und weißgelber Keilsteine in den Rundungen erzeugen die Vorstellung des Palmenwaldes. Die Anlage war ursprünglich zum Vorhof geöffnet, so dass dieser mit seinen regelmäßigen Reihen von Palmen (die heutigen Orangenbäume sind späteren Datums) wie eine natürliche Verlängerung des Betsaales erschien.

Das Schmuckstück der Moschee, der Mihrab, die Gebetsnische des Vorbeters, die zugleich die Richtung zum heiligen Ort Mekka anzeigt, ist in die Südwand eingelassen, am Ende des etwas breiteren Mittelschiffs des ursprünglichen Baus, in das man durch das Hauptportal der Moschee gelangt. Auf dem Weg dorthin befindet sich die **Capilla de Villaviciosa**, die sich in der Abschlusswand des unter Abd ar-Rahman II. beendeten Moscheeabschnitts befand und damals als Mihrab diente.

Der ursprüngliche Moscheebau
mit Vorhof und Minarett

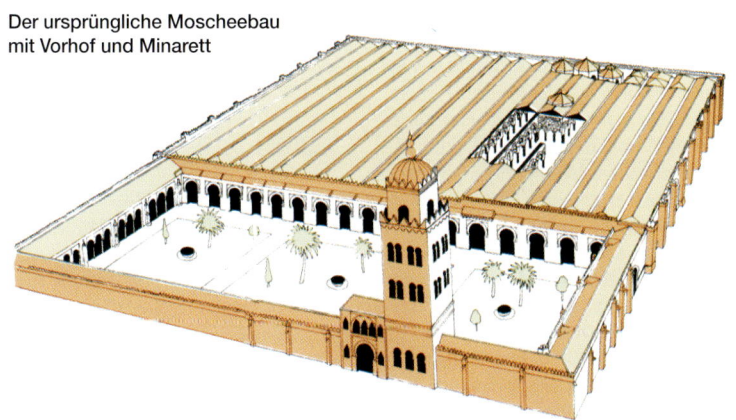

Man erkennt die heutige Kapelle am Geflecht der Vielpassbögen, dem aufwendigen Stuckdekor und der kreuzrippenüberwölbten Lichtkuppel – eine Konstruktion, die über der Maqsura dreifach wiederholt wird. Die dem Herrscher und seinem Gefolge zum Gebet vorbehaltene **Maqsura** liegt unmittelbar vor dem Mihrab. Die Pfeilerstellungen mit ihren verflochtenen, reich dekorierten Vielpassbögen umschließen drei überkuppelte Quadrate. Den Abschluss der sternförmigen Kuppeln bildet jeweils eine so genannte Halborange, deren mittlere mit byzantinischen Mosaiken geschmückt ist. In den **Mihrab**, für dessen Gestaltung al-Hakem eigens einen byzantinischen Mosaizisten bestellte, führt ein Hufeisentor, eingefasst von einer Schmuckfläche, in der Millionen bunter Mosaiksteinchen zu floralen Mustern und kalligraphierten Schriftzügen zusammengesetzt sind. Die Gebetsnische selbst wird von einer muschelförmigen Kuppel bekrönt – aus einem einzigen Gipsblock gemeißelt.

Die **Kathedrale** wurde im 16. Jh. auf Geheiß des Domkapitels in das Herz der Moschee gesetzt und wirkt in ihrer Stilmischung aus Gotik und Renaissance als architektonischer Fremdkörper. Aber sie birgt Kostbarkeiten: die spätbarocken Mahagonikanzeln von 1760, das geschnitzte Chorgestühl eines Sevillaner Künstlers (1758), die vergoldeten Leuchter vor dem Altar.

Auch die zahlreichen Seitenkapellen enthalten religiöse Kunstschätze, desgleichen die **Schatzkammer**. In der im Mudéjarstil geschmückten **Capilla Real** (Königliche Kapelle) waren vorübergehend die kastilischen Herrscher Alfonso XI. und Fernando VI. bestattet.

Der **Vorhof**, wegen seiner Orangenbäume Patio de los Naranjos genannt, diente ursprünglich der rituellen Reinigung von Gesicht – Symbol der fünf Sinne –, Händen und Füßen und war daher seit jeher mit Brunnen ausgestattet. In der Nordwestecke steht der als Kandelaber gestaltete **Glockenturm** (16. Jh.), in dessen Innerem sich das Minarett der Moschee verbirgt.

Die Umfassungsmauer, mit Zinnen bekrönt, verleiht der Mezquita von außen das Erscheinungsbild einer Festung. 12 Portale gewährten den Gläubigen Eintritt. In nacharabischer Zeit mauerte man sie teils zu oder passte sie dem christlich-abendländischen Geschmack an. Doch die islamische Bau- und Dekorationsweise zeigt sich noch in den Hufeisenbögen an Toren und Fenstern, den Blendarkaden und dem fein gearbeiteten Stuckdekor – etwa an der **Puerta de San Esteban** und der Puerta del Palacio. Die bronzebeschlagenen Torflügel der **Puerta del Perdón** (Gnadentor) sind mit feinsten kufischen Inschriften geschmückt (Mo–Sa 10–18, im Winter bis 17, So 14–18 Uhr, vormittags Messen; 6,50 €).

Judería

In der Umgebung der Moschee vermitteln Andenken-, Kunsthandwerks- und Antiquitätenhändler, die sich bis auf die Gässchen ausgebreitet haben, den Eindruck eines orientalischen Basars. Es scheint, als würde der Tourismus die alte Handelstradition des jüdischen Viertels wieder beleben. Das weiße *barrio* der cordobesischen Juden, ein

Blumengeschmückte Patios: Córdoba im Mai

Labyrinth verwinkelter Gassen, erstreckt sich von der Moschee in nördlicher und westlicher Richtung bis zur Stadtmauer mit der Puerta de Almodóvar. Ziellos umherschlendernd, wird man hier immer neue Entdeckungen machen: stille, geranienüberwucherte Patios mit einem Wasserquell, die hinter kunstvollen schmiedeeisernen Torgittern liegen, versteckte kleine Plätze oder Bodegas und Restaurants, die mit Wein aus Montilla und *tapas* in den Abendstunden für das leibliche Wohl sorgen.

Ein Postkartenmotiv bietet die **Calleja de las Flores** 2, ein Gässchen mit üppigen Blumenschmuck und weiß gekalkten Fassaden. Die Sehenswürdigkeiten des Viertels konzentrieren sich an der Plaza Maimónides und der Calle Judíos.

Mit seinen Andenken an Stierkämpfe und Stierkämpfer ist das **Museo Municipal Taurino** 3 eines der reichhaltigsten seiner Art in Spanien. Córdoba ist die Heimat einiger mystischer Figuren der Tauromachie, zu denen Manolete gehörte: Der Sohn eines armen Landarbeiters aus Palma del Río erwarb als Meister seiner Kunst ein Vermögen – bevor ihn 1947 der Tod in der Arena ereilte (Di–Sa 10–14, 16.30/ 17.30–18.30/19.30, So 9.30–14 Uhr).

Am Beginn der Calle Judíos sitzt lebensgroß der in Bronze gegossene Humanist Maimónides, der 1135 in Córdoba geboren wurde (s. S. 167). Schräg gegenüber wird im **Zoco Municipal** cordobesisches Kunsthandwerk angeboten.

Das Haus Nr. 20 beherbergt eine **Synagoge** 4 von Anfang des 14. Jh.

Stuckreliefs mit geometrischen und floralen Motiven sowie hebräischen Inschriften bekleiden die Wände. Über dem Eingang zum Gebetsraum befindet sich eine Tribüne, die den Frauen vorbehalten war (Di–Sa 10–14, 15.30–17.30, So 10–13.30 Uhr).

In der **Casa Andalusí** 5, einem arabischen Haus des 12. Jh., das im Stil der Zeit wieder hergerichtet wurde, kann man sich im kleinen Museum vorführen lassen, wie in arabischer Zeit Papier geschöpft wurde – Córdoba war damals ein Zentrum der Papierherstellung –, und im Keller trifft man auf ein originalrömisches Mosaik, eines der vielen römischen Relikte, die Cordobas Untergrund birgt (10.30–20.30, im Winter bis 19 Uhr; 2,50 €).

An der turmflankierten **Puerta de Almodóvar** 6 in der arabischen Stadtmauer hat man dem Römer Seneca ein Denkmal gesetzt. Der Dichter und Philosoph, zeitweilig Erzieher und Berater Neros, wurde um die Zeitenwende in Córdoba geboren.

Zum Alcázar

Cordobesisches Kunsthandwerk lässt sich gegenüber der Moschee im **Ausstellungs- und Kongresspalast** 7, einem ehemaligen Hospital mit gotischplatereskem Portal, sehenswerter Kapelle und reizvollem Patio, bewundern. Das Gebäude ist Sitz einer Touristeninformation.

Der benachbarte Bischofspalast nimmt die Stelle der früheren Kalifenresidenz ein. Er beherbergt nun ein **Diözesanmuseum** 8 mit Skulpturen, Tafelbildern und Retabeln aus Kirchen der Stadt und Provinz sowie Gemälde und Tapisserien.

Die Calle Amador de los Ríos mündet in einen Platz mit den Ruinen **arabischer Bäder** 9, die zum früheren Kalifenpalast gehörten. Den **Alcázar de los Reyes Cristianos** 10 schräg gegenüber ließ Alfonso XI. ab 1328 zur schlichten königlichen Residenz ausgestalten. Die Katholischen Könige hielten sich in der Zeit der Endschlacht um Granada lange im Alcázar auf und empfingen hier 1486 ihren Seefahrer Kolumbus – eine Skulpturengruppe im Garten erinnert daran. Später residierten hier die Inquisitoren, deren Wirken im Mittelalter zur Entvölkerung Córdobas führte. Römische Mosaiken und Statuen, ein Marmorsarkophag aus dem 3. Jh. sowie die arabischen Traditionen verpflichteten Königlichen Bäder können im Gebäude bewundert werden. Die weitläufigen, mauerumschlossenen Gartenanlagen mit ihren Blumenrabatten, Schatten spendenden Bäumen, Skulpturen und Wasserspielen spiegeln den Geschmack der Renaissance. (Di–Sa 10–14, 16.30–18.30, im Sommer 17.30–19.30, So 9.30– 14.30 Uhr)

Das Sträßchen links der arabischen Bäder führt zu einem zinnenbewehrten Stadtmauerabschnitt, vor dem – in Stein gehauen – der große Denker Averröes sitzt.

Die östliche Altstadt

Das ehemalige Viertel der Muslime, die *morería*, ist weniger vom Tourismus geprägt als die *judería* und bietet daher in mancher Hinsicht mehr Authentizität.

TORRE DE LA CALAHORRA

Auf der anderen Seite der unter Kaiser Augustus errichteten und in arabischer Zeit erneuerten 16-bogigen Brücke über den Guadalquivir steht der zinnengekrönte Festungsturm La Calahorra. Die Omaiyaden-Emire errichteten diesen Brückenkopf zum Schutz der Stadt, im 14. Jh. wurde er ausgebaut. Die Stiftung des französischen Philosophen Roger Garaudy, der zum Islam konvertierte, hat hier mit Unterstützung der UNESCO ein außergewöhnliches Museum eingerichtet. Es lässt das arabische Spanien lebendig werden. In mehreren Sälen lernt der Besucher islamische Kulturleistungen und beeindruckende Persönlichkeiten der damaligen Zeit kennen.

In Wachs gegossen und zeitgemäß gekleidet, präsentieren sich hier Averröes (Ibn Rushd), Maimónides, Alfons der Weise und Ibn al-Arabi, die das Geistesleben im arabischen und christlichen Spanien prägten. Averröes wurde 1126 in Córdoba geboren und starb 1189 in Marokko. Seinen Aristoteles-Kommentaren verdankt das Abendland eine umfassende Darstellung aristotelischen Denkens, das die Philosophie-Entwicklung in Europa grundlegend beeinflusste. Vor den strenggläubigen Almohaden, die Averröes' Lehre als koranfeindlich ansahen und ihn vor der Moschee öffentlich bespucken ließen, musste dieser Mann nach Marokko fliehen, durfte dort allerdings am Hof des Almohaden-Herrschers als Arzt arbeiten. Der jüdische Religionsphilosoph Maimónides kodifizierte die jüdischen Religionsgesetze und bemühte sich um die Verbindung von aristotelischem Denken und biblischer Lehre. Auch er verließ Spanien wegen der religiösen Verfolgung unter den Almohaden, arbeitete dann als Arzt am Hofe Saladins und starb 1204 bei Kairo. Der christliche König Alfons der Weise weilt als einer der gelehrtesten Fürsten des Mittelalters nicht zufällig unter diesen Denkern: An seiner in Toledo eingerichteten Übersetzerschule arbeiteten auch arabische und jüdische Gelehrte, und mit ihrer Hilfe erhielt das Abendland Kenntnis von den arabischen Wissenschaften: der Medizin, der Astrologie, der Mathematik. Ibn al-Arabi aus Murcia, der vierte im Bunde, war ein bedeutender islamischer Mystiker. In einem anderen Raum wird der größte der Kalifen des Westens vorgestellt: Abd ar-Rahman III. beim Empfang byzantinischer Gesandter.

Modelle der wichtigsten islamischen Bauwerke auf iberischem Boden geben deren ursprüngliches Erscheinungsbild wieder: die Moschee mit ihren ehemals rund 900 Säulen, die Alhambra mit ihren Gärten. Auch das arabische Bewässerungssystem wird anhand eines Modells erläutert. Eine Multimediashow gibt schließlich einen Überblick über die Geschichte der Menschheit, wobei das arabische Weltreich des Mittelalters zu Recht als eine der Hochkulturen eingeordnet wird. Vom Dach der Festung bietet sich ein herrlicher Ausblick auf die Mezquita und die Stadt. Flussabwärts kann man ein rekonstruiertes Schöpfrad aus arabischer Zeit ausmachen und auf den Flussinseln stehen Reste ehemaliger Wassermühlen (Mai–Sept. tgl. 10–14, 16.30–20.30, Okt.–April 10–18 Uhr; 3,60 € Eintritt, Multivisionsshow 1,20 €).

An einem stillen Platz liegt das **Archäologische Museum** ⑪ – in einem Palast des 16. Jh. mit geräumigen Patios. Die Sammlungen dokumentieren das historische Erbe der Stadt, v.a. aus römischer und arabischer Zeit. Darunter befinden sich Kohlebecken mit Koraninschriften aus dem 10. Jh. und ein Hirsch, der in Medinat al-Zahra einen Brunnen schmückte – ein Geschenk des byzantinischen Kaisers Konstantin VII. an Abd ar-Rahman III. (Di 15–20, Mi–Sa 9–20, So 9–15 Uhr).

Nicht weit ist es von hier zu einem Brunnen, den ein Fohlen ziert: Die **Plaza del Potro** ist eines der Wahrzeichen Córdobas. Am Platz liegt die schon von Cervantes erwähnte Herberge **Posada del Potro** ⑫. Sie wurde im Stil der Zeit restauriert und zeigt die typische Architektur einer *corrala*, deren Innenhof von umlaufenden Holzbalkonen umgeben ist. Das Kulturamt der Stadt organisiert hier verschiedene Ausstellungen. Auf der anderen Platzseite befindet sich in einem ehemaligen Hospital das **Museum der Schönen Künste** ⑬ mit Gemälden Cordobeser und andalusischer Maler sowie von Ribera, Sorolla und Ramón Casas (Di 15–20, Mi–Sa 9–20, So 9–15 Uhr). Es teilt sich den Innenhof mit dem Geburtshaus des Cordobeser Malers **Julio Romero de Torres**, dessen Werke – v. a. Frauenbilder – hier untergebracht sind (Di–Sa 10–14, 16.30/17.30–18.30/ 19.30, So 9.30–14.30 Uhr).

Ein gänzlich anderes Ambiente zeigt die **Plaza de la Corredera** ⑭. Der im 18. Jh. angelegte Platz, nach kastilischer Art von Laubengängen umgeben, diente einst als Arena für Stierkämpfe, als Theater- und Festbühne. Unter den Arkaden wird wochentags Markt gehalten. Die Markthalle, ehemals Gefängnis, stammt aus dem 16. Jh.

Vorbei am **Rathaus** ⑮ – und den Säulen eines Römertempels – geht es zum **Palacio de Viana** ⑯, dessen Existenz ist seit dem 14. Jh. bezeugt. Seine weit über 100 Räume umschließen 13 Innenhöfe und Gärtchen und bergen eine bunte Sammlung von alten Möbeln, Tapisserien, Porzellan, *azulejos*, Gemälden, Waffen und cordobesischen Lederarbeiten, welche die Markgrafen von Viana über Generationen zusammentrugen (Okt.–Mai Mo–Fr 10–13, 16– 18, Sa 10–13, Juni–Sept. Mo–Sa 9–14 Uhr; Führungen in Deutsch).

Unweit der belebten Plaza de las Tendillas mit ihren Cafeterías liegt die kleine Kirche **San Miguel** ⑰ mit einem Portal in Hufeisenform. **San Juan** ⑱ schließlich ist eine der Kirchen Córdobas, deren Glockenturm unschwer das alte Minarett erkennen lässt.

Ins Hammam

Ein arabisches Bad gefällig? Mit Massagen und Aromatherapie obendrein? In der Calle Corregidor Luis de la Cerda, in der Kalifatszeit die Straße der Bäder, gibt es in Nr. 51 nun wieder ein **Hammam** ⑲ – in einem Haus, dessen Ursprünge in das 10 Jh. zurückreichen. Ein 90-minütiger Aufenthalt plus einer viertelstündigen Massage kosten gut 16 €. Anmeldung unter Tel. 957 48 47 46, Fax 957 47 99 17. Badehose bzw. Badeanzug mitbringen!

Córdoba: Markt unter den Arkaden der Plaza de la Corredera

Oficina de Turismo: Pl. Judá Levi, Tel. 957 20 05 22, Fax 957 20 02 77, turismo@ayuncordoba.es. Torrijos 10, Tel. 957 47 12 35, Fax 957 49 17 78, otcordoba@andalucia.org.

Parador La Arruzafa [20]**:** Av. de la Arruzafa s/n, Tel. 957 27 59 00, Fax 957 28 04 09, cordoba@parador.es: am Stadtrand, mit Garten, Terrasse, Pool, Restaurant. DZ ab ca. 115 €.
Hotel Amistad Córdoba [21]**:** Pl. Maimónides 3, Tel. 957 42 03 35, Fax 957 42 03 65. In einem edlen Stadtpalast des 16./17. Jh., mit mehreren Patios; gutes Restaurant. Das Hauptgebäude ist reizvoller als der neuere Trakt gegenüber am Platz. DZ ab ca. 130 €, am Wochenende günstiger.
Hotel Lola [22]**:** Romero 3, Tel. 957 20 03 05, Fax 957 42 20 63, www,hotelconencantolola.com. Ein kleines Haus mit *encanto,* mit viel Charme, Zauber, in der *ju-*

dería. 8 individuell eingerichtete und mit Namen versehene Zimmer für 80–115 €.
Albucasis [23]**:** Buen Pastor 11, Tel./Fax 957 47 86 25. Ein ruhiges und recht stimmungsvolles kleines Hotel mitten im jüdischen Viertel, DZ ca. 72 €.
Marisa [24]**:** Cardenal Herrero 6, Tel. 957 47 31 42, Fax 957 47 41 44. Wirkt auf sympathische Weise antiquiert. Die Lage an der Moschee ist toll. DZ ab ca. 60 €.
Riviera [25]**:** Pl. de Aladreros 5, Tel. 957 47 30 00, Fax 957 47 60 18: Freundliches kleines Hotel abseits des Besuchertrubels und doch zentral. DZ ab 54 €.
Hotel Maestre [26]**:** Romero Barros 4–5, Tel. 957 47 24 10, Fax 957 47 53 95, DZ 39–45 €, und
Hostal Maestre: Romero Barros 16–18, Tel./Fax 957 47 53 95, DZ ohne bzw. mit Bad, ca. 26–33 €. Beide unweit der Pl. del Potro, gepflegte Häuser mit grünen Patios und andalusischem Flair.
Hostal Seneca [27]**:** Conde y Luque 7,

MEDINAT AL-ZAHRA – STADT DER BLUME

Al-Zahra, ›die Blume‹, so hieß die Lieblingsfrau von Abd ar-Rahman III. Nach ihr be-
nannte der Kalif die Palaststadt Medinat al-Zahra. Ein weiterer Beweis großer Zuneigung ist überliefert: Al-Zahra stammte aus Elvira nahe Granada und sehnte sich
nach dem Anblick der schneebedeckten Sierra Nevada. Der Kalif ließ Mandelbäu-
me anpflanzen, um al-Zahra den Anblick weißer Mandelblüten zu schenken.

Heute ein großes Ruinenfeld, in dem Archäologen seit 1910 mühsam die Gestalt
der Vergangenheit zu rekonstruieren versuchen, war Medinat al-Zahra im 10. Jh. einer der prunkvollsten Herrschersitze der Welt – ein andalusisches Versailles. Auf
einem Gelände von 1500 x 750 m, von einem doppelten Mauerring umwallt, ließ der
erste und bedeutendste Kalif des Westens eine Palaststadt errichten, die 20 000
Menschen beherbergte: seine Frauen, Hofbedienstete, Staatsbeamte, eine Leib-
garde von 7000 Soldaten, Kavallerie und Fußtruppen, Handwerker. Die Privatgemächer des Herrschers, Empfangssäle, Soldatenunterkünfte, Wohnungen, Bäder, eine Münze, eine Moschee und ein überdachter Markt waren auf den drei Ebenen des terrassierten Terrains am Djebel al-Arus (›Hügel der Braut‹) untergebracht.

Nach 936 waren hier über 10 000 Bauarbeiter und Stukkateure beschäftigt. In
den Steinbrüchen Andalusiens wurde Marmor für Tausende Säulen gebrochen.
Weitere 1000 sollen aus römischen Ruinenstädten, aus Karthago und Tunis stammen. Byzanz lieferte tonnenweise Mosaiksteinchen. Wer die Alhambra und die
Moschee gesehen hat, wird sich mit Phantasie vorstellen können, wie dieser Märchenpalast aussah. Das wandbedeckende florale Stuckwerk und die Inschriften
waren hier – im Unterschied zu den beiden anderen großen islamischen Bauwerken – nicht aus Gips geschnitten, sondern in Stein gemeißelt.

Nicht einmal 100 Jahre hatte diese Pracht Bestand. 1010, als in Córdoba der Bürgerkrieg tobte, fiel sie einem Berberansturm zum Opfer. Danach diente sie als Ma-
terialgrube – für den Palast Peters des Grausamen in Sevilla wie für das nahe Jeró-
nimos-Kloster. Historische Berichte über diesen Ort sind sowohl von arabischen Ge-
schichtsschreibern als auch von einem Mönch namens Johannes von Gorze
überliefert, der Medinat al-Zahra als Gesandter Ottos I., des deutschen Königs und
späteren Kaisers, kennen lernte. Damals betraten Besucher die Anlage durch ein Tor
von der Talseite her, heute werden sie zur oberen Terrasse geleitet, die dem intime-
ren Hofleben vorbehalten war. Gut rekonstruiert ist der **Empfangssaal** auf der mittleren Terrasse. Seine Fassade spiegelte sich wie die des gegenüberliegenden
schlichteren Pavillons im Teich zwischen den Gebäuden. Seitlich davon, bereits auf
der unteren Ebene, sind die Grundmauern der Moschee anhand der (nach Mekka)
verschobenen Längsachse zu erkennen. Auch wenn sich die vergangene Pracht nur
noch erahnen lässt, lohnt ein Besuch der Palaststadt und des kleinen Museums
(Di–Sa Mitte Sept.–April 10–14, 16–18.30, Mai–Mitte Juni 10–14, 18–20, Mitte Juni–Mitte Sept. 10–13.30, 18–20.30 Uhr, So nur vormittags, für EU-Bürger gratis).

Tel./Fax 957 47 32 34. Gemütliche Pension in der *judería*, der Patio geht in seiner Grundstruktur auf die Römerzeit zurück. Zimmer mit/ohne Bad. DZ inkl. Frühstück 32–40 €.

Hostal Alcázar 28: San Basilio 2, Tel./Fax 957 20 25 61. Einfache Pension, gute, ruhige Lage, auch Apartments. Zimmer mit Bad 30 €, Frühstück 3 €/Pers.

Jugendherberge 29: Pl. Judá Levi, Tel. 957 29 01 66.

Camping: Av. del Brillante 50, Tel. 957 28 21 65.

El Blasón 30: José Zorilla 11, Tel. 957 48 06 25. In einem alten Cordobeser Haus, gehobene Küche, teils maurisch beeinflusst. Degustationsmenü 32 €.

El Caballo Rojo 31: Cardenal Herrero 28, Tel. 957 47 53 75. Córdobas bekanntestes Restaurant, mozarabisch inspirierte Küche. Tagesmenüs ca. 20 €.

La Almudaina 32: Campo Santo de los Mártires 1, Tel. 957 47 43 42, So abend geschl. Regionale Küche in einem Bau aus dem 15. Jh. mit schönem Interieur, Hauptgerichte 12–16 €.

El Churrasco 33: Romero 16, Tel. 957 29 08 19, im Aug. geschl. Fleischgerichte und gute Steaks; ein cordobesischer Klassiker mit schönem Patio.

Tapas:

Casa El Pisto-Taberna San Miguel, Pl. San Miguel 1 (Karte: nahe Nr. 17): eine archaische, stimmungsvolle Taverne.

Taberna Salinas, Tundidores 3 (Karte: zwischen Nr. 14 und 15): eine alte, hübsche Taverne mit großer Tapas-Auswahl.

Taberna Pepe de la Judería, Romero 1 (Karte: neben Nr. 22): ein Klassiker in der Judería.

Taberna Plateros, San Francisco 6 (Karte: gegenüber Nr. 26): Eine Taverne der Silberschmiedezunft.

Bodega Guzman, Judíos 7 (gegenüber Nr. 5): Wein vom Fass und Tapas.

 Semana Santa: mit ergreifenden Prozessionen.

Concurso de Cruces de Mayo: Beim Fest der Maikreuze Anf. Mai schmücken Blumenkreuze die Straßen der Stadt.

Festival del los Patios: Danach werden die Patios der Stadt hergerichtet und können besichtigt werden

Feria: Letzte Maiwoche, mit Festzelten auf dem Feria-Gelände und Stierkämpfen.

 Flamenco: La Bulería, Pedro López 3, Tel. 957 48 38 39; tgl. 10.30, 11 € inkl. Getränk. Tablao Cardenal, Torrijos 10, Tel. 957 48 33 20, Mo–Sa um 22.30 Uhr, 18 € inkl. Getränk. Zum Concurso Nacional de Flamenco (alle drei Jahre, das nächste Mal 2004) kommen Sänger, Gitarristen und Tänzer aus ganz Spanien. Gitarrenfestival jährlich im Juni.

Züge: ab Renfe-Bahnhof an der Av. de América, Tel. 902 24 02 02, von/nach Algeciras, Cádiz, Fuengirola, Huelva, Jaén, Málaga. Auf der Strecke Sevilla – Córdoba – Madrid verkehrt der Hochgeschwindigkeitszug AVE.

Busse: Der zentrale Busbahnhof liegt an der Glorieta de las Tres Culturas, gleich hinter dem Bahnhof. Info: Tel. 957 40 43 83. Busse von/nach Almería, Cádiz, Granada, Jaén, Málaga, Sevilla, zur Costa del Sol, den Dörfern der Provinz und Madrid.

Medinat al-Zahra/Ermitas

Andalusien-Atlas: S. 244, C 2
Die Ruinen der Kalifenpalaststadt Medinat al-Zahra liegen etwa 8 km westlich von Córdoba in den Ausläufern der Sierra Morena (s. S. 170). Von dort führt die Straße durch eine waldreiche Berglandschaft hinauf zu bescheidenen Einsiedeleien, den Ermitas, in de-

nen Christen ihre Zuflucht suchten, als die strenggläubigen Almohaden Andalusien beherrschten. Reizvoll ist der Ausflug vor allem wegen der Landschaft und des Ausblicks vom ›Mirador‹ auf Córdoba (Di–So 10–13.30 u. 16 Uhr bis zum Sonnenuntergang).

 Im PKW: Richtung Palma del Río, nach ca. 6 km beschilderter Abzweig nach Medinat al-Zahra. Kurz davor ein Wegweiser zu ›Las Ermitas‹.
Busse: Stadtbus-Linie 0–1 Richtung Villarrubia bis zum Abzweig Medinat al-Zahra; dann 2–3 km Fußweg. Geführte Bustouren: Córdoba Visión, Avda. Dr. Fleming 10, Tel. 957 76 02 41, Di–Fr um 18 (im Winter um 16), Sa 10.30 u. 18/16 sowie So um 10.30 Uhr; Abfahrt der Busse an der Avda. del Alcázar.

Almodóvar/Palma del Río

Andalusien-Atlas: S. 244 B 2 u. A/B 3
In **Almodóvar del Río**, 22 km westlich von Córdoba am rechten Ufer des Guadalquivir, thront eine im 20. Jh. restaurierte zinnenbewehrte Burg, eine der besterhaltenen Andalusiens, imposant auf einem Hügel. Sie entstand um 720 in maurischer Zeit, wurde aber später von kastilischen Königen, u.a. von Peter dem Grausamen, genutzt und verändert (Privatbesitz, 11–14.30, 16–19 Uhr außer Di, Tel. 670 33 84 30).

30 km flussabwärts liegt in der Mündungszone des Río Genil inmitten weiter Orangenplantagen das Landstädtchen **Palma del Río** – mit Resten der almohadischen Stadtmauer.

 Hospedería de San Francisco: Palma del Río, Av. Pío XII. 35, Tel.

957 71 01 83, Fax 957 71 02 36, www.casasipalacios.com. 35 Zimmer in einem Kloster des 15. Jh, gutes Restaurant mit baskisch-andalusischer Küche. DZ inkl. Frühstück 63–100 € nach Saison.

 Busse: ab Córdoba. nach Almodóvar und Palma 10 bzw. 5 x tgl.

In die Sierra Subbética

Andalusien-Atlas: S. 245, D 3–4
Das ländliche Andalusien, abseits der gängigen Touristenrouten, kann man im Olivenland zwischen Córdoba und Granada erleben. Auf der N 432 erreicht man, am burgbekrönten **Espejo** und an **Castro del Río** vorbei, **Baena**, ein Zentrum der Olivenölproduktion. Deutlicher noch als in den erstgenannten Orten blieben in Baena Spuren der maurischen Vergangenheit erhalten: der verschachtelte weiße Ortskern oben auf dem Hügel, Reste der Stadtmauer, das später von Fernández de Córdoba, Feldherr der Katholischen Könige, genutzte Castillo aus dem 9. Jh. oder die gotische Kirche Santa María la Mayor (14.–17. Jh.), die aus der früheren Moschee entstand.

Der malerische 900-Einwohner-Ort **Zuheros**, am Nordrand des Parque Natural de la Sierra Subbética, bietet sich als Standort für erholsame Tage auf dem Land an. Die weißen Häuser schmiegen sich an einen Felsen mit einem Kastell aus maurischer Zeit, das nach der Rückeroberung im Jahre 1240 wegen der Grenzlage zum Königreich Granada noch verstärkt und später als Palast genutzt wurde. Dass Zuheros bereits im Neolithikum besiedelt war, beweist die **Cueva de los Murciélagos** (Fledermaushöhle) mit ihren prähistorischen Felszeichnungen (ca. 10–14, 16–19 Uhr, Anmeldung: Tel. 957 69 45 45). Auch das kleine Archäologische Museum dokumentiert diese Zeit. Eine traditionelle Ölmühle und eine Käserei können besichtigt werden.

Am ebenfalls hübschen Dorf Luque vorbei erreicht man auf Landstraßen **Priego de Córdoba** (S. 269, E 4). Das Städtchen ist für seine zahlreichen Barockkirchen und die vielen Brunnen bekannt, darunter die Fuente del Rey mit weit über 100 Wasserspeiern. Die Fassaden einiger Bürgerhäuser spiegeln noch den mit der Textilindustrie erworbenen Wohlstand wider. Stimmungsvolle Winkel bietet das mittelalterliche Viertel Barrio de la Villa (Beschilderung: ›Zona Histórica-Artística‹), ein Beispiel hispano-arabischer Dorfarchitektur. Am zentralen Platz, an den das Viertel grenzt, liegen die Reste eines arabischen Alcázars und schräg gegenüber die verschachtelt angelegte Iglesia de la Asunción (16.–18. Jh.).

Quer durch den Naturpark der Sierra Subbética kann man von hier aus **Carcabuey** mit einem maurischen Kastell aus dem 13. Jh., das von Olivenplantagen umgebene **Rute**, bekannt für seinen Anisschnaps, oder den **Embalse de Iznájar** ansteuern, in dem Bademöglichkeiten bestehen.

🗒 **Oficina de Turismo:** in Baena, Pl. de España 9, Tel. 957 66 50 10. In Priego, Río 33, Tel. 957 70 06 25.

🛏 **Hotel Zuhayra:** Zuheros, Mirador 10, Tel. 957 69 46 93, Fax 957 69 47 02, E-Mail: hotelzuhayra@zuheros.com. Nettes kleines Landhotel mit Restaurant, DZ 43–46 €.

Villa Turística de Priego: in Zagrilla, 7 km nordwestlich von Priego de Córdoba, Tel. 957 70 35 03, Fax 957 703 573, www.villa-turisticadepriego.com. Schöne Anlage mit 52 Wohneinheiten für 2–4 Pers. im regionalen Dorfstil, mit Restaurant, Pool, Radverleih. Ab 65 €.

La Posada Real: Priego de Córdoba, Real 14, Tel. 957 54 19 10, www.laposadareal.com. Typisch andalusisch wohnen, 4 privat vermietete Zimmer und eine kleine Wohnung im schmucken Barrio de la Villa. 36 bzw. 62 €.

Hotel María Luisa: Rute, Ctra. Lucena-Loja 22, Tel. 957 53 80 96, Fax 957 53 90 37, www.hotelmarialuisa.es. Gepflegtes Landhotel mit Restaurant, Garten und Pool, Zimmer mit Balkon. Ab ca. 65 €.

🔒 **Fábrica de Aceites Núñez de Prado:** Baena, Av. Cervantes 15, Tel. 957 67 01 41. Das kaltgepresste Olivenöl aus Baena zählt zu den besten ganz Andalusiens.

🎭 **Karwoche:** Während der Semana Santa haben Priegos Prozessionen mit Trommelbegleitung viel Zulauf. **Wallfahrt zur Ermita Virgen de la Sierra:** Zigeunerwallfahrt Mitte Juni zur Kapelle der ›Jungfrau des Gebirges‹, in 1200 m Höhe in der Sierra (Atlas S. 245, D 3).

🧭 **Turismo de Zuheros:** Ctra. Zuheros-Baena s/n, Tel. 957 69 47 75, Fax 957 69 47 14, www.zuheros.com. Geführte Wanderungen durch die Sierra Subbética, teils zu prähistorischen Felsmalereien; Mountainbike-Verleih und Vermittlung weiterer Aktivitäten.

🚌 **Busse:** von Córdoba nach Zuheros und Rute 5 x tgl., nach Priego 12 x.

173

JAÉN UND DIE SIERRA DE CAZORLA

Schon wegen ihrer großartigen mittelalterlichen Burg lohnt die Hauptstadt von Spaniens Olivenprovinz einen Stopp. Als Bilderbuch-Renaissancestädte präsentieren sich Baeza und Úbeda. Zu Ausflügen ins Grüne lockt der Naturpark der Sierras de Cazorla, Segura y las Villas.

Jaén

Andalusien-Atlas: S. 2245, F 2/3

Jaén, Universitäts- und Provinzhauptstadt mit gut 100 000 Einwohnern, markiert geographisch wie kulturell den Übergang zwischen Kastilien und der südspanischen Region. Der Gebirgspass Desfiladero de Despeñaperros (›Schlucht der Herabstürzenden Hunde‹) gut 80 km nördlich, über den heute die Autovía bzw. N IV führt, war seit jeher das Einfallstor von Kastilien nach Andalusien. In seiner Nähe fanden historische Schlachten statt: In Las Navas de Tolosa besiegten die nach Süden vordringenden Christen 1212 die Almohaden-Truppen, und in Bailén erlitten Napoleons Soldaten 1808 eine Schlappe, als sie Andalusien besetzen wollten. Die Nähe der so genannten Olivenprovinz zu Kastilien spiegelt sich auch in der Mentalität ihrer Bewohner und in deren Kultur. Die von Gitarren, Lauten oder Akkordeons begleiteten *jotas* sind typisch kastilisch.

Jaén liegt am Fuß der schroffen Sierra de Jabalcuz. Der Name der Stadt leitet sich vom arabischen ›yayyan‹ bzw. ›geen‹ (›am Weg der Karawanen‹) ab.

Castillo de Santa Catalina

Eine mächtige Burg überragt Jaén, man erreicht sie über die Verlängerung der Umgehungsstraße oberhalb der Altstadt. 1246, am Tag der hl. Katharina, eroberte König Fernando III. die Stadt. Nach diesem Datum erhielt die Burg des Nasriden-Königs al-Ahmar den Namen **Castillo de Santa Catalina** [1]. Fernando III. ließ die Wehrburg al-Ahmars ausbauen (10–14, 15.30–18.30 Uhr außer Mi). 1965 hat man hier – dem historischen Burgstil angepasst – einen staatlichen Parador eröffnet, der zu den schönsten Andalusiens zählt. Wendet man sich, vor dem Kastell stehend, nach links, so gelangt man über einen schmalen Pfad zum Ende des Felsgrates. Dort eröffnet sich eine prächtige Aussicht auf die Stadt und die weiten Olivenhaine der Umgebung.

Die Altstadt

Jaéns **Kathedrale** [2] lässt deutlich die Handschrift des Architekten Andrés de Vandelvira erkennen. Wegen ihrer ausgewogenen Proportionen gilt sie als schönste Renaissancekirche Andalusiens. Sie entstand in 200-jähriger Bauzeit zwischen dem Beginn des 16. und dem Ende des 17. Jh. Zwei Kuppeltürme flankieren die Hauptfassade, die mit ihrem Säulen- und Figurenschmuck an ein Retabel erinnert und bereits barocke Züge trägt. Den oberen Teil zieren Heiligenfiguren, deren mittlere den Eroberer der Stadt darstellt. Sehenswert im Innern sind das Chorgestühl aus dem 16. Jh., die Retabel-Gemälde von Pedro Machuca im Kapitelsaal sowie das Museum. Stolz ist man in Jaén darauf, ein Schweißtuch der Veronika zu besitzen; freitags wird es gezeigt (8.30–13, 16–19, So 17–19 Uhr).

Hügelaufwärts gelangt man vom Kathedralenplatz in die Altstadt, die mit ihren weiß gekalkten Häusern und unregelmäßigen Gassen noch maurisches Gepräge zeigt. Im schönen Palacio de Villardompardo (16. Jh.) beein-

Jaén: Altstadt und Kathedrale, ein Paradebeispiel des Renaissancestils

drucken die **arabischen Bäder** 3, nach einem Maurenkönig des 11. Jh. auch ›Baños de Alí‹ genannt. Die Anlage gilt mit 470 m² als größte ihrer Art in Spanien. Im Palast ist auch ein Volkskundemuseum untergebracht (Di–Fr 9–20, Sa u. So 9.30–14.30 Uhr).

Sehenswert sind auch einige Kirchen in der Altstadt: Die **Iglesia de San Andrés** 4 aus dem 16. Jh., die **Iglesia de la Magdalena** 5, die über einer

Moschee errichtete, älteste Kirche Jaéns, oder die **Iglesia de San Bartolomé** 6 mit schöner Mudéjardecke.

Unweit der Plaza de las Batallas (Platz der Gefechte), wo ein Monument an die Schlachten von Las Navas de Tolosa und Bailén erinnert, bietet das **Provinzmuseum** 7 großartige archäologische Funde sowie Gemälde. Interessant sind die iberischen Skulpturen, darunter szenische Kampfsitua-

Sehenswürdigkeiten

1 Castillo de Santa Catalina
2 Kathedrale
3 Arabische Bäder/Palacio de Villadompardo
4 Iglesia de San Andrés
5 Iglesia de la Magdalena
6 Iglesia de San Bartolomé
7 Provinzmuseum

Hotels

8 Parador de Santa Catalina
9 Hotel Europa
10 Hostal Renfe

Essen und Trinken

11 Casa Vicente
12 Calle Nueva
13 Calle Arco del Consuelo (El Gorrión)

tionen und ein Stier aus Porcuna (Di 15–20, Mi–Sa 9–20, So 9–15 Uhr).

Oficina de Turismo: Maestra 13, Tel./Fax 953 24 26 24, www.promo jaén.es.

Parador Castillo de Santa Catalina 8: Tel. 953 23 00 00, Fax 953 23 09 30, www.parador.es. Hoch über der Stadt, Burgatmosphäre, stilvolles mittelalterliches Ambiente, Pool und Terrasse,

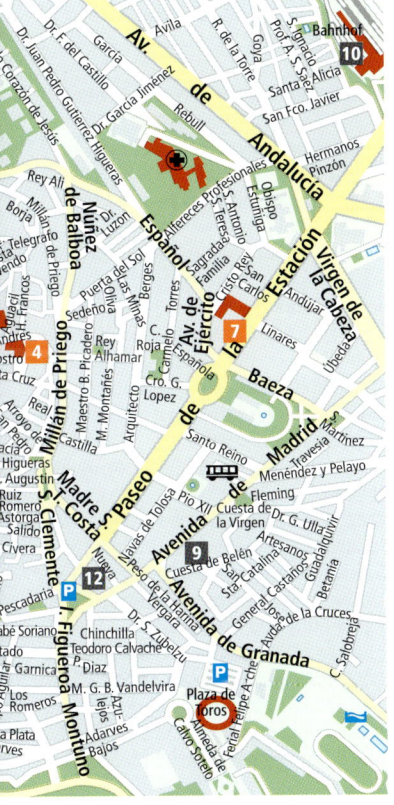

tolle Ausblicke auf Stadt und Landschaft – und ein sehr gutes Restaurant. DZ ca. 114 €.

Hotel Europa 9: Pl. de Belén 1, Tel. 953 22 27 00, Fax 953 22 26 92. Schöne Zimmer, ein freundliches, ruhiges, zentrales Hotel. DZ ca. 52 €.

Hostal Renfe 10: Po. de la Estación s/n, Tel. 953 27 46 14: Gute Pension nahe dem Renfe-Bahnhof. DZ/Bad 37 €.

Casa Vicente 11: Francisco Mati Mora 1. Regionale Küche in einem netten Patio.

Calle Nueva 12: Eine Gasse der Restaurants; gut sind z.B. der Bodegón de Pepe, La Gamba de Oro (Meeresfrüchte) und Mesón Riochico.

Tapas: In der Calle Arco del Consuelo 13 reiht sich eine Bar an die andere, darunter die altertümliche **Bodega Gorrión** von 1888.

Semana Santa: tgl. Prozessionen. **Feria de San Lucas:** einwöchiges Stadtfest Mitte Okt.

Romería de Santa Catalina: am 25. Nov. Wallfahrt zum Castillo und Festpicknick.

Züge: Bahnhof am Po. de la Estación, Tel. 902 24 02 02. Verbindungen nach Madrid, Córdoba–Sevilla.

Busse: ab Estación de Autobuses, Pl. Coca de la Piñera, Tel. 953 25 01 06, nach Baeza, Úbeda, Cazorla, Granada, Almería, Córdoba, Málaga, Sevilla.

Baeza

Andalusien-Atlas: S. 246, A 2

Eine Fahrt nach Baeza gleicht einer Reise ins 16. Jh. Angesichts all der Adelspaläste mit ihrem plastischen, in Stein gehauenen Fassadenschmuck, der prächtigen Kirchbauten und der kleinen ehemaligen Universität fühlt man sich ins Spätmittelalter versetzt.

Das von Olivenhainen umgebene, beschauliche Landstädtchen mit 13 000 Einwohnern befand sich ab 1227 in christlicher Hand und diente als Stützpunkt der weiteren *reconquista* Andalusiens. Die muslimischen Bewohner flohen nach Granada (s. S. 202). Im 16. Jh. gelangten die Adeligen des Ortes zu Wohlstand, wovon an die 50 noble Stadtpaläste zeugen. Baeza war zeitweise Bischofssitz und 300 Jahre lang Standort einer Universität.

Besichtigung

Die zentrale, lang gestreckte **Plaza de la Constitución** säumen Café-Bars und Häuser mit Laubengängen, wie sie für die Architektur kastilischer Städte charakteristisch sind. Von den **Unteren Konsistorialhäusern** [1] schaute einst der Stadtrat Stierkämpfen und anderen Festaktivitäten zu. Ein Relikt des Mittelalters ist auch das aus grauem Stein errichtete **Getreidedepot** [2].

Der Platz grenzt an die kleinere **Plaza del Pópulo**, die von historischen Bauwerken gerahmt wird. Nach dem Brunnen aus dem 16. Jh. mit vier kreuzförmig angebrachten Löwen heißt sie auch Plaza de los Leones. Die Löwen sind ebenso römischen Ursprungs wie die Frauenfigur, die Imilce, Frau des großen karthagischen Strategen Hannibal, darstellen soll. Sie stammte aus Andalusien. Die hiesige **ehemalige Fleischerei** [3], ein Renaissancehaus aus dem 16. Jh. mit dem Wappen Karls V., beherbergt heute das Stadtarchiv.

Sehenswürdigkeiten

[1]	Untere Konsistorialhäuser
[2]	Getreidedepot
[3]	ehemalige Fleischerei
[4]	Casa del Pópulo
[5]	Arco de Villalar
[6]	ehemalige Universität
[7]	Palacio de Jabalquinto
[8]	romanische Kirche
[9]	Universidad Internacional
[10]	Kathedrale
[11]	Torre de los Aliatares
[12]	Rathaus

Übernachten/Essen und Trinken

[13]	Confortel Baeza
[14]	Hospedería Fuentenueva
[15]	Hostal El Patio
[16]	Andrés de Vandelvira
[17]	Salí

In der **Casa del Pópulo** [4] mit platteresk verzierter Fassade vom Anfang des 16. Jh., in der früher das Appellationsgericht tagte und die Stadtschreiber ihre Stuben hatten, befindet sich eine Touristeninformation. Daneben steht der zinnenbekrönte **Arco de Villalar** [5], der zum Gedenken an den Sieg Karls V. über den aufständischen kastilischen Adel in der Schlacht von Villalar errichtet wurde. Der zweite Torbogen, die **Puerta de Jaén**, gehörte zur ehemaligen Stadtmauer.

Über ein Treppchen links der Casa del Pópulo gelangt man zur Mitte des 16. Jh. gegründeten **Universität** [6] heute eine Schule. Der Dichter Antonio Machado, der die Landschaft um Baeza besang, verdiente sich hier von

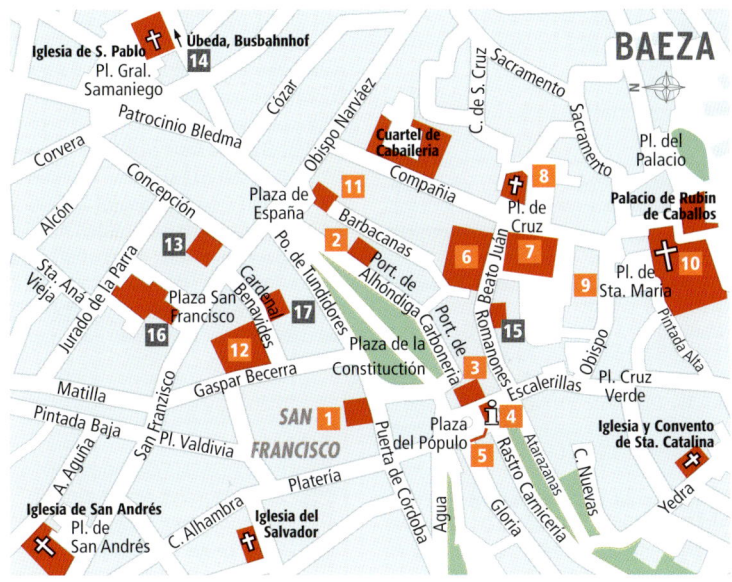

Iglesia de S. Pablo
Pl. Gral. Samaniego

Übeda, Busbahnhof
14

Cózar

Patrocinio Bledma

Obispo Narváez

C. de S. Cruz

Sacramento

Sacramento

BAEZA

Corvera

Concepción

Alcón

Cuartel de Cabaileria

Compañia

Pl. del Palacio

Plaza de España

11

Barbacanas

2

8

Pl. de Cruz

Palacio de Rubín de Caballos

Sta. Aná la Parra

13

Po. de Tundidores

Port. de Alhóndiga

6

7

Beato Juan

9

Pl. de Sta. María

10

Jurado de la Parra

Sta. Aná Vieja

Cardenal Benavides

Plaza San Francisco

17

Port. de Carbonería

Romanones

15

Pintada Alta

16

12

Gaspar Becerra

Plaza de la Constitución

3

Obispo

Pl. Cruz Verde

Matilla

San Francisco

Escalerillas

Iglesia y Convento de Sta. Catalina

Pintada Baja

A. Aguña

Pl. Valdivia

SAN

1

Plaza del Pópulo

Puerta de Córdoba

4

Rastro Carnicería

Atarazanas

C. Nuevas

FRANCISCO

5

Platería

C. Alhambra

Agua

Gloria

Yedra

Iglesia de San Andrés
Pl. de San Andrés

Iglesia del Salvador

1912 bis 1919 seinen Lebensunterhalt mit Französischunterricht. Man kann den Hausmeister bitten, den Raum aufzuschließen, in dem Machado lehrte, und sich auch den benachbarten Hörsaal mit *artesonado*-Decke zeigen lassen. Im Renaissance-Hof erinnert eine Statue an den Poeten.

Der markanteste Adelspalast von Baeza, der **Palacio de Jabalquinto** 7 von Ende 15. Jh., liegt gleich um die Ecke. Spitz aus der Wand vorspringende Steine, zwei in kleinen Kanzeln endende Halbrundpfeiler und feine isabellinische Dekoration der Portalzone schmücken die Hauptfassade. Im Innern ein zweistöckiger Arkadenhof. Die kleine freskengeschmückte **romanische Kirche** 8 gegenüber – in An-

dalusien eine seltene Erscheinung – wurde 1227 erbaut.

Wie die Plaza del Pópulo ist die Plaza de Santa María mit einem Brunnen geschmückt, einem Miniatur-Triumphbogen mit den Wappen Philipps II. Ehern steht an einer Seite das als Sommeruniversität genutzte Gebäude der **Universidad Internacional Antonio Machado** 9 mit drei Patios, an der anderen die **Kathedrale** 10. Ihr Barockaltar, ein schmiedeeisernes Gitter von Bartolomé und der Kreuzgang sind sehenswert (10–13, 16/17– 18/19 Uhr).

Den Rückweg zum Marktplatz kann man an der **Torre de los Aliatares** 11 (12. Jh.) vorbei nehmen. Das **Rathaus** 12, ehemals Justizgebäude und Gefängnis, hat eine platereske Fassade.

179

Oficina de Turismo: Pl. del Pópulo, Tel./Fax 953 74 04 44, www.baeza.net.

Confortel Baeza 13: Concepción 3, Tel. 953 74 81 30, Fax 953 74 25 19, E-Mail:carlosf.confortel@ once.es. Modernes Mittelklassehotel mit einem Renaissance-Patio. DZ ab 67 €.

Hospedería Fuentenueva 14: Av. Puche Pardo, Tel. 953 74 31 00, Fax 953 73 32 00, www.rgo.net/fuentenueva. Engagiert geführtes Wohlfühlhotel mit gutem Restaurant und Pool, früher ein Gefängnis. 12 nette Zimmer à ca. 74 €.

Hostal El Patio 15: Conde Romanones 13, Tel. 953 74 02 00. Familiäre Pension in einem Altstadthaus mit andalusischem Wohn-Patio. DZ mit Bad ca. 25 €.

Andrés de Vandelvira 16: San Francisco 14, Tel. 953 74 81 72. Beste Regionalküche in einer stilvollen Galerie rund um den alten Kreuzgang der Iglesia de San Francisco. Edel und teuer. **Sali** 17 Cardenal Benavides 9. Günstige Menüs, Meeresfrüchte, Tapas.

Tapas bekommt man unter den Laubengängen der Pl. de la Constitución bei **Los Lucas, El Pájaro** oder **Las Vegas.**

Interessant sind die **Semana Santa** und die Wallfahrt **Romería de la Yedra y Virgen del Rosell** am 7. Sept.

Busse ab Av. Alcalde Puche Pardo, Tel. 953 74 04 68, mehrmals tgl. auf der Linie Jaén-Úbeda-Baeza-Cazorla.

Úbeda

Andalusien-Atlas: S. 246, A 2
Ähnlich wie in Baeza prägt die Renaissance das Stadtbild von Úbeda. Schon das maurische Ubbadat al-Arab, 1234 von den Christen erobert, war ein wohlhabender Ort, bekannt für handgeflochtene Espartogras-Matten und das Töpferhandwerk, das bis heute bedeutend blieb. Der Adel der Stadt bekleidete unter Karl V. und seinem Sohn Philipp II. hohe Regierungsämter. Seinen Reichtum stellte er in Palästen mit üppig geschmückten Fassaden zur Schau. Immer wieder begegnet man in Úbeda dem Architekten Andrés de Vandelvira, der auch die Kathedrale von Jaén baute.

Sehenswürdigkeiten

1 Palacio de las Cadenas
2 Santa María de los Alcázares
3 Antiguo Pósito (Speicher)
4 Parador del Condestable Dávalos
5 Sacra Capilla del Salvador
6 Iglesia San Pablo
7 altes Rathaus
8 Archäologisches Museum
9 Hospital de Santiago

Unterkunft

10 Hotel María de Molina
11 Palacio de la Rambla
12 Hostal Victoria

Essen und Trinken

13 Barbacoa
14 Porche

Besichtigung

Das Bild der Altstadt zwischen Plaza Vázquez de Molina, Plaza del 1⁰ de Mayo und Plaza de Andalucía prägen zahlreiche Adelspaläste aus der Zeit der Renaissance.

An eine noble italienische Piazza des 16./17. Jh. erinnert die **Plaza Vázquez de Molina**. Den mächtigen **Palacio de las Cadenas** 1, heute Rathaus, ließ Juan Vázquez de Molina, Sekretär Philipps II., Mitte des 16. Jh. von Andrés de Vandelvira erbauen. Im Untergeschoss befindet sich ein Töpfereimuseum (Eingang an der Seite). Gegenüber liegen die Kirche **Santa María de los Alcázares** 2 – ihr Name erinnert an den arabischen Alcázar, dessen Stelle sie einnimmt – und links der alte Getreidespeicher **Antiguo Pósito** 3.

An den heutigen **Parador del Condestable Dávalos** 4 (16. Jh.), der seine ganze Renaissancepracht eher hinter der schlichten Fassade in den Patios entfaltet, legte Vandelvira ebenfalls Hand an.

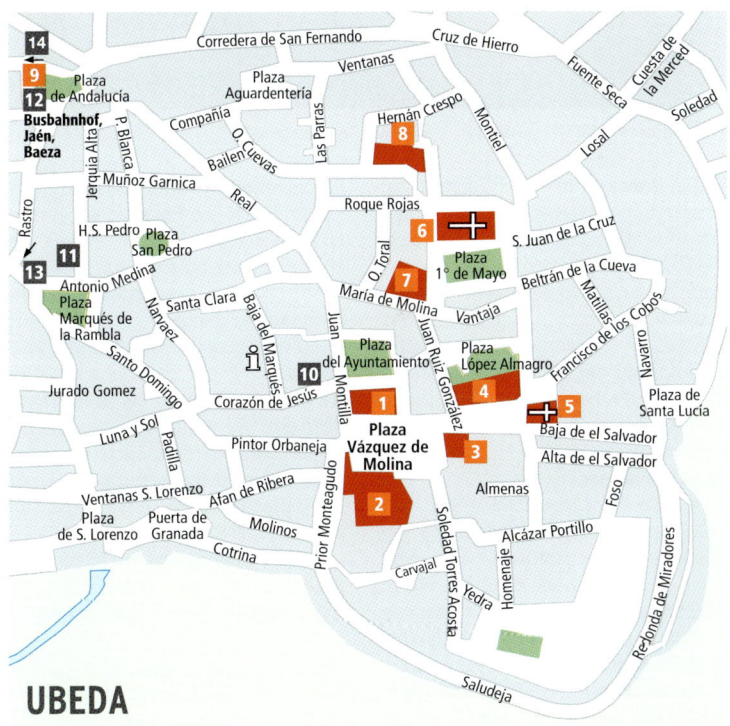

UBEDA

181

Handwerk mit langer Tradition: Töpfer in Úbeda

Die **Sacra Capilla del Salvador** 5 an der Schmalseite des Platzes zählt mit ihrer klar gegliederten, von zwei zierlichen Rundtürmen flankierten Fassade zu den schönsten Werken der Renaissance in Spanien. Francisco de los Cobos y Molina, Staatssekretär Karls V., ließ die als Familienpantheon geplante Kirche im 16. Jh. von Diego de Siloé entwerfen und von Vandelvira ausführen (10.30–14, 16.30–18 Uhr, auch Führungen).

Als Zentrum des Stadtlebens galt seit jeher die **Plaza del 1⁰ de Mayo**. Ein Denkmal erinnert an den Mystiker San Juan de la Cruz, der in Úbeda starb. Mit ihrer spätgotischen Hauptfassade grenzt die **Kirche San Pablo** 6 an den Platz. Von der Nische links neben dem Portal wurden früher Verlautbarungen des Stadtrates verlesen, der gleich ne-

benan im **alten Rathaus** 7 aus dem 16. Jh. tagte. Die Fassade erinnert an eine italienische Loggia. Unweit der Kirche beherbergt ein Haus im Mudéjarstil (14. Jh.) das **Archäologische Museum** 8 Úbedas.

Zu den bedeutenden Werken Vandelviras zählt das ehemalige **Hospital de Santiago** 9, das der Bischof von Jaén ab 1562 in Auftrag gab. Aufgrund seiner Größe wird es auch als ›El Escorial Andalusiens‹ bezeichnet. 20 Marmorsäulen aus Genua tragen die Arkaden des Patio.

Ein Panoramaweg führt entlang der Stadtmauer an der Ostseite des Orts – mit Ausblicken über weites Olivenland.

Oficina de Turismo: Baja del Marqués 4, Tel. 953 75 08 97, Fax 953 79 26 70. Führungen der Asociación Provincial de Guías de Turismo: Tel. 953 25 44 42 oder 606 68 23 03.

Parador Condestable Dávalos [4]: Pl. Vázquez de Molina 1, Tel. 953 75 03 45, Fax 953 751 2 59, E-Mail: ubeda@parador.es. Ein Renaissancepalast des 16. Jh., mit gutem Restaurant. DZ ab ca. 120 €.

Hotel María de Molina [10]: Pl. del Ayuntamiento s/n, Tel. 953 79 53 56, Fax 953 79 36 94, www. hotel-maria-de-molina.com. Gediegenes Hotel in einem Stadtpalast des 16. Jh. am Rathausplatz, mit Patio, Restaurant, Bar. DZ ab 65–110 €.

Palacio de la Rambla [11]: Pl. del Marqués 1, Tel. 953 75 01 96, Fax 953 75 02 67. Authentischer Adelspalst mit gartenartigem, offenem Innenhof und vielen Antiquitäten. Sehr angenehme, private Atmosphäre. Nur 8 Zimmer, ca.100 €.

Hostal Victoria [12]: Alaminos 5, 2. Stock, Tel. 953 75 29 52. Einfache, saubere Zimmer, familiär. Ca. 30 €.

Barbacoa [13]: San Cristóbal 17. Ein Museum des Landlebens – Traditionsgerichte und selbstgemachtes Brot aus dem Holzofen

Porche [14]: Redonda de Santiago 7. Schönes Lokal, Küche auf höchstem Niveau.

Viele **Töpferwerkstätten** finden sich in der Calle Valencia, der Verlängerung des Panoramawegs entlang der Stadtmauer. **Antiquitätenläden** dominieren an den Straßen zwischen Pl. Vázquez de Molina und Pl. 1⁰ de Mayo.

Die **Semana Santa** gilt als ›Fest von touristischem Interesse‹.

Busbahnhof: San José 6, Tel. 953 75 21 57. Mehrmals tgl. Busse der Linie Baeza–Jaén und nach Cazorla.

Sierras de Cazorla, Segura y las Villas

Andalusien-Atlas: S. 246/247 C 2/3–D1

Die Sierras de Cazorla, Segura y las Villas – mit Höhen von über 2000 m – bilden Spaniens größten Naturpark. Sie sind Teil der Subbetischen Kordillere, die im Nordosten Andalusiens in die Sierra Morena übergeht. Der Guadalquivir, dessen Tal ein dreiecksförmiges Becken zwischen den beiden Gebirgszügen bildet, entspringt in der Sierra de Segura und fließt zunächst nach Nordosten, biegt dann aber nach Westen ab. An dieser Stelle hat man ihn zum Embalse de Tranco aufgestaut.

Das von Flüsschen durchzogene, sehr waldreiche Kalksteinmassiv ist aufgrund außergewöhnlich hoher Niederschläge ein wahres Pflanzen- und Tierparadies mit selten gewordenen Arten: auf Fleisch fressendes Fettkraut, Cazorla-Veilchen und endemische Narzissenarten trifft man ebenso wie auf Wildschweine, Mufflons, Spanische Steinböcke, Bergziegen, Hirsche, Wölfe, Ringeltauben, Adler, Milane, Geier, Sperber, Falken, Eulen oder Uhus. Der Naturpark ist ein beliebtes Wandergebiet, in dem zahlreiche Campier-Möglichkeiten geschaffen wurden.

Der beste Ausgangspunkt zur Erkundung der Sierra ist der 12 000-Einwohner-Ort **Cazorla,** ein rund 800 m hoch gelegenes weißes Bergdorf, das von einer maurischen Burg überragt wird. Von der zentralen Plaza de la Constitucion fuhrt ein Sträßchen zum Rathausplatz. Von dort gelangt man zu den Ruinen der Kirche Santa María, die die Franzosen im Unabhängigkeits-

krieg in Brand steckten. Auf einer Anhöhe thront das arabische, im 15. Jh.
verstärkte Castillo de La Yedra mit einem Volkskundemuseum.

Kurz hinter **La Iruela** mit imposanter
Burgruine überquert man die Natur-
parkgrenze. Einige Kilometer hinter Bu-
runchel verzweigt sich die Straße.

Rechts geht es zum **Parador Nacional El Adelantado** (s. Unterkunft)
und zur **Puente de las Herrerías,** einer Brücke, die Isabel die Katholische
angeblich binnen einer Nacht von ihren
Soldaten schaffen ließ. Von der Puente de las Herrerías kann man zu Fuß am
Río Guadalquivir entlang bis zur Quelle in 1300 m Höhe wandern.

**Die Sierra de Cazorla ist ein Paradies
für Wanderer und Naturliebhaber.**

Nach links kommt man zum **Informationszentrum** des Naturparks und
zum Stausee. Gegenüber dem Informationszentrum Torre del Vinagre befindet sich eine Forellenzucht am Río
Boroso. Die Wanderung entlang dieses
Bergflusses Richtung Quelle gehört zu
den schönsten Naturerlebnissen im
Park.

An der Strecke entlang des Guadalquivir zum **Stausee Embalse del Tranco,** in dem man baden kann, liegen
mehrere Hotels, Camping- und Rast-
plätze. Am Kontrollpunkt Tranco endet
wieder der geschützte Naturparkbe-
reich. Ein Abstecher nach **Hornos**
lohnt, einem weißen Miniort, der mit
seinem Kastell auf einem steil aus der
Landschaft ragenden Felsen klebt, und
ebenso nach dem von einer Festung
überragten **Segura de la Sierra** (S. 270
C 2), dessen arabische Vergangenheit
im Ortsbild deutliche Spuren zeigt.

Oficina de Turismo: Cazorla, Po.
Santo Cristo 17, Tel. 953 71 01 02.
**Centro de Interpretación Torre del Vi-
nagre:** Ctra. del Tranco km 18, tgl. 11–14,
16–18/19, im Sommer 17–20 Uhr. Informationszentrum zum Naturpark.

Quercus: Juan Domingo 2/Pl. de
la Constitución, Reservierungen
unter Tel. 953 72 01 15 oder in der Torre
del Vinagre. Organisierte Exkursionen in
Landrovern, geführte Wanderungen und
Fotosafaris. **El Cortejillo:** Eduardo Pera-
les, Tel. 649 32 40 38, begleitete Pferdeausritte und Mountainbiketouren.

Villa Turística de Cazorla: Ladera
de San Isicio, Tel. 953 71 01 00, Fax
953 71 01 52, www.villacazorla.com. Anlage im regionalen Dorfstil, mit Restaurant,

JAÉNS ÖLBÄUME

Das geometrische Muster ausgedehnter Ölbaumhaine bestimmt das Landschaftsbild der Provinz Jaén. Antonio Machado spricht in einem Gedicht von der »tierra peinada«, und tatsächlich sehen die von regelmäßigen Baumreihen überzogenen Hügel wie gekämmt aus.

Der Ölbaum gehört zu den typisch mediterranen Dauerkulturen. Schon in der Frühgeschichte verstanden es die Völker des Mittelmeerraumes und des Vorderen Orients, aus seinen Früchten Öl zu gewinnen. Ölbäume können ein biblisches Alter von mehr als 1000 Jahren erreichen, sie sind äußerst resistent und benötigen wenig Wasser, da sie ihr Wurzelgeflecht tief in die Erde treiben können. Nur starken Frost vertragen sie nicht. Die knorrigen Stämme entlassen Zweige mit grau-grünen, an der Unterseite silbrigen, länglichen Blättern. Im Mai und Juni treiben kleine weiße Blüten aus. Die Früchte reifen im Herbst und Winter und werden in den ersten Monaten des Jahres geerntet. Dann sieht man auf den Feldern Jaéns Tagelöhner, die mit langen Stöcken Oliven von den Zweigen herabschlagen und in ausgelegten Netzen sammeln. Im Schnitt erbringt ein Baum 70 kg Früchte im Jahr.

Das Fruchtfleisch der schwarzen oder grünen aceitunas enthält viel Öl, das in Mühlen mit Hilfe hydraulischer Pressen gewonnen wird. Am reinsten und besten ist das kaltgepresste Ölivenöl. Aber auch die aromatischen Früchte sind eine Delikatesse, im sortenabhängigen Geschmack durch unterschiedliche Einlegeverfahren weiter variiert. In der Liste der andalusischen tapas nehmen Oliven einen der ersten Plätze ein.

Pool, Garten oberhalb von Cazorla. DZ ab 65 €, Wohneinheiten/villas für 2–4 Pers. ca. 110–122 € inkl. Frühstück.

Parador El Adelantado, Tel. 953 72 70 75, Fax 953 72 70 77, E-Mail: cazorla @parador.es. In einsamer Lage in der Sierra, 25 km von Cazorla, Pool, gutes Restaurant. DZ ab ca.87 €.

Apartahotel Los Ranchales: Ctra. de la Sierra km 6, Tel. 953 72 70 49, Fax 953 72 71 15. Apartments und Bungalows. DZ ca. 48 €, Bungalows nach Saison ab ca. 62 €.

Hostal Riogazas: Ctra. La Iruela–Chorro, Tel. 953 12 40 35: Mini-Landhotel, 6 km von Cazorla, nur wochenends. DZ 37–42 €.

Don Diego: Hilario Marcos 163, Tel. 953 72 05 31, Fax 953 72 05 45. Einfaches klei-

nes Hotel. Zimmer mit Bad und Frühstück ca. 33–39 €.

Complejo Turístico Puente de las Herrerías: Ctra. del Puente de las Herrerías, km 2, Tel./Fax 953 72 70 90, www.puentedelasherrerias.com. 12 Zimmer mit Bad und 25 cabañas, Blockhäuser; Restaurant, Bar, Pool. Jeeptouren und Pferdeausritte möglich. DZ ab 45 €, Blockhütten ab 40 €.

Complejo Los Enebros: La Iruela, Ctra. el Tranco km 7, Tel. 953 72 71 10. Mit Pool, DZ ab 55 €, Holzhäuser (cabañas) ab 70 €, Apartments für 4–6 Pers. ab 100 €.

Camping: Mehrere Plätze entlang der Hauptroute durch den Naturpark.

 Busse (Alsina Graells) mehrmals tgl. ab Jaén, Granada, Úbeda.

Der Südosten: Granada und Almería

Andalusien-Atlas: S. 246 – 247 unten, 250 – 251,

GRANADA UND UMGEBUNG

Gibt es ein Symbol des maurischen Spanien, dann ist es die Alhambra von Granada, das bis 1492 als Zentrale des islamischen Restreiches bestand. Auch im Albayzín-Viertel ist die arabische Ära noch allgegenwärtig. Die malerisch vor verschneiten Bergkuppen gelegene Stadt war seit jeher eines der intellektuellen Zentren Andalusiens, ja Spaniens.

Granada

Andalusien-Atlas: S. 251, D 1

Schon wegen ihrer malerischen Lage lohnt die Stadt einen Besuch: An ihrer Südostseite steigen die Berge der über 3000 m hohen Sierra Nevada auf, und die von ewigem Schnee bedeckten Bergkuppen bieten ein faszinierendes Panorama, während man sich in der Stadt an subtropischen Pflanzen erfreut. Granada liegt in 660–780 m Höhe; trotz der südlichen Lage wird es hier im Winter kühl.

Das alte Granada ist auf drei Hügeln errichtet: dem Burgberg Alhambra; dem Albayzín mit einem traditionsreichen moriskischen Viertel; und dem Sacromonte, auf dem sich vor Jahrhunderten die *gitanos* in Höhlenwohnungen niederließen. Zwischen Alhambra und Albayzín durchfließt der Río Darro – teils unterirdisch – das Stadtgebiet, bevor er in den zweiten Stadtfluss, den Río Genil, mündet. Im dicht bebauten Stadtzentrum am Fuß dieser Hügel herrscht ständig Verkehrschaos – Autofahrern kann man nur raten, ihren Wagen in einem Parkhaus abzustellen.

Die Stadt mit 270 000 Einwohnern rühmt sich ihrer 1542 gegründeten Universität. Bereits in der Blütezeit unter den Nasriden besaß Granada eine Universität. Nach der Übernahme der Stadt durch die Katholischen Könige 1492 ließen die neuen Herrscher, allen voran Kardinal Cisneros, die Muslime zwangstaufen und verboten ihre Kleidungssitten und Gebräuche. Verschleppungen, Zwangsumsiedlungen, Ausweisungen rächten sich durch den Verfall von Landwirtschaft, Handwerk und Handel. Granada degenerierte zur Provinzstadt, die durch Universitätsleben und Tourismus wieder belebt wurde. Heute gibt es übrigens in Granada wieder eine muslimische Gemeinde, und die zahlreichen Teestuben am Fuß des Albayzín-Viertels scheinen an die alte Tradition der Stadt anzuknüpfen.

Alhambra

Öffnungszeiten: April–Okt. tägl. 8.30–20, Nachtbesuch des Nasridenpalastes (anmelden) Di-Sa 22–23 Uhr; Nov.–März tägl. 8.30–18, Nachtbesuch Fr/Sa 20–21.30 Uhr.

DIE HERRSCHER VON GRANADA

Als das Kalifat des Westens 1010 in Kleinreiche zerfiel, übernahm das berberische Geschlecht der Ziriden die Herrschaft über Granada. Sie befestigten den Albayzín mit einer teils erhaltenen Stadtmauer und führten den Ort in eine Blütezeit, die 1090 mit der Ankunft der Almoraviden endete. Wenige Jahre nach dem Rückzug der nicht minder glaubensstrengen Almohaden nahm Mohamed Ibn al-Ahmar aus dem arabischen Geschlecht der Beni Nasr Jaén und dann Granada in Besitz, wo er ab 1238 residierte. Der Begründer der Nasriden-Dynastie und die ihm nachfolgenden 20 Sultane regierten bis 1492 das islamische Restreich auf der Iberischen Halbinsel, zu dem außer Granada weite Gebiete der Provinzen Almería und Málaga gehörten.

Mohamed Ibn al-Ahmar besaß politisches Geschick. Er verbündete sich gleichermaßen mit den Glaubensgenossen in Nordafrika wie mit dem christlichen König Fernando III. Als dessen Vasall genoss er eine gewisse Sicherheit, musste aber an Kastilien Tribute zahlen und bei Feldzügen Waffenhilfe leisten. So war Mohamed I. 1248 gezwungen, sich mit seinen Truppen an der Eroberung Sevillas zu beteiligen – und seine eigenen Glaubensbrüder zu verraten. Als er nach dem Feldzug gegen Sevilla mit seinem Heer zurückkehrte, wurde er vom Volk mit Jubel und ›Sieger‹-Zurufen empfangen. Der Sultan winkte ab und antwortete nüchtern: »Es gibt keinen Sieger außer Allah.« Dieser Satz bildete fortan das Motto der Nasriden-Dynastie. Mohamed I. wählte den Burghügel rechts des Río Darro zu seiner Residenz. Die vorhandene Alcazaba baute er aus und begann mit der Errichtung der Alhambra. Der Nasride bereicherte seine Stadt mit Bewässerungskanälen, Bädern, Schulen und Hospitälern. Er förderte den Bergbau und die Seidenindustrie.

Mit Mohamed III. begannen dynastische Machtkämpfe. Während sich die Granden Granadas mit Ränkespielen und Mordplänen verausgabten, nahmen die Christen an den Rändern des Reiches Dorf für Dorf, Festung für Festung ein. Nachdem Muley Abul Hassan, der Vater des letzten Herrschers Boabdil, die Tributzahlungen an Kastilien aufgekündigt und 1481 die christliche Grenzfeste Zahara (s. S.150) überfallen hatte, schwor der Katholische König Fernando, die »Kerne einen nach dem anderen aus diesem Granatapfel herauszuholen«.

Mit tatkräftiger Unterstützung seiner intriganten Mutter wurde Abul Hassans Sohn Boabdil, in Spanien *Rey Chico* (›Kleiner König‹) genannt, zum neuen Sultan proklamiert, ein Mann, der weder staatsmännisches Talent besaß noch ein guter Feldherr war. Bald schlugen die Katholischen Könige ihr Feldlager im nahen Santa Fé (›Heiliger Glaube‹) auf und nahmen Granada in den Würgegriff. Die Lebensmittelzufuhr wurde abgeschnitten, die Stadt litt Hunger. 1491 unterzeichnete Boabdil einen Übergabevertrag, am 2. Januar 1492 übergab der letzte maurische Herrscher die Stadt kampflos, er überreichte den Katholischen Königen, die später in Granada beigesetzt wurden, die Schlüssel. Kardinal Mendoza setzte ein Kreuz auf die Alhambra. Damit endete die wohl blühendste Kultur des Mittelalters.

Sehenswürdigkeiten

1 Alhambra
2 Kathedrale
3 Königliche Kapelle/Börse
4 ehemalige Madraza (Medrese)
5 Alcaicería
6 Corral del Carbón
7 Arabische Bäder
8 Archäologisches Museum
9 San Salvador
10 San Nicolás
11 Museo Max Moreau
12 Puerta Nueva
13 Palacio de Dar al-Horra
14 Puerta Elvira
15 Calderería Nueva/Teestuben
16 Universität (Juristische Fakultät)
17 San Jerónimo
18 Hospital de San Juan de Dios
19 Hospital Real
20 La Cartuja

Übernachten

21 Parador San Francisco
22 Alhambra Palace
23 Carmen de Santa Inés
24 Palacio de Santa Inés
25 Hotel Inglaterra
26 Hotel Las Nieves
27 Hostal La Ninfa
28 Hostal Granadina
29 Hostal Meridiano

Essen und Trinken

30 Mirador de Morayma
31 Pilar del Toro
32 Chikito
33 La Albahaca
34 Los Manueles
35 Samarcanda

Besucherhinweise

Eintrittskarten: Die Besucherzahl ist auf ca. 8000 Personen täglich beschränkt. Daher sollte man Karten telefonisch reservieren oder per Internet bestellen: Tel. 0034-91 3 46 59 36 aus dem Ausland, Tel. 902 22 44 60 in Spanien, Tel. 958 22 09 12 für Gruppen, www.alhambra tickets.com. Im Vorverkauf vertreiben alle Zweigstellen der BBVA-Bank (Banco Bilbao Vizcaya Argentaria) Karten, in Granada z. B. an der Plaza Isabel la Católica. Die Tickets gelten für einen halben Tag und kosten 7,88 €, an der Alhambra-Kasse 7 €.

Anfahrt: Eingang und Kassen befinden sich am äußersten Ende der Anlage. Pkw-Fahrer folgen dem direkten Zubringer von der Umgehungsstraße zum Parkplatz. Aus dem Stadtzentrum gelangt man mit Microbussen hinauf, z.B. ab Plaza Nueva, oder zu Fuß.

Organisation der Besichtigung: Die Eintrittskarten gelten für einen halben Tag, also vormittags oder nachmittags. Der Besuch des Nasridenpalastes (Palacios Nazaríes), Kernstück der Anlage, ist streng reglementiert: Hier werden Sie nur zu der auf dem Ticket angegebenen Eintrittszeit eingelassen! Falls Sie eine mehrstündige Wartezeit vor sich haben, bietet sich zunächst ein Gang durch die Generalife-Gärten an. Im Übrigen ist die Reihenfolge Alcazaba, Palacios Nazaríes, Generalife sinnvoll.

Die **Alhambra** [1], Weltkulturerbe, ist Spaniens meistbesuchtes Monument. Hunderte von Bussen ächzen täglich den Berg hinauf zum Märchenpalast, zu den Pforten dieses Stein gewordenen Traumes, von dem der arabische Poet Ibn Zamrak sagte: »Die Sterne selbst möchten in Dir weilen, statt endlos am Himmel zu kreisen.« Unter Verteidigungsaspekten ideal, unter ästhetischen Gesichtspunkten beeindruckend ist die Lage der Alhambra auf einem Hügelrücken, einem Ausläufer der Sierra Nevada, deren schneebedeckte Spitzen einen reizvollen Kontrast zum Ockerrot der Burg abgeben. Von ihr ließen sich die Stadt und die umliegenden kontrollieren. Das arabi-

sche *al-Hambra*, ›Die Rote‹, soll auf die Farbe des eisenhaltigen Hügels und der auf ihm erbauten Burg anspielen. Rot war jedoch auch die Fahne der Nasriden.

Die mit turmverstärkten Mauern umgürtete weiträumige Anlage umfasst mehrere Gebäudekomplexe. Den ältesten Teil bildet die **Alcazaba** im Westen, auf dem äußersten Vorsprung des Hügels. Diese auf die Ziriden zurückgehende Militärfestung ließ der Nasride Mohamed Ibn al-Ahmar ab 1238 ausbauen. Kernstück und Perle des Ensembles sind die **Palacios Nazaríes,** der Nasriden-Palast, der vom

13. bis 15. Jh. errichtet wurde. Oberhalb dieser Anlagen liegt der **Generalife,** ein gartenumgebener Sommerpalast der Sultane. Aus nacharabischer Zeit stammen der **Palast Karls V.** und das Gebäude des heutigen **Parador.**

Vom Zentrum Granadas führt die Cuesta de Gomérez steil bergauf zur ›Roten Burg‹. Nach dem Passieren der Puerta de las Granadas wird es unvermittelt grün: Mit seinen über 120 Pflanzenarten ist der bewaldete Abhang des Alhambra-Hügels Granadas grüne Lunge. Hinter dem Tor verzweigt sich der Weg, der linke führt an der Umfassungsmauer entlang zum Eingang am

Granadas ›Rote Burg‹: Die Alhambra vor den Gipfeln der Sierra Nevada

Plan der Alhambra

1 Eingang
2 Ruinen der Medina
  (Wohnbezirk der Bediensteten)
3 Parador Nacional de
  San Francisco
4 Palast Karls V. (Museum der
  Schönen Künste und Museo
  de la Alhambra)
5 Puerta de la Justicia
6 Puerta del Vino
7 Torre del Homenaje
8 Torre Quebrada
9 Torre de las Armas
10 Torre de la Vela
11 Torre de la Pólvora
12 Eingang zu den Palacios Nazaríes
13 Mexuar

14 Cuarto Dorado
15 Patio de los Arrayanes
  (Myrtenhof)
16 Sala de la Barca
17 Torre de Comares (mit Thronsaal)
18 Patio de los Leones (Löwenhof)
19 Sala de los Abencerrajes
20 Sala de las Dos Hermanas
  (Saal der zwei Schwestern)
21 Mirador de Daraxa
22 Sala de los Reyes
23 Jardín de Lindaraja
24 Jardines del Partal
25 Torre de las Damas

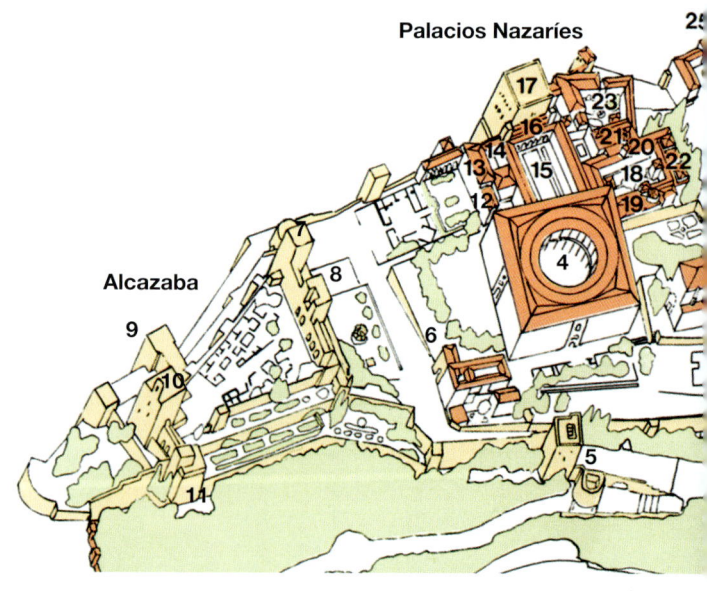

Palacios Nazaríes

Alcazaba

oberen Ende, wo auch die Minibusse halten.

Der Weg durch den Alhambra-Komplex führt zunächst durch die Ruinen der ehemaligen **Medina**, einer Art Dienstleistungsstadt für das Herrscherhaus. Dann folgt eine bebaute Zone mit dem **Parador** – der einstige Franziskanerkonvent zählt heute zu den nobelsten Häusern dieser staatlichen Hotelkette –, einer Kirche, Restaurants und Souvenirläden, bis der **Palast Karls V.** erreicht ist.

Der quadratische Koloss ist um einen kreisrunden Innenhof mit doppelstöckiger Säulengalerie angelegt, der an spanische Stierkampfarenen erinnert. Er gilt als Paradebeispiel des ita-

lienisch inspirierten Renaissancestils. Erbauer Pedro Machuca war bei Michelangelo in die Schule gegangen. Im Gebäude sind ein **Museum der Schönen Künste** (Di 14.30– 18, Mi–Sa 9–18, So 9–14.30 Uhr) und das **Museo de la Alhambra** (Di–Sa 9–14 Uhr) untergebracht. Letzteres ist mit seiner Sammlung islamischer Kunst-, Zier- und Gebrauchsgegenstände eines der besten seiner Art in Spanien.

Die **Puerta de la Justicia**, in der Umfassungsmauer an der Südseite des Palastes, ist ein Torturm aus dem 14. Jh., dessen Name ›Gerechtigkeitstor‹ daran erinnert, dass hier im Schnellverfahren über kleinere Streitigkeiten entschieden wurde.

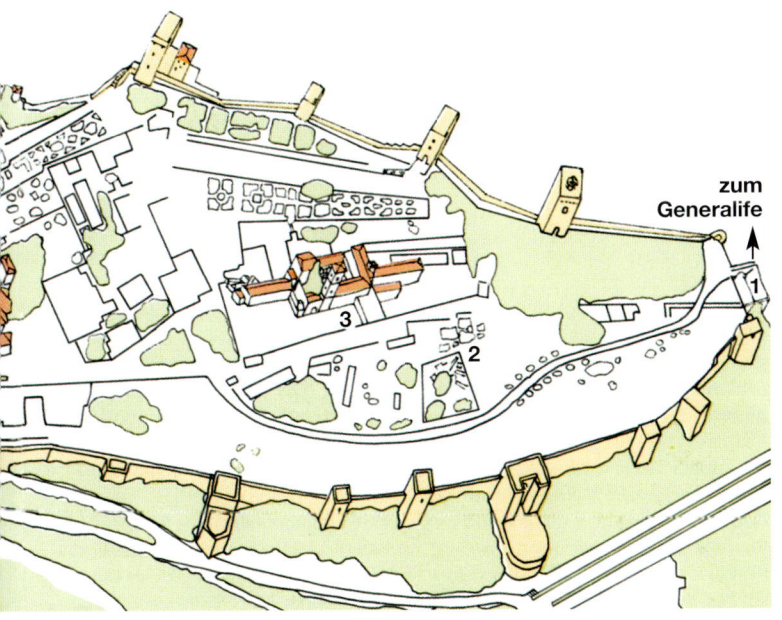

zum Generalife

Durch den Hufeisenbogen der **Puerta del Vino** (›Weintor‹) gelangt man zur **Alcazaba,** der von einem doppelten Mauerring geschützten, aus mächtigen Türmen bestehenden Militärfestung, die im Kern aus dem 13. Jh. stammt. Von den Soldatenunterkünften im Zentrum der Anlage blieben nur die Grundmauern erhalten. In maurischer Zeit gelangten Besucher durch die **Torre de Las Armas** (›Waffentor‹) an der Nordseite in die Alhambra, nachdem sie ihre Waffen abgelegt hatten. Auf die mächtige **Torre de la Vela** (Wachtturm) sollte man schon wegen des Ausblicks hinaufsteigen. Links neben dem Ausgang der **Torre de la Pólvora** (Pulverturm) zum Jardín de los Adarves (Gartenanlagen) steht seit 1957 der Satz des mexikanischen Dichters Icaza zu lesen: »*Dale limosna mujer, que no hay en la vida nada como la pena de ser ciego en Granada*« (»Gib ihm ein Almosen, Frau, denn es gibt im Leben nichts Schlimmeres als das Leid, in Granada blind zu sein«). Spätestens im **Fürstenpalast,** den Palacios Nazaríes, wird jeder verstehen, was Icaza meinte.

Der Eingang befindet sich seitlich des wuchtigen Palastes Karls V. Die maurische Anlage zeigt sich äußerlich ebenso streng wie die Alcazaba, aber im Innern entfaltet sie die Pracht einer zeitlos-heiteren Architektur, der das überall in Rinnen, Brunnen und Teichen plätschernde Wasser einen besonderen Zauber verleiht. Ohne dieses kostbare Lebenselixier wäre die Alhambra nicht das, was sie ist. Mohamed I. fasste erst den Beschluss, seine Residenz hierher zu verlegen, als man eine Möglichkeit gefunden hatte, Wasser vom Río Darro auf den Burgberg zu leiten. Der Fürstenpalast zeigt das Strukturprinzip eines maurischen Hauses: Die Säle sind jeweils als Geviert um Innenhöfe angeordnet. Im Übrigen wirkt das Ensemble nicht streng durchgeplant, eher als Spiel der Phantasie der Baumeister, ganz das Gegenstück zum strengen Palast Karls V.

Im ersten Raum, dem **Mexuar** (Audienzsaal), wurde Gericht gehalten. Es handelt sich um den ältesten Teil der Anlage; die Galerie wurde nach der *reconquista* eingezogen. Dann betritt man einen kleinen Innenhof mit dem **Cuarto Dorado** (›Goldenes Zimmer‹) an der Nordseite. An der anderen Seite steht eine ockergold schimmernde, mit filigranen Stuckornamenten und Kalligraphie-Friesen geschmückte Fassade aus dem 14. Jh. Die beiden rechteckigen Türen zeigen die arabische Vorliebe für Fallen und Verwirrspiele, denn damalige Besucher wussten nicht, auf welches Tor sie ihren Blick heften sollten, wenn sie auf das Erscheinen des Sultans warteten.

Es war das linke, das die Verbindung zum **Patio de los Arrayanes,** dem unter Yusuf I. entstandenen Palastzentrum, herstellt. Diesen geräumigen Myrtenhof füllt ein rechteckiges, von Myrtensträuchern gesäumtes Wasserbecken. Die Längsseiten, deren siebenfach mit dem Nasridenmotto geschmückte Türen in Frauengemächer führten, sind sparsam dekoriert. Anders die Schmalseiten: Ihre siebenbogigen Arkadenreihen mit durchbrochenen, wie Spitzendecken anmutenden Wandflächenspiegeln sich im Wasser. Der Trakt an der Südseite wurde abgerissen; hinter der Galerie ragt nun der Palast Karls V. auf.

Gegenüber erhebt sich die 45 m hohe **Torre de Comares** mit den Gemächern des Sultans. Der Name des Empfangssaals, **Sala de la Barca,** geht nicht – wie vielfach behauptet wird – auf die kunstvolle hölzerne Decke zurück, deren Form an ein umgestülptes Boot *(barca)* erinnert, sondern ist eine spanische Verkürzung des arabischen Wortes *baraka* (Segen), das – kalligrafiert – mehrfach an den Wänden zu lesen ist. Im Durchgang zum Thronsaal schaut man rechts in eine kleine Gebetsnische.

Warum man in Granada munkelte, Yusuf I. verstehe sich auf das Heranzaubern von Goldstücken, wird spätestens in diesem **Salón del Trono** klar. Die Dekoration der Wände mit farbigem Steingut und Stuck, mit ursprünglich blau und rot bemalten Arabesken und kufischen Lettern, die Suren des Korans und Verse von Poeten wiedergeben, muss viel Geld verschlungen haben. Über 250 verschiedene Gipsornamente hat man hier gezählt. Die aus mehreren tausend Teilchen zusammengesetzte Holzkuppel symbolisiert die sieben muslimischen Himmel und die Sterne des Paradieszeltes.

Da die Fenster in Bodenhöhe angebracht sind und in tiefen Nischen liegen, fällt nur gedämpftes Licht in den Raum. Vor der mittleren Nische saßen Yusuf I. und seine Nachfolger, wenn sie Botschafter empfingen. Auf Kissen sitzend, ließ sich der Ausblick über die Stadt genießen. So soll Aisha ihren Sohn Boabdil hier gezwungen haben, sich die herrliche Stadt noch einmal anzuschauen, die er den Christen überlassen wollte, statt wie seine Vorfahren als Herrscher von Granada zu sterben. Auch Karl V. gestand angesichts der Pracht des Palastes ein, er hätte einem Grab auf dem Alhambra-Hügel den Vorzug gegenüber seiner kampflosen Räumung gegeben.

Glanzstück der Alhambra ist ohne Zweifel der Löwenhof. Der Weg vom Patio del Mexuar über den Patio de los Arrayanes zum **Patio de los Leones** lässt sich als Steigerung der nasridischen Bau- und Dekorationskunst erleben, die hier ihren Höhepunkt erreicht. Der Patio und die angrenzenden Räume entstanden im 14. Jh. unter Mohamed V., der seine Privatgemächer strikt von den auch für Empfänge genutzten Räumen um den Myrtenhof trennen wollte.

Kleine Rinnsale, die von den Mittelpunkten der Seiten zum Hofzentrum fließen, symbolisieren die vier Paradiesflüsse des Korans (s. S. 198). Zwölf marmorne, Wasser speiende Fabellöwen, ein altorientalisches Symbol der lebensspendenden Sonne und Symbol der zwölf Tierkreiszeichen, tragen eine große Brunnenschale. Die laubenartigen Baldachine an den Schmalseiten des Patio erinnern mit ihren zierlichen Säulen und mit Sebka-Mustern durchbrochenen Wandflächen an einen Wald mit Blattwerk und Spinnweben. Insgesamt 124 schlanke Marmorsäulen mit kubischen nasridischen Kapitellen, von denen keines dem anderen gleicht, umgeben den Löwenhof. Vollkommen schwerelos wirkt diese Architektur, der Übergang zwischen innen und außen ist fließend.

MAURISCHE GÄRTEN

Als Ort des Friedens, als Oase der Labsal lobpreist der Koran den Paradiesgarten – mit Bäumen, die Schatten spenden und Früchte tragen, und Wasserquellen, die nicht versiegen. Das war für die Gläubigen aus der Wüste eine himmlische Vision – und ebenso für die islamischen Gartenkünstler Andalusiens, deren Werk noch in den Alcázar-Gärten von Sevilla und im Generalife von Granada zu erkennen ist. Wasser sprudelt aus Brunnen und plätschert durch Rinnen, Orangenblüten, Rosmarin, Myrte, Thymian und Jasmin strömen ihren Duft aus, Blumen zeigen ihre Farbenpracht. Einfassungsmauern betonen die Intimität und Ruhe dieser Oasen.

Zu den Ordnungsmustern solcher Gärten gehört die typische Vierteilung des Rechtecks durch vier Wasserläufe. Sie erinnern an die vier Flüsse des islamischen Paradiesgartens, wie im Löwenhof der Alhambra. Die angelegten Wandelwege werden von Rinnen gesäumt, deren leichtes Gefälle das Wasser langsam dahinplätschern lässt. Meist enthalten sie herausnehmbare Verschlusssteine, um die angrenzenden Beete überfluten zu können. Das überall fließende kühlende Nass erhöht die Luftfeuchtigkeit und moderiert die Temperaturen.

In Granadas alten Vierteln, vor allem im Albayzín, haben seit der arabischen Zeit die so genannten *cármenes* überlebt, kleine Anwesen mit Gärten maurischen Typs. Ihre hohen Mauern schützen vor den Blicken Fremder. Aber auch die andalusischen Patios, die typischen Innenhöfe mit ihren Brunnen und ihrem üppigen Blumenschmuck, verweisen auf maurische Traditionen.

Eine sternförmige *muqarnas*-Kuppel bedeckt die **Sala de los Abencerrajes.** Der Name erinnert an eines der düstersten Ereignisse in der Alhambra. Angeblich lud Boabdil 36 Beni Serradj (span.: Abencerrajes) hierher zum Mahl, um sie – zur Sicherung seiner Macht – enthaupten zu lassen. Chateaubriand hat diese überlieferte Geschichte mit amourösen Zutaten ausgeschmückt: Ein Beni Serradj soll im Generalife bei der Verführung der Sultanin beobachtet worden sein, und Boabdil habe sich gerächt. Was am Boden des Wasserbeckens, in das viele Besucher Geldstücke werfen, rötlich schimmert, ist jedoch kein Blut, sondern Rost.

Die lang gezogene **Sala de los Reyes** (›Königsaal‹) gliedert sich in mehrere Abschnitte mit drei Alkoven, die mit Deckengemälden geschmückt sind: Die Wiedergabe von Jagd- und Spielszenen sowie einer Versammlung maurischer Fürsten überrascht, vermeidet der Islam doch bildliche Darstellungen.

Der Name der **Sala de las Dos Hermanas** (›Saal der zwei Schwestern‹) spielt auf das Tierkreiszeichen des Zwillings an. Vom arabischen Poeten Ibn Zamrak ist eine Ode auf den Saal und seine herrliche *muqarnas*-Kuppel – ein riesiger funkelnder Stern – in Stuck an die Wände appliziert. In diesem Palastbereich lebten die Sultaninnen mit ihren Kindern. Vom **Mirador de Daraxa** (von *dar 'Aischa*, ›Haus der Aisha‹), dem Erker, bot sich eine großartige Aussicht auf die Stadt, bevor unter Karl V. errichtete Gebäude den Blick verstellten. Letzte Stationen im Palast sind die **arabischen Bäder** und der **Jardín de Lindaraja,** ein unterhalb des Mirador de Daraxa gelegener Garten, der in nacharabischer Zeit hergerichtet wurde, als Karl V. erwog, seine Residenz nach Granada zu verlegen.

Nach dem Verlassen des Nasridenpalastes steht man in den **Jardines de Partal**: Der am Wasserbecken gelegene Säulenstand, über dem sich als Aussichtsturm die **Torre de las Damas** erhebt, gehört zu den ältesten Anlagen.

Entlang den mit Türmen verstärkten Mauern und dann durch Parkanlagen mit Rosenterrassen, Zypressenalleen und gestutzten Hecken gelangt man hinauf zum **Generalife,** dem luftigen Sommerpalast der Nasriden. In den Generalife-Gärten sind einige typisch maurische Elemente sichtbar geblieben. So gilt der Jardín de la Acequia wegen seines schmalen, langen Wasserbeckens als verkleinertes Abbild des Myrtenhofes. Auf der nächsthöheren Terrasse liegt der Jardín del Ciprés de la Sultana (Hof der Sultaninszypresse). Der abgestorbene, 700 Jahre alte Zypressenstamm erinnert an die von Chateaubriand überlieferte Liebes- und Mordgeschichte (s. o.). Eine Stufe höher erreicht man eine Aussichtsgalerie, von der man auf den Sacromonte blickt.

Kathedrale und Königliche Kapelle

Granadas **Kathedrale** [2] steht am Platz der einstigen Hauptmoschee. Die Capilla Real, Grabkapelle der Katholischen Könige, schließt an sie an.

Enrique Egas begann 1523, einen spätgotisch geplanten Kirchenbau zu errichten, aber 1528 löste Diego de Siloé, ein früher Meister des Renaissancestils, Egas als Architekten ab und zog bis 1563 ein fünfschiffiges Gotteshaus hoch. Die Hauptfassade entwarf Alonso Cano als hochgezogenen dreigliedrigen Triumphbogen – ein Symbol des christlichen Sieges über den Islam. Monumentale Bündelpfeiler tragen die Gewölbe des 116 m langen, 67 m breiten und bis 48 m hohen Gebäudes. Das Mittelschiff endet in der halbrunden Capilla Mayor mit doppeltem Chorumgang. Dieser Altarraum ist mit Balustraden, Gemälden – darunter die ›Sieben Freuden Mariä‹ von Alonso Cano – und Buntglasfenstern prachtvoll gestaltet. Das reich verzierte Portal im rechten Seitenschiff war ursprünglich als Durchgang zur Capilla Real geplant. Es wird von der barocken Capilla de Jesús el Nazareno – mit Bildern von Cano und Ribera sowie einem hl. Franziskus von El Greco – und der Capilla de Santiago Apóstol gerahmt: Hier ist der spanische Nationalheilige als ›Maurentöter‹ *(Matamoros)* dargestellt, unter dem Huf seines Pferdes windet sich eine ›maurische Kreatur‹. (10.30–20, im Winter 10–13.30, 16–19, So 14–20 bzw. 16–19 Uhr)

In die spätgotischen **Capilla Real** ③ gelangt man nicht durch die Kathedrale, sondern durch die mit einer plateresken Fassade geschmückte ehemalige **Seidenbörse,** die mittelalterliche *Lonja*. Isabel und Fernando wollten am Ort der Vollendung ihres Lebenswerks, der Verbannung des Islam von der Iberischen Halbinsel, bestattet werden und beauftragten Enrique Egas mit dem Bau einer ›Königlichen Kapelle‹.

Die Fertigstellung erlebten die Königin von Kastilien und der König von Aragón nicht mehr. Isabella starb 1504, Fernando 1516, ihre Leichname mussten im damaligen Franziskanerkloster auf dem Alhambra-Hügel, dem heutigen Nobel-Parador, aufbewahrt werden, bevor sie 1521 ihre endgültige Bleibe fanden.

Im Vorraum, der ehemaligen Börse, hängt das Gemälde ›Die Übergabe Granadas‹: Boabdil, der letzte Herrscher von Granada, überreicht den Katholischen Königen die Stadtschlüssel. Ein platereskes Gitter von 1520 unterteilt die Kapelle und trennt den eigentlichen Grabraum ab. Mit den beidseitig vergoldeten und polychromierten Reihen floraler Motive und skurriler Masken, dem zentralen Wappen und den biblischen Szenen als Abschlussfries ist es ein Meisterwerk spanischer Schmiedekunst.

Zwei mit Symbolen der Macht und des Königtums, mit Wappen und Inschriftentafeln, Heiligen, Greifen und Löwen geschmückte Marmormausoleen beherrschen den Grabraum. Von einer kleinen Kanzel lassen sich die paarweise obenauf liegenden Figuren besser betrachten: Isabel hat die Hände zum Gebet gefaltet, während Fernando sein Schwert hält. Der Italiener Domenico Fancelli schuf das Grabmal 1517 aus Carrara-Marmor. Die Granadiner wissen, warum Fancelli das Haupt der Königin tiefer in das steinerne Kissen sinken ließ: Sie hatte mehr Grips im Kopf. Nebenan liegen Johanna die Wahnsinnige, die Tochter der Katholischen Könige, und ihr Gemahl, Philipp der Schöne aus dem Hause

Habsburg. Bartolomé Ordóñez, der das Mausoleum 1520 fertig stellte, lässt Johanna den Kopf vom Gatten abwenden – ein Stein gewordenes Bild enttäuschter Gefühle. Johanna liebte den offenbar unsteten Philipp noch über seinen Tod im Jahr 1506 hinaus obsessiv. Dies diente als Anlass, die Thronfolgerin aus dem öffentlichen Leben zu verbannen und ihr den Beinamen ›die Wahnsinnige‹ zu geben. Ihr Sohn Karl V. übernahm 1516 die Regentschaft. Ein Treppchen führt zur Katakombe unter den Mausoleen: Die fünf Bleisärge enthalten Gebeine der Königspaare und des Kronprinzen Miguel.

Den reich mit Skulpturen geschmückten Renaissance-Hochaltar schuf der Burgunder Felipe de Bigarny. Die Szenen im unteren Teil – links die Übernahme Granadas, rechts die Taufe der Mauren – künden noch einmal vom Werk der Katholischen Könige. Die Sakristei, die als Museum und Schatzkammer dient, enthält Gemälde aus der Sammlung Königin Isabels, darunter von Rogier van der Weyden, Dierick Bouts und Hans Memling; ferner Fernandos Schwert, Zepter und Krone Isabels, ihre Reliquientruhe und ihr Messbuch. Beachtung verdient das Triptychon von Dieric Bouts, flankiert von den Skulpturen des Königspaars (10.30–13, 15.30/16–18.30/19 Uhr, So 11–13 Uhr).

Rund um die Kathedrale

Gegenüber der Capilla Real liegt die **Madraza** 4, die 1349 von Yusuf I. gegründete arabische Universität. Sie blieb die einzige Einrichtung dieser Art im maurischen Spanien, denn gemeinhin wurde in den Moscheen gelehrt. Erhalten blieb nur die an den Patio grenzende kleine Moschee (zu besichtigen).

Zwischen Kathedrale und Calle de Reyes Católicos spannt sich die **Alcaicería** 5, der ehemalige arabische Seidenmarkt. Nach einem Brand im 19. Jh. erneuert, steht sie mit den engen, mit Hufeisenbogen überspannten Gässchen und den vielen Läden, die Schmuck, Lederwaren und Souvenirs feilbieten, auch heute noch deutlich in der Tradition des früheren Basars.

Aus der Alcaicería blickt man auf einen Torturm mit Hufeisenbogen: Er ist das Tor des **Corral del Carbón** 6, einer ehemaligen arabischen Karawanserei mit rund 60 Schlafzellen hinter der zweigeschossigen Galerie um den Innenhof. Ihren Namen verdankt sie der späteren Nutzung als Kohlenlager (Touristeninformation und Kunsthandwerksladen, 9–19, So 10–14 Uhr).

Im geschäftigen Stadtzentrum rund um die Kathedrale öffnen sich in der dichten Bebauung einige Plätze. Besonders reizvoll ist es, in einem der Terassen-Cafés der autofreien **Plaza Bib-Rambla** – mit Blumenkiosken – zu pausieren. Der Name rührt von einem maurischen Stadttor, das man auf den Alhambra-Hügel versetzte.

Ein Denkmal des Bildhauers Mariano Benlliure beherrscht die **Plaza Isabel la Católica**: Kolumbus steht auf den Stufen zum Thron der Königin, die dem Seefahrer in den *Capitulaciones de Santa Fé* ihre Unterstützung für sein Projekt zusagt. Zu einer Pause lädt wiederum die nahe, stets belebte **Plaza Nueva** am Fuße des Albayzín-Hü-

Treffpunkt im Albayzín: Plaza San Nicolás

gels ein. Ein prachtvolles Gebäude ist die Königliche Kanzlei, heute Sitz des obersten andalusischen Gerichtshofes.

Am Río Darro entlang in den Albayzín

In der Senke zwischen Alhambra- und Albayzín-Hügel plätschert als schmales Flüsschen der Darro Richtung Stadtzentrum. An der engen Uferstraße, der Carrera del Darro, liegen die **arabischen Bäder** ⑦ aus dem 11. Jh. Ein seltenes Relikt des maurischen Spanien, denn in den Augen der Christen waren die öffentlichen Dampfbäder ähnlich unsittlich wie Bordelle und wurden zerstört (in einem Privathaus, klingeln, Di–Sa 10–14 Uhr).

Ein Adelspalast des 16. Jh. mit reichem Portalschmuck enthält Granadas **Archäologisches Museum** ⑧ – mit eher bescheidener Sammlung (Di 15–20, Mi–Sa 9–20, So 9–14 Uhr).

Zu Fuß nach links bergauf oder mit dem Albayzín-Microbus, der auch in der Carrera del Darro hält, gelangt man in Granadas ursprünglichstes *barrio*. Das pittoreske, dörflich anmutende maurische Viertel, von der UNESCO zum Kulturerbe der Menschheit erklärt, zeigt mit seinen gewundenen, kaum autobreiten Gassen, den schönen Plätzen und hinter weißen Mauern verborgenen *cármenes* (s. S. 198) noch das Gepräge der alten Medina. Der Name Albayzín erinnert daran, dass hier im 13. Jh. die muslimischen Flüchtlinge aus der von Christen eroberten Stadt Baeza eine neue Heimat fanden.

Fast auf dem höchsten Punkt erhebt sich die Kirche **San Salvador** ⑨ an der Stelle einer Moschee. Magische Anziehungspunkte sind jedoch die **Iglesia**

202

de San Nicolás ⑩ aus dem 15. Jh. – gleich dahinter entsteht eine neue Moschee – und der gleichnamige Mirador. Von dieser Aussichtsterrasse bietet sich eine malerische Gesamtansicht der Alhambra vor den schneebedeckten Gipfeln der Sierra Nevada. In den Abendstunden versammeln sich hier Romantiker und Verliebte, um bei meist klarem Wetter einen gigantisch schönen Sonnenuntergang zu erleben, der die Alhambra in rötliches Kupferlicht taucht.

Etwas unterhalb liegt das **Museo Max Moreau** ⑪, ein typischer *carmen,* in dem der belgische Maler bis zu seinem Tod 1992 lebte (Di–Sa 10–13.30, 16–18 Uhr, klingeln). Weiter bergauf gelangt man zur **Puerta Nueva** ⑫**,** einem arabischen Torturm, und dahinter zur stimmungsvollen **Plaza Larga**. Cafés und *tapa*-Lokale laden zur Einkehr, bevor man bergab auf die turmverstärkte arabische Stadtmauer zuhält. An ihrer Innenseite steht noch der **Palacio de Dar al-Horra** ⑬, ein maurisches Stadthaus, in dem einst Boabdils Mutter wohnte (Mo–Fr 10–14 Uhr). Die **Puerta Elvira** ⑭ am Fuß des Berges war einst das Haupttor des muslimischen Ortes.

Weitere Sehenswürdigkeiten

Sacromonte: In Granadas Höhlenviertel siedelten sich seit dem 15./16. Jh. *gitanos* an, die ihre Wohnungen in den ›Heiligen Berg‹ hineinbauten. Weiß getünchte Fassaden und aus dem Felsgestein ragende Schornsteine geben dem Viertel ein unverwechselbares Gepräge. Einige Höhlen werden für abendliche Flamenco-Darbietungen

genutzt (s. S. 206). Auf den Sacromonte gelangt man am Río Darro entlang und dann von der Cuesta del Chapiz rechts bergauf (auch Busse).

Die Viertel Realejo und San Matías unterhalb des Alhambra-Hügels sind zwei ursprüngliche granadinische *barrios*. Vom Stadtplatz **Campo del Príncipe,** Zentrum von El Realejo, gelangt man auf den dicht bewaldeten Alhambra-Berg.

Granadas Universität ⑯ wurde von Karl V. gegründet. Das Gebäude mit barockem Portal enthält heute die juristische Fakultät.

San Jerónimo ⑰**:** In der von Diego de Siloé errichteten Renaissancekirche (16. Jh.) mit schönem Kreuzgang ist Gonzalo Fernández de Córdoba beigesetzt. Der Feldherr der Katholischen Könige kniet neben dem Hauptaltar.

Vorbei an **Hospital** und **Iglesia de San Juan de Dios** ⑱ – mit Barockaltar und Renaissance-Patio – gelangt man zum **Hospital Real** ⑲, ab 1511

Teestuben wie in Arabien

Im Treppensträßchen **Calderería Nueva** ⑮ und in der Calderería Vieja am Fuß des Albayzín bietet sich das Bild eines Basars. Läden mit marokkanischer Keramik, Tee und Souvenirs reihen sich aneinander und breiten ihre Waren bis auf die Straße aus. Dazwischen finden sich maurisch dekorierte Teestuben (*teterías*). Sie zeigen, dass es im Albayzín – heute wieder – eine muslimische Gemeinde gibt.

erbaut, heute Sitz der Universität. Fassaden- und Portaldekoration greifen die Embleme der Katholischen Könige, der Gründer des ehemaligen Hospitals, auf. Auch Ausstellungen im Kreuzgang.

Das Kartäuserkloster **La Cartuja** 20 am Po. de la Cartuja entstand ab dem 16. Jh. Die Kirche mit churriguereskem Hochaltar und die Sakristei bieten ein Beispiel spätbarocken Deko-rations-überschwangs.

Oficina de Turismo: im Corral del Carbón, Tel. 958 22 59 90, Fax 958 22 39 27, E-Mail: otgranada@turismo-andaluz.com; Pl. Mariana Pineda 10, Tel. 958 24 71 28, Fax 958 24 71 27.

Parador San Francisco 21: Real de la Alhambra, Tel. 958 22 14 40, Fax 958 22 22 64. Nobelhotel in mittelalterlichen Klostergemäuern bei der Alhambra, mit Gartenterrasse. Langfristig buchen. DZ ca 220 €.

Alhambra Palace 22: Peña Partida 2, Tel. 958 22 14 68, Fax 958 22 64 04, www. hotelalhambrapalace.com. Hotel im maurischen Stil am Alhambra-Hügel, toller Blick von der Terrasse auf das Viertel Realejo, mit Restaurant. DZ ab ca. 160 €.

Carmen de Santa Inés 23: Placeta de Porras 7/San Juan de los Reyes 15, Tel. 958 22 63 80, Fax 958 22 44 04, E-Mail: sinescar@teleline.es. Das verwinkelte Albayzín-Haus (17. Jh.) mit kleinem Garten mutet exotisch an; 9 im Traditionsstil gestaltete Zimmer/Suiten, schöne Bäder. DZ ab 102 (bis ca. 193) €.

Palacio de Santa Inés 24: Cuesta de Santa Inés 9, Tel. 958 22 2362, Fax 958 22 24 65, www.lugaresdivinos.com. Das Haus – ein Traum, ein Palast des 16. Jh. im Albayzín mit freskengeschmücktem Patio. 13 individuell eingerichtete Zimmer/Suiten. DZ ab 102 €, Frühstück 6 €.

Inglaterra 25: Cettie Meriem 4, Tel. 958 22 15 58, Fax 958 22 71 00, www.nh-hoteles.es. Charmantes Hotel der NH-Kette, 36 freundliche Zimmer, ruhig, zentral, mit Parkplatz, Frühstücksbuffet, Restaurant. DZ ca. 120 €, an Wochenenden 93 €.

Las Nieves 26: Alhóndiga 8, Tel. 958 26 53 11, Fax 958 52 31 95, www.hotellasnieves.com. 27 Zimmer, renoviert, sympathischer Familienbetrieb, mit Cafetería. DZ ca. 65–80 €.

Hostal La Ninfa 27: Cocheras de San Cecilio 9, Tel. 958 22 79 85, Fax 958 22 26 61. Gehobene Pension mit andalusischem Flair und gemütlicher Sitzbar/kleinem Restaurant. Relativ kleine Zimmer. DZ ab 52 €.

Hostal Granadina 28: Párraga 7, Tel. 958 25 67 14. Zuverlässige, sympathische Pension, gute Lage, saubere Zimmer mit/ohne Bad. DZ ca. 24–32 €.

Hostal Meridiano 29: Ángulo 9, Tel./Fax 958 25 05 44. Von deutschsprachigen Spaniern eröffnete Pension nahe der Pl. Trinidad, gern auch von Studenten genutzt. DZ/Bad 33, ohne Bad 25–28 €.

Jugendherberge: Av. Ramón y Cajal 2, Tel./Fax 958 28 43 06.

Camping: Sierra Nevada, Av. de Madrid 107, Tel. 958 15 00 62.

Mirador de Morayma 30: Pianista García Carrillo 2, Tel. 958 22 82 90, So geschl. Edellokal in einem *cármen* im Albayzín; von Restaurant und Garten blickt man auf die Alhambra. Leckere, kreative Küche. Gehobenes Preisniveau.

Pilar del Toro 31: Hospital de Santa Ana 12, Tel. 958 22 38 47. Schönes Bar-Restaurant mit kleinen Salons um einen glasüberdachten Innenhof. Jung-kreative Regionalküche. À la Carte ab ca. 18 €.

Chikito 32: Pl. del Campillo 9, Tel. 958 22 33 64, Mi geschl. Zu Lorcas Zeiten ein Tertulia-Café. Fischgerichte auf baskische Art und gute Weine, im Barbereich gibt es

DER DICHTER FEDERICO GARCÍA LORCA

Der andalusische Dichter Federico García Lorca wurde am 5. Juni 1898 in **Fuente Vaqueros** (Atlas: S. 250, C 1) geboren, etwa 20 km westlich von Granada. Das Haus, in dem er bis zu seinem zwölften Lebensjahr aufwuchs, ist nun ein Museum mit Erinnerungsstücken an den großen Dichter (Calle Federico García Lorca 4, Tel. 958 51 64 53, Di–So 10–13, 16–18 Uhr; Ureña-Busse ab Granada).

In seiner Studienzeit ab 1919 in Madrid bewegte sich Lorca in Literaten- und Künstlerkreisen. Eine innige Freundschaft verband ihn mit dem Maler Salvador Dalí, die jedoch 1928 jäh abbrach, als der Spötter Dalí die gerade unter dem Titel »Romancero gitano« veröffentlichte Romanzensammlung Lorcas verriss – ganz im Gegensatz zur allgemeinen Kritik, die voll des Lobes war. 1931, als in Spanien die Republik ausgerufen wurde, gründete Lorca die Wanderbühne La Barraca. Mit seinem Theater der ›sozialen Aktion‹ zog er durch die Dörfer, um den Bauern die großen spanischen Dichter näherzubringen, um aufzuklären und zur allgemeinen Volkserziehung beizutragen. In der Barraca-Zeit schrieb Lorca eine Reihe von Dramen, z.B. »Bodas de Sangre« (»Bluthochzeit«) oder »Yerma«, die die Situation andalusischer Frauen aufgreifen und die gesellschaftlichen Normen und Moralvorstellungen als Fesseln entlarven. »Ein Künstler muss immer mit seinem Volk lachen und weinen«, war Lorcas Devise. Seine Theaterstücke, Gedichte und Lieder machten ihn zum berühmtesten spanischen Dichter seiner Zeit.

Die bürgerkriegsähnlichen Zustände in Madrid bewogen Lorca im Juli 1936 zum Aufbruch in das elterliche Sommerhaus am Stadtrand von Granada, die **Huerta de San Vicente** im Lorca-Park, die nun als Museum dient (Di–So 10–13, 16–19 Uhr). Am selben Tag putschte General Franco gegen die Republik. Seine Anhänger spürten auch in Granada Sozialisten und Republikaner auf und erschossen sie an der Friedhofsmauer auf dem Alhambra-Hügel. Lorca fand Zuflucht im Haus seines Freundes und Dichterkollegen Luis Rosales, dessen Brüder aktive Falangisten waren. Doch selbst hier war er vor dem Zugriff der Schwarzen Kommandos nicht sicher. Am 16. August verschleppte man den Dichter in die Gefängniszellen des Gouverneurs. Zwei Tage später brachte ein Militärlaster Lorca und vier weitere ›Rote‹ hinauf zum Weiler Víznar. Am nächsten Morgen wurden sie kaltblütig ermordet.

Der englische Schriftsteller Gerald Brenan, der lange in den Alpujarras gelebt hat, reiste zehn Jahre nach dem Ende des Bürgerkrieges nach Granada und suchte Lorcas Grab. Dem Hinweis eines Friedhofswärters folgend, fuhr Brenan hinauf nach Víznar, Richtung Guadix. Eine Frau wies ihm dort den Weg zum *barranco,* zur Schlucht in einer Kurve am Weg nach Alfacar. Im heutigen **Parque de Federico García Lorca** (auch Parque de Alfacar) erinnert ein Kreuz an die blutige Tat. Jedes Jahr in der Todesnacht versammeln sich Menschen an dem Ort, den die Falangisten zum Massengrab machten. An einem Brunnen ist die Klage zu lesen: »Bildet aus Stein und Traum ein Grabmal dem Dichter, über einem Quell, wo das Wasser weint.«

205

Teestube in der Calderería Nueva

auch Tapas. Terrasse. Hauptgerichte 7–20 €.

La Albahaca 33: Varela 17, Tel. 958 22 49 23, So abend/Mo geschl. Kleines Lokal mit Salaten, Osso Buco oder gefüllten Tintenfischen. Menüs ab 10 €.

Los Manueles 34: Zaragoza 2, Tel. 958 22 34 13. Traditionslokal, in dem schon der König aß. Interieur und Preise sind jedoch nicht königlich, sondern sehr volkstümlich. Regionale Küche und Tapas. Hauptgerichte 5–9 €.

Samarcanda 35: Calderería Vieja 3, Tel. 958 21 00 04. Libanesische Küche und libanesische Weine. Couscous, Hommus, Dattelkuchen, auch vegetarische Gerichte. Hauptgerichte für 5–12 €.

Campo del Príncipe: An der Südseite dieses Platzes unterhalb des Alhambra-Hügels reiht sich ein Restaurant an das andere, mit Außenterrassen.

Plaza San Nicolás: Auch hier – auf dem Albayzín-Hügel – sitzt man angenehm draußen. El Mirador und Kiki-San Nicolás verpflegen ihre Gäste mit Tapas und Menüs.

Carrera del Darro: Tapas und recht günstige Menüs offerieren die Lokale entlang des Stadtflüsschens. Terrassen.

Tapas/Bodegas: Castañeda, Elvira 6, urtümliche Bodega mit kleinen Gerichten und Tapas (unweit Pl. Nueva). Bodegas La Mancha, Calle Joaquín Costa, kleine Bodega mit Lokalkolorit, Wein vom Fass und Tapas/belegte Brötchen.

Keramik und Kunsthandwerk: Cerámica Al-Yarrar, Joaquín Costa 6, und El Zoco Nazarí, Imprenta 2, beide nahe Pl. Nueva, bieten hochwertige und nicht ganz preiswerte Keramikwaren an, deren Muster und Farben deutlich in der arabischen Tradition stehen. Riesig ist die Auswahl bei Fajalauza, Ctra. de Murcia s/n (oberhalb des Albayzín-Hügels). Siehe auch Alcaicería und Corral del Carbón (S. 206).

Gitarren: Manuel Bellido, Navas 22, Tel. 958 21 01 76. Germán Pérez Barranco, Reyes Católicos 47, Tel. 958 22 70 33, www.guitarreria.com.

Sierra-Nevada-Schinken: Jamones Sierra Nevada – Antigua Casa Hita, Carrera del Genil 7. Andalusischer Gebirgsschinken bester Qualität in einem granadinischen Traditionsgeschäft.

Flamenco: Mehrere Lokale auf dem Sacromonte bieten allabendlich Flamenco-Shows an. Im Preis von ca. 20–25 € sind Anfahrt (Busbeförderung aus dem Zentrum) und ein Drink enthalten: **Zambra Los Tarantos,** Camino del Sacromonte 9, Tel. 958 22 45 25, 21.30 und 23 Uhr; **Zambra La Rocío,** Camino del Sacromonte 70, Tel. 958 22 71 29, 22 und 23 Uhr; **Zambra Venta el Gallo,** Barranco de los Negros, Sacromonte, Tel. 958 22 05 91, 22 Uhr. Empfehlenswert für Flamenco-Fans ist auch die **Peña La Platería,** Placeta Toqueros 7 (im Albayzín), Tel. 958 21 06 50, mit Live-Darbietungen am Do und Fr.

Bars/Kneipen: Abendliche Treffpunkte sind die Bars und Pubs in der Umgebung der Plaza Nueva und an der Carrera del Darro. Zu einer *caña* (einem Bier) trifft man sich auch gern auf dem Campo del Príncipe.

 Día de la Toma: 2. Jan., Feier der Übergabe Granadas an die Christen. **Fest des Stadtpatrons:** 1. Febr., Wallfahrt auf den Sacromonte.
Karwoche: täglich Prozessionen.
Fronleichnam: einwöchiges Stadtfest mit Flamenco-Festival und Stierkämpfen.
Festival Internacional de Música y Danza: Mitte Juni bis Anf. Juli mit Konzerten und Tanzdarbietungen in der Alhambra, im Freilichttheater des Generalife, im Auditorio Manuel de Falla.
Verbena del Albayzín: gegen Ende Sept. Stadtfest des Albayzín.

 Flughafen: 15 km Richtung Málaga, Tel. 958 24 52 00; Inlandsflüge.
Estación de Renfe: Av. de los Andaluces, Tel. 902 24 02 02. Nach Almería, Guadix, Málaga, Ronda, Algeciras, Sevilla.
Zentraler Busbahnhof: Ctra. de Jaén s/n. Dorthin gelangt man mit Bus Nr. 3 ab Gran Vía de Colón. Die Gesellschaft Alsina Graells, Tel. 958 18 54 80, bietet beste Verbindungen für ganz Andalusien, auch zur Küste und in die Alpujarras-Dörfer. Zur Sierra Nevada mehrere Verbindungen tägl. mit Autocares Bonal, Tel. 958 46 50 22.
Leihwagen: Avis, Recogidas 31, Tel. 958 26 60 35; Europcar, Av. Sur 2, Tel. 958 29 50 65; Hertz, Av. Fuentenueva (Hotel Granada Center), Tel. 958 20 44 54; Atasa, Pl. Cuchilleros 1, Tel. 958 22 40 04.

Finca La Bobadilla

Andalusien-Atlas: S. 250, A/B 1
Wie ein andalusisches Dorf ist die Luxushotel-Ferienanlage **Finca La Bobadilla** gestaltet, über die Abfahrt Villanueva de Tapia von der A 92 zu erreichen. Die Rezeption ist der Moschee von Córdoba nachgebildet – eine Reminiszenz an das andalusische Kulturerbe. Ländliche Idylle, Schwimm- und Reitmöglichkeiten und ein ausgezeichnetes Restaurant garantieren einen Verwöhn- und Entspannurlaub. Tel. 958 32 18 61, Fax 958 32 18 10, www.laguion-bobadilla.com. DZ inkl. Frühstück ab ca. 288 €.

Alhama de Granada

Andalusien-Atlas: S. 250, B/C 1
Der reizvoll an einer Schlucht gelegene Ort (ca. 60 km südwestlich von Granada) besitzt noch eine deutliche maurische Struktur und wurde in seiner Gesamtheit unter Denkmalschutz gestellt. 1482 wurde er von den Christen erobert. Die Heilkraft der ortsnahen Thermalquellen machten sich die Römer ebenso zunutze wie später die Araber: Alhama bzw. *al-hammam* bedeutet so viel wie ›heißes Bad‹. Mit 47 °C sprudelt das Wasser aus einer unterirdischen Quelle und wird bis heute für Kuren genutzt. Die arabischen Bäder liegen am Ortsrand. Reizvoll ist von hier die Strecke durch die Berge und über den Pass **Ventas de Zafarraya** hinunter nach Vélez-Málaga.

Balneario Alhama de Granada, Tel. 958 35 00 11, Fax 958 35 02 97. Kurangebote, Restaurant. Dz ab ca.. 70 €.

 Busse der Gesellschaft Alsina Graells ab Granadas Busbahnhof 3 x tgl.

Guadix

Andalusien-Atlas: S. 246, B 4
Vorbei an **Purullena**, wo Ton- und Keramikwaren angeboten werden, erreicht man 55 km nordöstlich von Granada **Guadix.** Von den 21 000 Einwohnern des Städtchens leben noch rund 9000 in den Höhlen des **Barrio de Cuevas,** das seit prähistorischer Zeit besiedelt ist. Reizvoll ist der Kontrast zwischen der ockerbraunen, erodierten Mondlandschaft und den geweißelten Höhlenfassaden. Die Wohnungen umfassen oft mehrere in den porösen Kalkstein gegrabene Kammern, die eine gleich bleibende Temperatur von 18–20˚ C halten. Wie es sich in ihnen lebte und lebt, zeigt die **Cueva-Museo** mit mehreren Räumen, darunter für das Vieh: ein Museum des Landlebens der Troglodyten (Mo–Sa 10–14 und 17–20, im Winter 16–18 Uhr, So nur vormittags; Calle San Miguel hoch, beschildert).

Unten im Ort steht die mächtige ockerfarbene **Kathedrale** von Guadix (16.–18. Jh), ein Renaissancebau mit geschnitztem Chorgestühl. Daneben liegt der arkadengesäumte **Rathausplatz.** Aus arabischer Zeit ist ein verschachtelter **Alcázar** mit zinnenbewehrten Mauern und Türmen erhalten, die zu verfallen scheinen. Die erst 1489 von den Christen eroberte Stadt war ein bedeutender Ort des Nasridenreiches.

 Cuevas Pedro Antonio de Alarcón: Barriada San Torcuato s/n, Tel. 958 66 49 86, Fax 958 66 17 21, www.andalucia.com/cavehotel, ca. 2 km außerhalb an der Straße Richtung Murcia, nahe dem Bahnhof und oberhalb der Autobahn. Anlage mit Höhlen-Apartments inklusive Kamin für 2 bis 6 Personen, Pool, Restaurant. Höhlen für ca. 33–75 €.

 Busse der Gesellschaft Autedia, Tel. 958 15 36 36, ca. stdl. von/nach Granada. **Züge** der Linie Granada-Almería.

Lacalahorra

Andalusien-Atlas: S. 246, B 4
Im Dorf Lacalahorra, umgeben von weitläufigen Mandelhainen, die im Februar in Blüte stehen, thront auf einer runden, felsigen Hügelkuppe die Renaissanceburg **Lacalahorra.** Das massige Rechteck mit vier zierlichen Rundtürmen macht den Eindruck einer robusten Festung. Hinter dieser ›rauen Schale‹ verbirgt sich ein anmutiger Renaissancepalast. Auftraggeber der Burg war Anfang des 16. Jh. Don Rodrigo de Mendoza, ein Sohn des berühmten Kardinals. Don Rodrigo soll die 16-jährige Tochter des Marqués de Coca aus einem Konvent in Valladolid entführt und gegen den Willen des kastilischen Königs geheiratet haben – Lacalahorra war also ein Brautgeschenk.

Richtung Süden kann man von hier den Gebirgskamm der Sierra Nevada queren und über den 2000 m hohen Pass **Puerto de la Ragua** in die Alpujarras gelangen.

SIERRA NEVADA UND ALPUJARRAS

Die Sierra Nevada mit dem 3481 m hohen Mulhacén ist Spaniens höchstes Festlandsgebirge und ein geschütztes Biosphärenreservat. Der nahe Granada gelegene Westteil ist Nationalpark. Im Süden schließen sich die Bergtäler der Alpujarras mit maurisch anmutenden Dörfern und teils lieblicher, teils wilder Landschaft an.

Von Granada in die Sierra Nevada

Andalusien-Atlas: S. 251, D/E 1

Binnen einer knappen Stunde erreicht man von Granada auf der gut ausgebauten Asphaltstraße die fast ganzjährig schneebedeckten Gipfel der Sierra Nevada, die das Stadtpanorama so eindrucksvoll prägen. Nach Überqueren der Grenze zum Parque Natural Sierra Nevada, einem Biosphärenreservat mit 60 endemischen Pflanzenarten, steigt die Straße steil und kurvenreich durch karge Gebirgslandschaften an – und bietet großartige Ausblicke.

Bis zum Retorten-Skiort **Solynieve** bzw. Estación de Esquí Sierra Nevada, der ökologisch umstrittenen, südlichsten Skistation Europas mit ausgebauter touristischer Infrastruktur, sind es nur 35 km. Lifte und Skipisten schlugen Narben in die Flanke des 3398 m hohen Pico de Veleta, Skisaison ist hier von Dez. bis März/April.

Die Straße führt bis auf 2700 m Höhe, dann ist sie für den Autoverkehr gesperrt. Man kann den majestätischen **Pico de Veleta** besteigen und eine weite Rundumsicht genießen: Der Straße folgend sind es ca. 7 km/2,5 Std. Fußweg. Mit Bergschuhen kann man den kürzeren Weg ›querfeldein‹ wählen.

Der **Mulhacén,** mit 3481 m Spaniens höchster Festlandsberg, befindet sich weiter östlich. Sein Name erinnert an den vorletzten Maurenherrscher Granadas, Muley Abul Hassan (span.: Muley Hacén), der hier begraben sein soll.

Von der Straße Granada–Sierra Nevada bietet sich ein Abstecher zum pittoresken moriskischen Dorf **Güéjar Sierra** am Embalse de Canales an.

Viele Hotels öffnen nur zur Skisaison und sind recht teuer. Günstiger sind die Unterkünfte entlang der Ctra. de Sierra Nevada.

El Lodge: Maribel 8, Tel. 958 48 06 00, Fax 958 48 13 14, www.ellodge.com. Hotel im Blockhausstil, 20 stilvolle Zimmer. DZ/Frühstück 167, in der Hochsaison 225 €.

Jugendherberge: oberhalb des Zentrums von Solynieve, Tel. 958 48 03 05, Fax 958 48 13 77. 200 Betten, Verleih von Skiausrüstungen.

Busse (Bonal) ab Granada-Busbahnhof, s. S. 207, in der Skisaison bis ca. Ende April 3–4 x tgl., im Sommer nur um 9 Uhr, zurück um 17 Uhr.

ALPUJARRAS – DIE LETZTE ENKLAVE DER MAUREN

Die Alpujarras, ein lang gestrecktes Bergtal zwischen der Sierra Nevada und den niedrigeren Küstengebirgen, gliedern sich landschaftlich in einen raueren, von höheren Bergen umstellten Westteil und einen flacheren Ostteil. Nach der Übergabe Granadas am 2. Januar 1492 suchte Boabdil mit Tausenden arabischer Familien in dieser einsamen, entlegenen Bergwelt seine Zuflucht. Wer heute von Granada in die Alpujarras fährt, überquert den Puerto del Suspiro del Moro, den ›Pass des Maurenseufzers‹. An diesem Ort soll Boabdil bei einem letzten Abschiedsblick auf die geliebte Stadt geweint haben.

Entgegen allen Zusagen wurden die Morisken bald gezwungen, sich in Lebensweise und Gebräuchen christlichen Sitten anzupassen. Die Repressionen lösten im Jahr 1500 eine Welle von Rebellionen aus, die der Katholische König mit Hilfe seines Feldherrn Gonzalo Fernández de Córdoba niederschlug. Die Moschee von Lanjarón, in der sich die muslimische Bevölkerung verschanzt hatte, ließ er mitsamt ihren Insassen in die Luft sprengen. Aber die Alpujarras blieben ein Unruheherd. Im Dezember 1568 kulminierten die Aufstände in einer Erhebung unter Leitung von Aben Humeya, die sich zu einem mehrjährigen Krieg in den Bergtälern Granadas ausweitete. Der Held der Seeschlacht von Lepanto, Don Juan de Austria, erstickte die Rebellion bis 1572. Tausende Morisken starben, viele wurden als Sklaven verschleppt, ihre Güter konfisziert. Nach dem Ausweisungsedikt von 1609 mussten 275 000 Menschen das Land verlassen. Wer sich taufen ließ und blieb, war der Verfolgung durch die Inquisition ausgesetzt. Die entvölkerten Täler wurden später mit Christen aus dem Norden wieder besiedelt.

Das Erbe der Mauren, die in den Alpujarras ihre letzte Bleibe auf iberischem Boden gefunden hatten, zeigt sich bis heute ebenso in der Architektur der Dörfer wie in der Landwirtschaft. Die Häuser liegen als verschachtelte weiße Kuben an den Berghängen. Im Erdgeschoss sind oft die Ställe für das Vieh untergebracht, das im Winter eine natürliche ›Bodenheizung‹ darstellt. Auf den mit Steinplatten und *launa*, einem wasserundurchlässigen Schiefer-Ton-Gemisch, konstruierten Flachdächern, aus denen weiße Schornsteine ragen, trocknen Maiskolben und aufgefädelte rote Paprikaschoten. Granatäpfel-, Mandel-, Orangen- und Ölbäume, Bohnen, Mais und Kartoffeln werden auf von Mauren angelegten Terrassen gezogen. In niederen Lagen der wasserreichen, fruchtbaren Täler gedeihen Wein, Tomaten und Melonen. Auch die vorherrschende Subsistenzwirtschaft verweist auf die lange Anwesenheit der Mauren.

Es scheint, als sei die Zeit in den *pueblos* der Alpujarras stehen geblieben. Der sanfte Tourismus, der in die ländliche Idylle der Bergtäler Einzug gehalten hat, hilft nun, das Überleben der Dörfer zu sichern.

Rundfahrt durch die Alpujarra Alta

Andalusien-Atlas: S. 251, D/E 1/2

40 km südlich von Granada (auf der N 323/E 902) erreicht man die Abzweigung nach **Lanjarón**, dessen Mineralwasser und Heilquellen allen Spaniern ein Begriff sind. Als Kurort erlebte Lanjarón Anfang des 20. Jh. seinen Höhepunkt; die vielen Hotels, Pensionen und Souvenirläden entlang der Hauptstraße zeigen an, dass es nun als Tor zu den Alpujarras einen neuen Boom erlebt.

Hinter **Órgiva**, Marktort und Verwaltungszentrum der Alpujarras, gewinnt die Straße an Höhe und schraubt sich kurvenreich hinauf nach Pampaneira. Das Dreigestirn der Dörfer **Pampaneira** (1058 m), **Bubión** (1300 m) und **Capileira** (1436 m) ist ein wahres Museum der regionalen Volksarchitektur. Kleine Läden bieten regionale Produkte an: Töpferwaren, handgewebte Decken, Feigenbrot, Honig, Marmelade. Die Dörfer liegen oberhalb des Flüsschens Poqueira, das eine tiefe Schlucht in die Berge schneidet, in einer wild-pittoresken Gebirgslandschaft, die zu Wanderungen und Naturexkursionen geradezu herausfordert. Dem Stil der Alpujarras-Architektur angepasst, entstand in Bubión eine **Villa Turística**, die sich für einen längeren Aufenthalt anbietet. Lokale Anbieter vermitteln geführte Wanderungen, Radtouren und Ausritte in die Bergwelt. Am Rande von Pampaneira existiert übrigens ein kleines buddhistisches Kloster.

Pitres, Pórtugos und Busquistar sind Stationen am Weg zum Tal des Río Trevélez und zu Spaniens höchstem Ort (1476 m): **Trevélez** an der Südflanke des Mulhacén. Die weißen Häuser staffeln sich den steilen Hang hoch. Unten im Ort (Barrio Bajo) geht es geschäftig zu, zum Durchgangstourismus kommen die vielen Schinkentransporter und -einkäufer. Trevélez ist nämlich für seine ausgezeichneten luftgetrockneten Schinken, die in der Schneekälte reifen, berühmt.

Ein Abstecher nach **Cádiar** lohnt schon wegen des Landtourismuszentrums **Alquería de Morayma** (1,5 km Richtung Torvizcón), der vielleicht ungewöhnlichsten und schönsten Bleibe in den Alpujarras. Hier kann man auf einer landschaftlich schönen Strecke den Rückweg nach Órgiva über **Torvizcón** antreten.

Weiter auf der Hauptroute nach Osten erreicht man zunächst **Yegen**, das durch Gerald Brenans Buch »Südlich von Granada« bekannt wurde. Der Engländer gehörte zu den vielen Schriftstellern, Künstlern, ›Aussteigern‹ und Naturliebhabern, die in den Alpujarras eine Wahlheimat fanden. Dann blickt man von oben in eine wild-zerrissene Kraterlandschaft, ein Panorama, das bis **Válor**, Geburtsort von Aben Humeya, dem Anführer des Aufstandes von 1568 (s. S. 210), vorhält. Die Straße senkt sich nun hinab in dieses Kraterbecken nach **Ugíjar**, die niedrigere Alpujarra Baja ist erreicht. Man hat die Wahl, nach Laujar de Andarax weiterzufahren und durch das Tal des Río Andarax Almería anzusteuern oder über Berja zur Küste zu fahren.

In den Alpujarras: Bubión und Capileira, zwei typische Gebirgsdörfer

In praktisch allen Alpujarras-Dörfern findet man zumindest einfache, nette Pensionen. Empfehlenswert:

Hostal Ruta del Mulhacén: Pampaneira, José Antonio s/n, Tel. 958 76 30 10. Ordentliche Pension,10 Zimmer mit Bad für 29–32 €.

Hostal Pampaneira: Pampaneira, José Antonio 1, Tel. 958 76 30 02. Ebenfalls gut, mit Bar und Restaurant. DZ mit Bad ca. 27 €.

Villa Turística de Bubión: Bubión, Haza Alta s/n, Tel. 958 76 39 09, Fax 958 76 39 05, www.villabubion.com. Schöne Anlage im Alpujarras-Stil am oberen Dorfrand, Zimmer/Apartments mit Kamin, gutes Restaurant mit Regionalküche. Wohneinheit ca. 80 €.

Hotel La Fragua: Trevélez, Barrio Medio, San Antonio 14, Tel./Fax 958 85 86 26, E-Mail: fragua@navegalia.com. 14 Zimmer teils mit Balkon und Blick auf die Berge. DZ ca. 32 €.

Alquería de Morayma: Cádiar, Tel./Fax 958 34 32 21. Intime Anlage im andalusischen Cortijo-Stil mit 18 schönen Räumen/Apartments, Pool, Restaurant und Bodega, in freier Natur. Zimmer ab 50 €. Organisation von Ausritten möglich.

Campingplätze in Órgiva, Pitres und Trevélez, alle mit Pool.

Nevadensis: Pampaneira, Pl. Libertad s/n, Tel. 958 76 31 27, Fax 958 76 33 01, www. nevadensis.com. Breites Angebot der Naturerkundung auf geführten Wanderungen, Jeeptouren, Ausritten mit Pferden.

Busse steuern von Granada tgl. die Alpujarras an.

Von Almería in die Alpujarra Baja

Andalusien-Atlas: S. 251, D 3 u. E/F 1
Bei Benahadux, 12 km nördlich von Almería, zweigt nach links die die Straße nach Gádor und in die Alpujarra Baja ab, die östlichen Bergtäler der Alpujarras. Über **Alhama de Almería**, dessen Thermalquellen schon die Araber nutzten, geht es weiter durch das Andarax-Tal, in dem Orangen, Mandeln und Wein gedeihen, am Nordrand der Sierra de Gádor entlang. Eine wüstenhafte Mondlandschaft prägt das Bild, erodierte Lößhügel, zerrissene Berge. Darin muten die kleinen Alpujarras-Dörfer wie Oasen an: Ihre Umgebung ist grün, auf den für die Alpujarras typischen Terrassenfeldern wird Landwirtschaft betrieben.

Canjáyar ist ein nettes weißes Bauerndorf am Rande des Naturparks Sierra Nevada. Wein und Oliven gedeihen rund um den Ort. In der ortseigenen Ölmühle wird das schmackhafte Öl ›La Almazara de Canjáyar‹ gepresst.

In **Laujar de Andarax,** Luftkurort und Zentrum des Weinbaus, fand der letzte Herrscher von Granada Zuflucht. Da die Christen die Gefahr eines neuen islamischen Reiches in den Alpujarras fürchteten, machten sie Boabdil entgegen allen Zusagen bald den endgültigen Garaus. Er musste nach Afrika fliehen, was die Moriskenaufstände in den Alpujarras auslöste. Der weiße Ort rund um die Plaza Mayor mit Rathaus und Brunnen und mit einer schmucken Mudéjar-Kirche zeigt bis heute moriskische Züge. Ein lauschiges Plätzchen ist die Quelle des Río Andarax. Die Umgebung lädt zu ausgiebigen Wanderungen ein.

Binnen einer Stunde gelangt man von hier auf der gut ausgebauten Straße via Berja an die Küste zurück. Wer die West-Alpujarras durchqueren will, hat in **Ugíjar** die Wahl zwischen einer Nord- und Südroute (s. S. 211).

Pensión La Piscina: Canjáyar, General González 86, Tel. 950 51 10 50. Neue Pension am Ortsrand, mit Terrasse, Garten, Pool und Restaurant, DZ ab 24 €. Alternativ kann man in Canjáyar versuchen, in der Casa Rural Doña Celia, einem typischen Dorfhaus mit Kamin, unterzukommen: Calle Real, Tel. 950 51 01 58.

Villa Turística de Laujar: Laujar de Andarax, Cortijo de la Villa s/n, Tel. 950 51 30 27, Fax 950 51 35 54, www.serives.es/villa laujar: Ferienanlage mit villas, Apartments für mehrere Personen mit Kamin und Terrasse; mit Pool und Restaurant mit Regionalküche. Pro Pers. inkl. Frühstück 32–40 €.

Pensión Fernández: Laujar de Andarax, am Hauptplatz, Tel. 950 51 31 28. 15 einfache Zimmer mit Bad ab 28 €.

Im **Centro de Interpretación de Visitantes** gegenüber der Tankstelle in Laujar erhält man Wanderkarten für die Alpujarras. Vermittlung von geführten Touren – Wanderungen, Ausritte, Jeeptouren, Fotosafaris – auch über das Hotel Villa Turística de Laujar.

Busse der Gesellschaft Alsa, Tel. 950 28 16 60, ca. 3 x tgl. ab Busbahnhof Almería nach Canjáyar–Laujar.

ALMERÍA UND DIE COSTA DE ALMERÍA

Vor sich das Meer und im Rücken die Hafenstadt Almería liegt mit ihrer beschaulichen Altstadt, überragt von einem arabischen Kastell, zwischen diesen beiden Welten. Nach Westen beherrschen große Ferienzentren die Küste, während im Osten, vor allem am Cabo de Gata, zauberhafte Strandbuchten zu entdecken bleiben.

Almería

Andalusien-Atlas: S. 251, D 4

In der Hafenstadt Almería (160 000 Einwohner), die an einer weit geschwungenen Mittelmeerbucht liegt, erinnert die mächtige Zitadelle an ihre glanzvolle Zeit im maurischen Spanien. Im 13. Jh. wurde Almería dem Nasriden-Reich von Granada eingegliedert. El Zagal, Onkel und Widersacher des letzten Herrschers Boabdil, musste Almería 1489 den Katholischen Königen überlassen. Gut 30 Jahre später zerstörte ein Erdbeben einen großen Teil der Stadt. Vor 1000 Jahren verluden Handelsschiffe aus Syrien, Alexandria und Konstantinopel im Hafen von Almería Seide, Rosinen und andere Erzeugnisse des Hinterlands. Seit die letzten Eisenminen der Provinz schlossen, ist es im Hafen stiller geworden.

Die Altstadt

Almerías Altstadt, ein Dreieck zwischen Burg, Hafenfront und dem Paseo de Almería gibt sich beschaulich, in ihren urtümlichen Tavernen werden Tapas gereicht, die auch verwöhnten Gaumen genügen. Am Nordrand der Altstadt, nahe dem Platz Puerta Purchen, sind **arabische Zisternen** [1] (Aljibes) aus dem 11. Jh. zu besichtigen (Di–Sa 10.30–13.30, 18–20 Uhr). Die nahe **Iglesia de Santiago el Viejo** [2] aus dem 16. Jh. ist Jakobus geweiht, dem Schutzheiligen des Kreuzzugs gegen den Islam. Über dem Seitenportal ist er als ›Maurentöter‹ in Aktion zu sehen.

Durch die einst bedeutendste Geschäftsstraße des alten Almería, die kleine Calle de las Tiendas, erreicht man das **Museo del Aceite de Oliva** [3], das Einblicke in die traditionelle Olivenölgewinnung gibt und zur Kostprobe einlädt (Mo–Fr 10–15, 17.30–22, Sa 10–14 Uhr). Am Weg zum Rathausplatz passiert man dann das beste Tapas-Lokal der Stadt, die **Casa Puga.** Ein geschlossenes arkadenbestandenes Geviert ist diese Plaza de la Constitución oder Plaza Vieja mit dem **Rathaus** [4] von Anfang des 20 Jh. Passiert man den Durchgang rechts des Gebäudes, so gelangt man geradeaus zur Burg.

Die **Kathedrale** [5] wurde seit 1524 von Diego de Siloé errichtet: ein Festungsbau, in dem die Einwohner Almerías bei Piratenüberfällen Schutz fanden. Der schmucklose Rumpf mit Wachttürmen an den Ecken hat noch eine gotische Grundstruktur. Eingangsportale, Sakristei und der schöne Kreuzgang zeigen den Stil der Renaissance. Sehenswert sind das Chorgestühl aus Walnuss und der Barockaltar (Mo–Fr 10–16.30, Sa 10–13 Uhr).

An der Südwestseite der Altstadt steht die **Iglesia de San Juan** [6] aus dem 17. Jh. Sie enthält noch den Mihrab, die Gebetsnische einer Moschee aus dem 10. Jh. (nur zu Messezeiten geöffnet).

Alcazaba

Eindrucksvoll thront die im 10. Jh. unter Kalif Abd ar-Rahman III. errichtete **Alcazaba** [7] über Almería. Der äußere Mauerring fasst ein riesiges Areal ein, das der Bevölkerung bei kriegerischen Angriffen Zuflucht bot. Die Gesamtanlage gliedert sich in drei durch Mauern abgetrennte Ebenen.

In die **untere Ebene** – in der eine arabische Zisterne verblieb – wurden Gartenanlagen eingezogen. Von hier sieht man eine turmverstärkte Mauer des 11. Jh., die auf den Cerro de San Cristóbal führt. Darüber liegt der **innere Festungsbereich**, in dem einst die maurischen Herrscher mit ihren Bediensteten residierten. Doch mehr als Reste von Zisternen (*aljibes*), eine zur Kapelle umfunktionierte kleine Moschee, einige Überbleibsel maurischer Häuser und Bäder sind nicht mehr zu sehen. Der

obere Teil der Anlage, mit Waffenhof und drei mächtigen Türmen, geht in seiner heutigen Gestalt auf die Zeit der Katholischen Könige zurück. Von hier bietet sich eine weite Rundumsicht über die Stadt, den Hafen, die Bucht: Das alte, ärmlich wirkende Fischerviertel La Chanca mit seinen von *gitanos* benutzten Höhlenwohnungen ist von hier zu sehen. (9–20.30, im Winter bis 18.30 Uhr, Mo geschl.)

Almerías Flanierzonen

Der **Paseo de Almería** ist die Arterie der Altstadt – gut für einen Einkaufsbummel und zum Entspannen in den Terrassencafés im Schatten der Ficus-Bäume. Die zur Palmenpromenade ausgebaute **Calle Nicolás Salmerón**

Almerías Maurenburg: Die Alcazaba

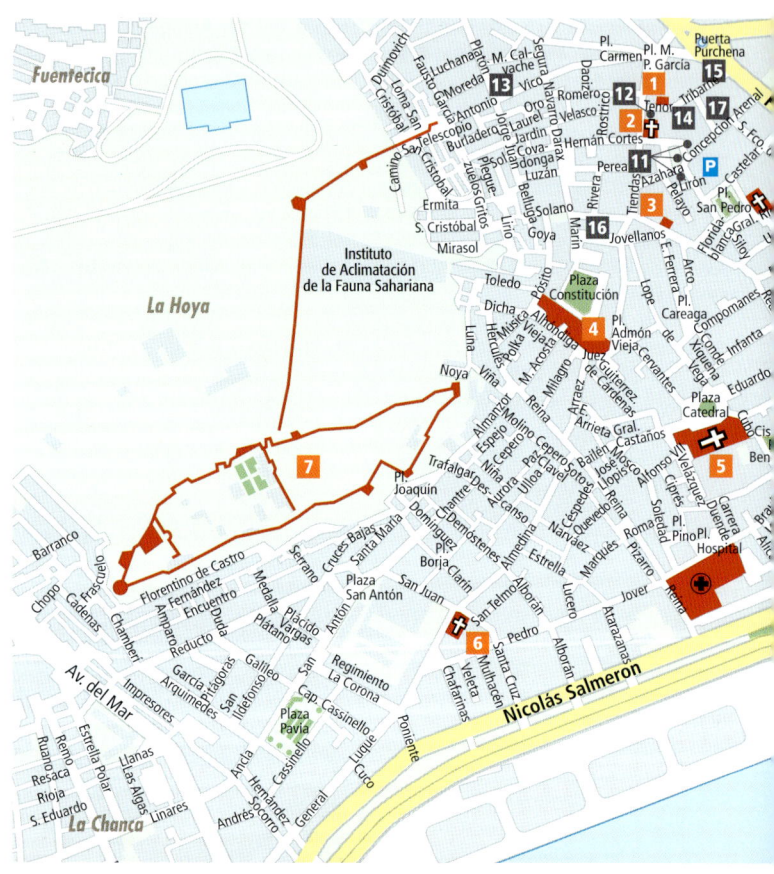

Sehenswürdigkeiten

1 arabische Zisternen	**6** Iglesia de San Juan
2 Iglesia de Santiago el Viejo	**7** Alcazaba
	8 Erzverladeanlagen (Cable Inglés)
3 Museo del Aceite de Oliva	**9** Bibliothek/prähistorische Funde
4 Rathaus	
5 Kathedrale	**10** Museo de Almería

Übernachten

- **11** Hotels Torreluz
- **12** AM Congress Hotel
- **13** Hostal Níxar

Essen und Trinken

- **14** Restaurante Valentín
- **15** Marisquería Alcázar
- **16** Casa Puga
- **17** Las Botas

WÜSTE UND WILDWEST

Die Wüstenlandschaft von Almería kennen wir aus dem Kino: Zahlreiche Italo-Western wurden nicht am Originalschauplatz im amerikanisch-mexikanischen Grenzland gedreht, sondern hier im Süden Spaniens, in der einzigen natürlichen Wüste Europas. Nahe dem von maurischen Burgruinen überragten Tabernas zimmerte man in den 1960er Jahren Western-Kulissendörfer zusammen, in denen sogar Clint Eastwood und Lee van Cleef ihre Colts zogen. Der Film des Basken Alex de Iglesia »800 balas« (»800 Schüsse«) ist eine Hommage an all diese Schauspieler.

Noch heute fallen in der Wüste Schüsse, Cowboys stürzen tot zu Boden, ein Sheriff prügelt sich mit Banditen – und kleine und große Zuschauer, die eigens deswegen nach ›Mini Hollywood‹ kommen, dem interessantesten der hiesigen Bretterdörfer, freuen sich. Die großen Schauspieler von einst trifft man nicht, aber deren Nachfolger tun ihr Bestes, um Wildweststimmung aufkommen zu lassen. Außer Saloons und Läden, Planwagen und Galgen der Kinoleinwände bietet der Parque Temático del Desierto de Tabernas Mini Hollywood ein Tierreservat (tgl. 10–20/21, im Winter Di–So 10–19 Uhr; Westernspektakel um 12, 17 und – im Sommer – 20 Uhr; außerdem Tanzshows und Vorführungen mit Papageien; Eintritt 16 €, Kinder 9 €).

lädt zu Spaziergängen längs des Hafens ein. Die jüngste Flanierzone ist die begrünte und mit Skulpturen geschmückte **Rambla Belén**, die über einem trockenen Flussbett angelegt wurde. Sie beginnt an der Meeresfront unweit der alten **Erzverladeanlagen** 8, wo die auf Waggons aus der Sierra de Gádor herbeitransportierten Kohlen und Erze auf Schiffe befördert wurden.

In der Seitenstraße Hermanos Machado sind in einer **Bibliothek** 9 bedeutende prähistorische Funde aus Los Millares zu sehen (Di–Fr 9–14, Sa 9.30–14.30 Uhr, s. S. 219). Das **Museo de Almería** 10 beim Bahnhof zeigt interessante Kunstausstellungen.

Oficina de Turismo: Parque N. Salmerón, Tel. 950 27 43 55, Fax 950 27 43 60, E-Mail: otalmeria@andalucia.org.

Hoteles Torreluz 11 und **AM Congress** 12: Pl. Flores 1–3 und 5 sowie Tenor Iribarne, Tel. 950 23 49 99, Fax 950 28 14 28, www.torreluz.com. Mehrere Hotels an einem ruhigen kleinen Altstadtplatz, vom gediegenen Vier-Sterne-Haus mit Pool und Liegeterrasse auf dem Dach bis zu einfachen, funktionalen Zimmern im Zwei- oder Drei-Sterne-Hotel oder modernen Räumen im neuen Congress-Hotel. DZ 60–115 €, an Wochenenden günstige Sondertarife.

Hostal Nixar 13: Antonio Vico 24, Tel./Fax 950 23 72 55: Ordentliche Pension in zentraler Lage, DZ ab 34 €.

Jugendherberge: Isla Fuerteventura s/n, Tel. 950 26 97 88, Fax 950 27 17 44.

Camping: La Garrofa, N 340a, 4 km Richtung Aguadulce, Tel. 950 23 57 70.

Restaurante Valentín 14: Tenor Iribarne 19, Tel. 950 26 44 75. Große Bandbreite an Fischgerichten, dazu Hummer und Paella. Menü für ca. 28 €.

Marisquería Alcázar 15: Tenor Iribarne 2: Hier kann man draußen sitzen und sich frischen Fisch und Meerestiere bestellen, auch als *raciones*, zu Bier und Wein.

Casa Puga 16: Jovellanos 7. Das schöne alte Lokal ist Almerías Spitzenreiter in Sachen Tapas. Dazu gibt es gute Weine.

Las Botas 17: Fructuoso Pérez. Eine hübsche Bodega, in der man zu Bier, Wein und Sherry vom Fass Tapas reicht.

In der **Markthalle** seitlich des Po. de Almería findet man frische Lebensmittel und südländisches Flair.

Mode: Am Po. de Almería reihen sich Modeläden, darunter von namhaften spanischen Designern, wie Roberto Verino oder Adolfo Domínguez, aber auch von Zara und Mango aneinander, dazu zahlreiche Schuhgeschäfte.

Molly Malone, Po. de Almería, im Gebäude des Teatro Cervantes, und **Mae West**, Calle Nicolás Salmerón, bei der Touristeninfo, sind zwei schöne Pubs. Die Flamenco-Szene trifft sich in der **Peña Flamenca El Taranto**, Tenor Iribarne 10 (in den arabischen Zisternen). Nächtlicher Szenetreff ist auch die **Calle Trajano** mit zahlreichen Tapas-Lokalen und Discos.

Semana Santa; Ende August **Feria** und Musikfestspiele.

Flughafen: 8 km Richtung Cabo de Gata, Tel. 950 21 37 00. Flughafenbusse ab Gregorio Marañón (Linie 20).

Züge: ab Estación Intermodal, Pl. de la Estación, Tel. 902 24 02 02. Züge nach Granada, Sevilla, Madrid, Barcelona.

Busse: ab Estación Intermodal (s.o.) Tel. 950 26 20 98, nach Málaga, Sevilla, Córdoba, Granada, Jaén, zu den Küstenorten im Westen und zum Cabo de Gata.

Fähren: Transmediterránea, Estación Marítima, Tel. 902 45 46 45, 950 23 69 56, fährt nach Melilla; Ferrimarroc, Estación Marítima, Tel. 950 27 48 00, nach Nador.

Ausflüge von Almería

Los Millares

Andalusien-Atlas: S. 251, D 3

Beim Ort Santa Fe de Mondújar liegt auf einem Hügel oberhalb des Río Andarax die **Necrópolis de los Millares**, Reste einer befestigten neolithischen Siedlung mit Kollektivgräbern, die seit Mitte des 3. Jt. v. Chr. entstanden. Los Millares gilt als eine der bedeutendsten Fundstätten der Glockenbecherkultur in Europa sowie der späteren bronzezeitlichen El Argar-Kultur, die einen hohen Stand der Metallverarbeitung erreichte. Ein archäologischer Beweis dafür, dass Almería – lange bevor Phönizier und Karthager die Bucht als natürlichen Hafen nutzten – ein Zentrum prähistorischer Kulturen war. (Di–Sa 9.30–16 Uhr, vorher telefonisch kontakten: Tel. 608 95 70 65).

Desierto de Tabernas

Andalusien-Atlas: S. 251, D/E 3

Spaniens Wüstenprovinz lernt man bei einem Ausflug zum ›Paraje Natural Desierto der Tabernas‹ (Naturlandschaft der Wüste von Tabernas) näher kennen, eine wilde Steinwüstenlandschaft, Schauplatz zahlreicher Italo-Western, in der nur Trockenpflanzen gedeihen, die vom Morgentau leben. Den Umstand, dass die Sonne hier 3000 Stunden im Jahr unerbittlich auf die Erde

PLASTIKMEERE – ALMERÍAS TREIBHÄUSER

Die Namen Campo de Dalías und El Ejido (Atlas: S. 251, F 2) sind jedem Spanier ein Begriff. Ein ganzer Landstrich ist hier unter Plastikfolien verschwunden. Sie bedecken einen Riesengarten, dessen Tomaten und Zucchini, Auberginen und Bohnen, Salat und Paprika – drei- bis viermal im Jahr geerntet – ganz Westeuropa das ganze Jahr hindurch mit frischem Gemüse versorgen, eine Intensivlandwirtschaft und Ausbeutung der knappen Wasserressourcen, die ihresgleichen sucht. Kilometerweit erstreckt sich die mit Polyäthylenplanen plastifizierte Landschaft über die flache Landzunge an der Westseite des Golfs von Almería und entlang der Küste nach Westen. Auch östlich von Almería greifen diese *invernaderos*, Gewächshäuser, immer mehr Raum, sie dehnen sich bereits bis an die Grenzen des Naturparks Cabo de Gata-Níjar aus.

Almería ist Sonnenland, die Stunden des Jahres, in denen der Himmel das Land mit Regen beschenkt, lassen sich dagegen zählen. Das Licht ist hier afrikanisch, es schmerzt im Sommer geradezu in den Augen. 342 Sonnentage und 180 mm Niederschlag, das sind die Parameter, die Almería zur Wüste machen. Die Hälfte der Provinzfläche ist bereits zu einer kahlen, wild zerklüfteten Mondlandschaft erodiert, und der Verwüstungsprozess schreitet voran. Lange galt die Provinz Almería als ›armer Arsch‹ Spaniens. Erst Tourismus und Intensivlandwirtschaft bewirkten die Kehrtwende. Vor allem die Gemüsekulturen brachten einen Wirtschaftsboom in die einzige natürliche Wüste Europas.

Doch das Gemüse braucht Wasser – mehr als in Almería zur Verfügung steht. Zusammen mit Nährstoffen und Schädlingsbekämpfungsmitteln wird es in die Kunstfaserballen geträufelt, in denen die Pflanzen wurzeln – eine Methode, die aus Holland importiert wurde. Die Ausbeutung der Grundwasservorräte hat längst ihre Grenzen erreicht. Der Ruf der Gemüsebauern und Kooperativen nach staatlicher Abhilfe, der zum gigantischen Plan führte, Wasser per Pipeline vom Ebro im Norden durch halb Spanien nach Almería abzuzweigen, löste im ganzen Land heftige Proteste aus, die im Frühjahr 2002 in Barcelona ihren Höhepunkt fanden: Hunderttausende protestierten gegen das Vorhaben, das für das geschützte Ökosystem im sumpfigen Mündungsdelta des Ebro unabsehbare Folgen haben könnte.

In den *invernaderos* arbeiten als Pflücker und Erntehelfer Tausende Afrikaner, überwiegend aus Marokko und anderen westafrikanischen Ländern – Billigstkräfte, oft illegal. Sie schuften unter erbärmlichen Bedingungen, bei Temperaturen von 45 Grad und mehr, in stickiger, feuchter Dschungelluft unter den Plastikfolien, 12 bis 15 Stunden täglich. Doch froh ist, wer hier überhaupt ein paar Euro verdienen kann und es vielleicht sogar schafft, Papiere zu bekommen. El Ejido machte im Februar 2000 Schlagzeilen, als es zu gewalttätigen Konflikten zwischen der Bevölkerung des Städtchens und den Afrikanern kam.

niederbrennt, macht man sich in einem Sonnenkraftwerk zunutze, mit dem nahe Tabernas experimentiert wird. Und der klare Sternenhimmel beschäftigt Astronomen: Auf dem **Calar Alto,** der mit 2168 m höchsten Erhebung der Sierra de los Filabres, wird mit Unterstützung des Max-Planck-Institutes ein Observatorium betrieben.

Die Urlauberzentren der Costa de Almería

Andalusien-Atlas: S. 251, C/D 4
Die Landzunge westlich von Almería steht ganz im Zeichen des Tourismus. In **Aguadulce** schoss Anfang der 1960er Jahre das erste Urlaubszentrum der Provinz aus dem Boden. Der Ort verfügt über einen Yachthafen, eine Palmenpromenade längs des Strandes und zahlreiche touristische Serviceeinrichtungen; nicht zuletzt sorgt man hier für gute nächtliche Animation.

Dann folgt **Roquetas de Mar,** in dessen Umgebung man unter Plastikplanen Frühgemüsekulturen zieht. Auf Salinenfeldern wird Salz gewonnen. Zum Ort gehören das alte Dorf **Puerto de Roquetas** mit Fischer- und Sporthafen sowie die an einem weiten, grobsandigen Strandbogen gelegenen großen Ferienzentren **Urbanización Roquetas de Mar** und **Playa Serena**.

Das dritte Urlaubszentrum ist **Almerimar**, eine Edel-*urbanización* mit großzügigen Grünflächen zwischen den Bungalows, Apartments und Hotels, mit langen Stränden, Yachthafen, Wasser- und anderen Sportangeboten sowie einem 18-Loch-Golfplatz.

 Die hiesigen Unterkünfte bucht man günstiger vorab im Reisebüro.
Jugendherberge: Aguadulce, Campillo del Moro, Tel. 950 34 03 46. Auch Bungalowvermietung.
Camping: Roquetas, Ctra. Los Parrales, Tel. 950 34 38 09. Strandnah. Camping Mar Azul, 1 km außerhalb von Almerimar, Playa de San Miguel, Tel. 950 49 75 05.

 Busse: Von Almerimar verkehren Linienbusse nach Roquetas, von Roquetas und Almerimar nach Almería.

Cabo de Gata

Andalusien-Atlas: S. 251, E/F 3/4
Der Naturpark Cabo de Gata-Níjar liegt östlich der Bucht von Almería auf einer ins Mittelmeer vorgeschobenen Landzunge. Stille Buchten, Steilküsten und die Sierra de Cabo de Gata im Hinterland bilden eine intakte, naturbelassene und sehr aride Landschaft, in der hauptsächlich Espartogras, Agaven, Disteln, Bergginster und Palmen gedei-

---

Töpferwaren und Decken aus Níjar

Níjar lohnt einen Ausflug (Atlas S. 251, E 3). Der schöne Ort mit maurischer Struktur liegt malerisch vor der Bergkulisse der Sierra Alhamilla. Überall im Dorf werden Töpfer- und Webarbeiten angeboten, die einen guten Ruf genießen. Wer durch die Gassen schlendert, kann hier und da einen Blick in Webstuben werfen (Busse ab Almería Mo–Sa 1–2 x tägl.).

Naturparadies am Cabo de Gata: La Isleta del Moro

hen. Die typischen weißen Häuserkuben, Landschaft und Vegetation, Klima und Licht wirken ›afrikanisch‹. Das Landesinnere ist dünn besiedelt, frühere Bergarbeitersiedlungen wurden aufgegeben. Am Rand des Naturparks verschwindet die Erde unter den Planen der *invernaderos.* Ein paar Hirten gibt es noch, die kleinen Küstensiedlungen leben vom Fischfang, mehr noch von einem umweltverträglichen Tourismus.

San Miguel de Cabo de Gata

Andalusien-Atlas: S. 251, E 4
Hinter dem Informationszentrum **Las Amoladeras** am Weg von Almería zum Kap verzweigt sich die Straße nach San José und zum Dorf **Cabo de Gata.** An dessen Strand liegen noch die alten Holzboote der Fischer. Ein Stück

weiter die Mini-Siedlung **Almadraba de Monteleva** mit Hotel-Restaurant am langen Strand. Weiße Salzberge türmen sich an der Straße. An der Südspitze des Kaps erhebt sich ein **Leuchtturm** auf einem ins Meer vorspringenden Felsen.

Hostal Las Dunas: Barrionuevo 58, Tel. 950 37 00 72. Wohlfühlpension unweit des Strandes, Zimmer teils mit Balkonen. 39–45 €.

Frischen Fisch servieren die Lokale an der Meerpromenade. Gut ist auch das Restaurant in Almadraba am Strand.

San José

Andalusien-Atlas: S. 251, E 4
San José liegt vor einem bergigen Hinterland an einem buchtenreichen Küs-

tenabschnitt. Bevor in den letzten Jahren einige kleine Hotels und Apartments errichtet wurden, um die steigende Zahl der Besucher zu beherbergen, hatte das Dorf 300 Einwohner. Neben den Fischerbooten ankern nun Yachten im Hafen, in dem auch Bootsausflüge entlang der wunderschönen Küste starten. Schotterpisten führen zu den schönen Dünenstränden **Playa de Mónsul** und **Playa de los Genoveses** oder in die felsige **Cala Higuera** in der Umgebung.

Hostal El Dorado: Genoveses s/n, Tel. 950 38 01 18. Von Restaurant- und Zimmerterrassen blickt man über den Hafen und den Ort; sehr freundliche Besitzer. DZ 42–60 €. Eine Reihe weiterer Hostales an der Hauptstraße bzw. in der Siedlung links davon. **Jugendherberge:** Tel. 950 38 03 53. **Camping:** am Ortsrand, mit Radverleih.

Restaurantzeile am Hafen, besonders empfehlenswert ist die **Taberna del Puerto**. Rustikal isst man im Restaurant des Landhotels **El Sotillo** am Ortseingang von San José. Ein Tipp ist **La Gallineta,** im Nachbarort El Pozo de los Frailes, Ctra. San José s/n, Tel. 950 38 05 01, mit elaborierten Speisen.

Busse: Almería–San José mehrmals tgl.

Los Escullos/La Isleta

Andalusien-Atlas: S. 251, E 4
Wer ›seine‹ Strandbucht sucht, findet sie sicher zwischen San José und Agua Amarga. Über El Pozo de los Frailes – mit einem nasridischen Schöpfrad – kommt man zur Mini-Küstensiedlung

Los Escullos. Auch in der nahen Fischersiedlung **La Isleta,** das sich zu einer Sommerfrische zu entwickeln beginnt, leben nur rund 20 Familien.

Hostal Isleta del Moro: Tel. 950 38 97 13. Kleine Familienpension mit Restaurant, Meerblick. DZ ca. 43 €. **Camping:** in Los Escullos mit Bungalowvermietung.

Las Negras/Agua Amarga

Andalusien-Atlas: S. 251, F 3/4
Rodalquilar, einst als Bergarbeitersiedlung bedeutend (Goldminen), liegt in einem Tal unweit der Küste. Hinter dem Ort zweigt eine 3 km lange Piste zu einer einsamen Strandbucht mit den Resten von Küstenverteidigungsanlagen ab. Auch im Fischerdorf **Las Negras**, an einer Strandbucht, ist die Welt noch in Ordnung. Ein ordentlicher Fußmarsch (12 km) führt über die Küstenfelsen zur versteckten Cala de San Pedro.

Agua Amarga, weiter nördlich, mit weißen Häuserkuben und vergleichsweise viel Vegetation, liegt wie eine Oase in einer kleinen Bucht am Meer. Vom goldgelben Feinsandstrand blickt man über eine Reihe an Kaps entlang der Küste. Kurz vor **Carboneras** – mit einem Kraftwerk, Frachthafen und Fischerhafen – endet das Cabo de Gata mit seiner wilden Küstenlandschaft.

Mikasa: Ctra. Carboneras s/n, Tel. 950 13 80 73. Der Name ist Programm, Intimität, familiäre Atmosphäre, liebevolle Gestaltung bis in den letzten Winkel des Hauses, Garten mit Pool, gu-

tes Restaurant. DZ mit Frühstück ab
82/102 €.

Hostal Family: La Lomilla, Tel. 950 13
80 14. Gemütliche Pension in grüner Umgebung am Ortsrand, mit Restaurant. DZ
ab 45/55 € nach Saison.

Camping: Las Negras mit Tauchclub.

 Gut isst man im **Restaurant Playa**
direkt am Strand – manchmal zu Fla-
mencomusik.

Mojácar und Umgebung

Andalusien-Atlas: S. 251, F 3

Mojácars weiße, übereinander gesta-
pelte Wohnkuben schmiegen sich an
einen steilen Abhang. Enge Gassen,
nach andalusischer Art mit Blumen geschmückt, führen bergauf und bergab.
Der reizvolle Ort mit moriskischer
Struktur galt lange als Insidertipp. Den
›Aussteigern‹, die sich hier niederließen, folgten bald größere Besucher-
ströme. Das Zentrum Mojácars besteht
nun aus einer Ansammlung von Ge-
schäften, Souvenirläden, Bars und
Restaurants. Dennoch, außerhalb der
Hauptsaison, ist Mojácar ein gemüt-
lich-ruhiges Dorf geblieben, denn der
Tourismus konzentriert sich unten, an
der wenige Kilometer entfernten Küste
mit langem Strand. 5 km weiter kann
man in den Hafenrestaurants des Fi-
scherstädtchens **Carrucha** frischen
Fisch essen. Die Feriensiedlung **Puerto del Rey** – weiter nördlich – ist für ihre kilometerlangen Stränden mit FKK-
Zonen bekannt.

Parador de Mojácar: Av. del Mediterráneo, am Strand, Tel. 950 47 82
50, Fax 950 47 81 83. Gutes Hotel mit
Garten und Pool. DZ ab 96 €.

El Torreón: Jazmín 4, in Mojácar-Pueblo,
Tel. 950 47 52 59. Zauberhafte Pension mit
5 geschmackvoll eingerichteten Zimmern,
viele Antiquitäten; beim Frühstück blickt
man von der Terrasse hinunter aufs Meer.
DZ ab 30 €.

Casa Justa: Morote 5, Tel. 950 47 83 72.
Ganz oben im Ort, mit einfachen, sauberen Zimmern ohne/mit Bad. DZ ab
24/30 €.

Camping: am Strand Richtung Carboneras.

Busse Almería–Mojácar und vice
versa mehrmals tgl.

Vélez Blanco

Andalusien-Atlas: S. 247, E 3

6 km nördlich von Vélez Rubio lohnt im
Nordostzipfel der Provinz Almería der
Bergort Vélez Blanco die Auffahrt.
Hauptattraktion des Dorfes ist ein
Schloss, das der Marqués von Vélez
Anfang des 16. Jh. von einem italieni-
schen Architekten errichten ließ. Der
ursprüngliche Patio der restaurierten
Anlage ist unwiederbringlich im New
Yorker Metropolitan Museum gelandet.
Bei Vélez Blanco liegt die **Cueva de los
Letreros**, Fundort des *Indalo*, einer
prähistorischen Felszeichnung, heute
ein Emblem Almerías.

Casa de los Arcos: San Francisco
2, Tel. 950 61 48 05. Ein kleines,
gemütliches Landhotel mit Restaurant.
DZ ab 38 €.

REISEINFOS VON A–Z

Alle wichtigen Infor-
mationen rund ums
Reisen auf einen Blick
– von A wie Anreise bis
Z wie Zeitungen

Extra: Ein Sprachführer
mit Hinweisen zur
Aussprache, wichtigen
Redewendungen, einem
Überblick über die
andalusische Speise-
karte und Zahlen

INHALT

Anreise

Flugverbindungen

Günstige Charterflüge werden das ganze Jahr über von allen größeren Städten im deutschsprachigen Raum nach Málaga und Almería angeboten (im Frühjahr rechtzeitig buchen).

Málagas Aeropuerto de Pablo Ruiz Picasso ist Andalusiens Flughafen Nummer eins (für Charter und Linie) und ein guter Ausgangspunkt für einen Urlaub an der Costa del Sol wie für eine Rundreise durch Andalusien.

Almería ist der zweitwichtigste Flughafen. Außerdem gibt es die Möglichkeit, **Sevilla** anzufliegen (z.B. ab Frankfurt direkt, von den meisten Flughäfen via Madrid oder Barcelona). Im Sommer wird auch **Jerez de la Frontera** von Charterflügen bedient, ein günstiger Ausgangspunkt für Reisen an die Costa de la Luz. Die Flugzeit beträgt von Mitteldeutschland ca. 3 Std.

Mit Bahn oder Bus

Die Anreise mit dem Zug oder Bus dauert je nach Startort ein bis eineinhalb Tage. Dazu kann eine Zugfahrt mit mehrfachem Umsteigen verbunden sein. Einen Autoreisezug gibt es bis Narbonne in Südfrankreich (Infos im Internet: www.autoreisezug.de). Von Madrid verkehrt der Hochgeschwindigkeitszug AVE nach Córdoba–Sevilla (2 Std. 15 Min. Fahrzeit). Zahlt man den regulären Preis, lohnt das Bahnfahren nicht.

Europabusse verkehren von mehreren Städten in Deutschland, Österreich und der Schweiz nach Andalusien. Auskunft: Deutsche Touring, Am Römerhof 17, 60486 Frankfurt, Tel. 069/79 03 50.

Apotheken

Ein grünes Kreuz auf weißem Grund ist das Erkennungszeichen von Apotheken. *Farmacias* geben Medikamente aus, bieten aber auch Drogerieartikel an. Die nächste Notapotheke wird durch Aushang bekannt gegeben.

Ärztliche Versorgung

Arztkosten: Mitglieder gesetzlicher Krankenkassen können sich für Spanien einen Auslandskrankenschein besorgen, der zur kostenlosen Behandlung in Krankenhäusern und *Centros Sanitarios* (das sind die örtlichen Gesundheitszentren) berechtigt. Niedergelassene Ärzte können gegen Barzahlung in Anspruch genommen werden. Rechnungen für Behandlungen und Privatrezepte werden gegen Vorlage von der Krankenkasse erstattet, zumindest bis zur Höhe der im Heimatland üblichen Kosten (höhere Kosten sind in Spanien nicht zu erwarten).

Reisekrankenversicherungen sind zur Abfederung außergewöhnlicher Situationen sinnvoll. Sie übernehmen etwa die Kosten für einen medizinisch notwendigen Rücktransport in die Heimat. Der Standard der medizinischen Versorgung in Andalusien ist gut.

Versorgung im Notfall: Zur Notfallbehandlung wendet man sich an die *urgencia* der Krankenhäuser. Die Behandlung erfolgt kostenlos.

Deutschsprachige Ärzte: Adressen deutschsprachiger Ärzte, die sich u.a. an der Costa del Sol niedergelassen haben, erfahren Sie über die Konsulate Ihres Heimatlandes (s. S. 228).

Autofahren

Autobahngebühren: Die autobahnartig ausgebauten *autovías* zwischen den großen Städten sind gebührenfrei, gebührenpflichtig sind die *autopista* Sevilla–Jerez und die neue Küstenautobahn rund um Marbella.
Geschwindigkeitsgrenzen: in geschlossenen Ortschaften 50, auf Landstraßen 90, auf Fernstraßen 100 und auf Autobahnen 120 km/h.
Pannenhilfe: s. Umschlagklappe vorn
Parken: Gelbe Markierung am Straßenrand heißt Parkverbot. Zum Parken entlang blau markierter Bürgersteige zieht man aus einem nahen Automaten einen Parkschein. Parkhäuser in Städten sind recht teuer.
Promillegrenze: 0,5, für Anfänger 0,3.
Verhalten im Verkehr: Vor unübersichtlichen Kurven hupen, nachts auf- und abblenden, um den Gegenverkehr zu warnen. Es besteht Gurtpflicht.

Behinderte

Eine Broschüre mit behindertengerechten Hotels gibt es beim **Centro Estatal de Minusválidos Físicos:** Tel. 0034/917 44 36 00, Fax 914 13 19 96.

Diplomatische Vertretungen

Die Konsulate sind Mo–Fr von 9–13 Uhr zu erreichen. Außerhalb dieser Zeit erfahren Sie vom Tonband eine Notrufnummer.
Deutsche Konsulate:
04720 Aguadulce/Almería,
Centro Comercial Neptuno,
Av. Carlos III. 401,
Tel. 950 34 05 55.
11402 Jerez de la Frontera, Pizarro 10, c/o Hermanos Sandeman,
Tel. 956 30 11 00.
29001 Málaga, Mauricio Moro Pareto 2,
Tel. 952 36 35 91.
41013 Sevilla, Avda. de la Palmera 19-2°, Edificio Winterthur,
Tel. 954 23 02 04.
Österreichische Konsulate:
41001 Sevilla, Marqués de Paradas 26,
Tel. 954 22 21 62.
29001 Málaga. Alameda de Colón 26, 2° izquierda,
Tel. 952 60 02 67.
Schweizer Konsulat:
29005 Málaga, San Lorenzo 4,
Tel. 952 21 72 66.

Einreisebestimmungen

Ausweispapiere: Deutsche, Österreicher und Schweizer benötigen einen gültigen Personalausweis (oder Pass) bzw. einen Kinderausweis. Die Aufenthaltsdauer ist für EU-Bürger nicht begrenzt. Schweizer können ohne Visum bis zu drei Monaten im Land bleiben.
Tiere dürfen mit einem internationalen Impfpass mit Tollwutimpfbescheinigung eingeführt werden.
Zoll: Die Mitnahme größerer Mengen an EU-Waren für den persönlichen Bedarf ist erlaubt, z.B. bis zu 800 Zigaretten, 90 Liter Wein, 10 Liter Spirituosen.

Feiertage

1. Januar: Neujahr
6. Januar: Dreikönigstag
28. Februar: Andalusientag
Karwoche/Semana Santa: Gründon-

nerstag bis Ostersonntag
1. Mai: Tag der Arbeit
Fronleichnam/Corpus Cristi: vielerorts in Andalusien ein lokaler Feiertag
15. August: Mariä Himmelfahrt
12. Oktober: Día de la Hispanidad/Jahrestag der Entdeckung Amerikas**1.**
1. November: Allerheiligen
8. Dezember: Unbefleckte Empfängnis
25. Dezember: Weihnachten

FKK/oben ohne

An den stark frequentierten Mittelmeerstränden wie in versteckten Buchten hat sich ›oben ohne‹ durchgesetzt. Aber nicht an jedem Dorfstrand wird dies gern gesehen. FKK-Zonen gibt es in Vera (Ostandalusien) und vereinzelt an der Costa del Sol.

Informationsstellen

Spanische Fremdenverkehrsämter in Deutschland:
– 10707 Berlin
Kurfürstendamm 63, 5. Stock,
Tel. 030/882 65 43, Fax 882 66 61,
E-Mail: berlin@tourspain.es
– 40237 Düsseldorf
Grafenberger Allee 100,
Tel. 0211/680 39 80 oder -81,
Fax 0211/680 39 85,
E-Mail: dusseldorf@tourspain.es
– 60323 Frankfurt a. M.
Myliusstr. 14, 4. Stock,
Tel. 069/72 50 33 oder 72 50 38,
Fax 069/72 53 13,
E-Mail: frankfurt@tourspain.es
– 80051 München
Postfach 15 19 40,
Tel. 089/53 01 58 oder 53 07 46 11,

Fax 089/532 86 80,
E-Mail: munchen@tourspain.es
Telefonische Prospektanforderung:
Tel. 06123/991 34, Fax 991 51 34.
...in Österreich:
1010 Wien, Walfischgasse 8/14,
Tel. 01/512 95 80,
Fax 01/512 95 81
E-Mail: viena@tourspain.es
...in der Schweiz:
8008 Zürich, Seefeldstr. 19,
Tel. 01/252 79 30,
Fax 01/252 62 04.
E-Mail:zurich@tourspain.es
Oficinas de Turismo in Andalusien:
Das Netz an Infostellen für Touristen, von den staatlichen Oficinas de Turismo bis zu lokalen Büros, ist dicht. Es gibt sie praktisch in allen Städten, in den meisten Küstenorten und manchmal auch in Dörfern, die sich auf Landtourismus eingestellt haben. Die Büros sind für Hilfestellung, Beratung und Information von Besuchern zuständig, geben Stadtpläne und Karten aus, daneben Infos über Bus- und Zugverbindungen oder Unterkunftslisten.

Infos im Internet

www.tourspain.es: umfassendes Infoangebot des Fremdenverkehrsamtes Turespaña, auch auf Deutsch.
www.andalucia.org: Infos des Fremdenverkehrsamtes Turismo Andaluz, auch auf Deutsch.
www.andalucia.com: Infos zu Stränden, Ferienhäusern, Camping, Aktivtourismus, auf Spanisch und Englisch.
www.renfe.es: Fahrpläne der Eisenbahngesellschaft Renfe, Spanisch und Englisch.

Lesetipps

Brenan, Gerald: Das Gesicht Spaniens, Bericht einer Reise durch den Süden. Kassel 1991

Brenan, Gerald: Südlich von Granada. Kassel 1990

Burckhardt, Titus: Die maurische Kultur in Spanien. München 1980

Jan Gibson: Lorcas Granada. Kassel 1995

Hofmann, Felix (Hrsg.): Andalusische Ansichten. Kassel 1990

Antonio Muñoz Molina: Stadt der Kalifen. Reinbek bei Hamburg, 1994

Wördemann, Franz: Die Beute gehört Allah. Die Geschichte der Araber in Spanien. München 1985

Notrufnummern

S. vordere Umschlagklappe

Öffnungszeiten

Faustregel: Vor 9 Uhr ist kaum eine Einrichtung geöffnet, *siesta* ist von ca. 13.30 bis ca. 17 Uhr, Ladenschluss um ca. 20 Uhr. Im Winter verkürzt sich die *siesta*-Zeit. Behörden sind nur am Vormittag für Publikumsverkehr geöffnet. **Banken/Post:** Mo–Fr 8.30–14, Sa bis ca. 13 Uhr (außer im Sommer). **Geschäfte:** Ca. 9.30–13.30, 17.30–20.30, Sa nur vormittags, Kaufhäuser und Supermärkte auch nachmittags. **Museen und Monumente:** Montag ist meist Ruhetag, und am Sonntag sind viele Museen und Monumente nur am Vormittag geöffnet. Ansonsten gelten die allgemeinen Öffnungszeiten.

Polizei

In praktisch jedem Ort gibt es einen Posten der *Guardia Civil.* In Städten ist die *Policía Nacional,* also das nächste Kommissariat *(comisaría),* für die Anzeige von Diebstählen und anderen Delikten zuständig (s. vordere Umschlagklappe).

Radio und TV

Ein Leben ohne Fernseher – undenkbar in Andalusien. Sogar preiswerte Pensionen haben ihre Zimmer meist mit einem Fernseher ausgestattet, der auch internationale Programme empfangen kann.

Reisekasse und Preise

Preisniveau: Lebensmittel wie Brot, Obst, Gemüse, Salat und auch Fisch sind preiswerter als in Deutschland. Das Gleiche gilt für Wasser, Kaffee oder Wein. Auch die Nutzung öffentlicher Verkehrsmittel ist vergleichsweise günstig. Ein deutliches Preisefälle macht sich zwischen Stadt und Land bemerkbar. Beispiele:
Zimmer in Pensionen: ab 25 € pro DZ
Mittelklassehotel: ab 60 € pro DZ
Oberklassehotel: ab 80/90 € pro DZ
Restaurantbesuch/Tagesmenü: ab 10 €
Restaurantbesuch à la carte: ab 20 €
Flasche Hauswein: ca. 10 €
Glas gezapftes Bier: ca. 1 €
Café: 1–1,50 €
Zugfahrt pro 100 km: ca. 8–9 €
Benzin/1 Liter Eurosuper: 0,90 €
Ermäßigungen: Mitglieder der EU können gegen Vorlage des Personalaus-

weises viele staatliche Museen kostenlos besichtigen. Rentner und Studenten erhalten gegen Vorlage entsprechender Ausweise beim Besuch vieler Monumente Preisermäßigungen.

Bargeldbeschaffung: Am einfachsten an Geldautomaten. Das Zahlen mit Kreditkarten ist übrigens weit verbreitet, am gängigsten sind MasterCard und Visa.

Sicherheit

Opfer von Taschendiebstählen wird man am ehesten in Großstädten und Touristenzentren – wie überall in Europa. Wertsachen und Geld sollte man nicht im Auto zurücklassen und besser auch nicht in einer Handtasche mitführen. Am sichersten sind sie im Hotelsafe. Haben Sie eine Reisegepäckversicherung abgeschlossen, müssen Sie Diebstähle bei der Polizei anzeigen *(comisaría),* um eine schriftliche Schadensmeldung zu bekommen.

Souvenirs

Überall in Andalusien erhält man Töpfer- und Keramikwaren von hoher Qualität, aber auch Leder- und Korbwaren, gewebte Decken (aus vielen Gebirgsorten) sowie Gitarren.

Telefonieren

Siehe auch vordere Umschlagklappe.
Handys: Spanische Handy-Nummern (Handy = *móvil*) erkennt man an der Startziffer ›6‹, Netzvorwahlen gibt es nicht. Wer eine spanische móvil-Nummer vom eigenen Handy anwählt, muß

die Landesvorwahl 0034 mitwählen. Alle gängigen Handys funktionieren einwandfrei. Bei Anruf deutscher Netzteilnehmer ist i.d.R. ›+49‹ vorzuwählen.

Öffentliche Telefone können mit Münzen, Telefonkarten – in Kiosken und Tabakläden *(estancos)* erhältlich – und/oder Kreditkarten bedient werden.

Trinkgeld

Mit der Höhe des Trinkgeldes, das man nach Erhalt des Wechselgeldes dezent auf dem Tisch liegen lässt, drückt man seine Zufriedenheit aus – es besteht kein ›Trinkgeldzwang‹. Bei Dienstleistungen wie Taxifahren werden Beträge meist nach oben aufgerundet.

Umgangsformen

Begrüßung: Freunde und Bekannte, Freunde von Freunden und Bekannte von Bekannten begrüßen sich mit »hola, ¿qué tal?« und Küsschen links und Küsschen rechts. Ansonsten gibt man sich die Hand oder sagt einfach »hola« oder förmlicher »buenos días«.

In Kirchen und Klöstern: Männerbeine und Frauenschultern sollten in Kirchen und Klöstern bedeckt sein, damit die Kleidung der Würde des Ortes entspricht.

In Restaurants: Warten Sie geduldig, bis der Kellner Ihnen einen Tisch zuweist. Man setzt sich nie an einen bereits besetzten Tisch, auch wenn noch Plätze frei sind.

Siesta: Während der nachmittäglichen Pause zwischen 13.30 und 17 Uhr möchte niemand gestört werden, wenn es nicht unbedingt notwendig ist.

Unterkunft

An der Mittelmeerküste, in Sevilla, Granada und Córdoba sind die Hotels in der Hochsaison oft ausgebucht. Das gilt auch für die Karwoche und berühmte Feste wie die Feria de Abril von Sevilla. Ein vollständiges Verzeichnis mit Preisangaben bietet die Broschüre ›Hoteles, Apartamentos, Campings‹, die in den Oficinas de Turismo erhältlich ist.

Preise: Generell sind Unterkünfte an der Küste und im Städtedreieck Sevilla, Granada, Córdoba teurer als im Landesinnern. Die Preise variieren je nach Saison, wobei zwischen *Temporada Baja, Temporada Media* und *Temporada Alta* (Vor-, Neben-, Hochsaison) unterschieden wird. Die Tarife sind an der Rezeption und im Zimmer ausgehängt. Auf den Rechnungsbetrag entfällt eine Mehrwertsteuer (IVA) von 7 %.

Hotels: Hotels sind je nach Ausstattung mit bis zu fünf Sternen klassifiziert. Besonders exklusive Häuser führen zusätzlich das Prädikat GL für *Gran Lujo* (großer Luxus). Sternehotels, besonders in den Urlauberzentren, bucht man über Reiseveranstalter bzw. Reisebüros meist günstiger. Bessere Häuser besitzen oft ein gutes Restaurant, Klimaanlage, Swimmingpool, Bar u. ä.

Paradores: Die Paradores Nacionales sind eine Kette staatlicher Hotels, die seit 1926 aufgebaut wurde. Nur wenige der 17 andalusischen Paradores sind in historischen Bauwerken untergebracht (s. S. 57). Aber auch die übrigen Häuser empfehlen sich wegen ihres guten Preis-Leistungsverhältnisses und ihrer Lage. Zudem pflegen ihre Restaurants die andalusische Traditionsküche.

Hostales/Pensionen: Diese mit ein bis zwei Sternen klassifizierten Unterkünfte sind meist preisgünstiger als entsprechend eingestufte Hotels. Selbst in den einfachsten Häusern zählt das Doppelzimmer mit Bad zum Standard,   nur noch selten muss man mit einer Etagendusche vorlieb nehmen. Häufig handelt es sich um familiäre, typisch andalusische Häuser.

Apartments: Apartments, mit bis zu vier Schlüsseln klassifiziert, finden sich in großer Zahl an der Küste. Am Besten bucht man sie über ein Reisebüro. Adressenlisten stellen aber auch die örtlichen Oficinas de Turismo zur Verfügung.

Fincas und Cortijos: Der Anbieterverband RAAR–Red Andaluza de Alojamientos Rurales hat sich auf Ferien in traditionellen Landhäusern *(fincas)* und Gehöften *(cortijos)* spezialisiert. Information und Reservierung: s. S. 54. Finca-Ferien liegen im Trend, auch das Angebot der Reiseveranstalter ist umfassend.

Villas Turísticas: Mit dem Ziel, den Fremdenverkehr in ländlichen Regionen zu fördern, entstanden einige ›Touristische Dörfer‹, meist aus Bungalows oder kleinen Wohneinheiten bestehende Anlagen im traditionellen Architekturstil. Villas Turísticas gibt es in Fuenteheridos (S. 88), Grazalema (S. 150), bei Periana (S. 152, Priego de Córdoba (S. 173), Cazorla (S. 184) sowie Bubión und Laujar de Andarax in den Alpujarras, S. 212f.

Camping: In Andalusien besitzt rund 140 Campingplätze. In dichter Folge finden sie sich an der Küste, meist mit Bar, Restaurant und Pool, oft mit

Sportangeboten. In den Oficinas de Turismo erhält man eine Liste sämtlicher Plätze.

Jugendherbergen: Für *Albergues Juveniles*, u.a. in Aguadulce, Almería, Córdoba, Granada, Málaga, Marbella, Sevilla, Sierra Nevada, benötigt man einen Jugendherbergsausweis; es gibt keine Altersbegrenzung. Information und Reservierung: Red de Albergues Juveniles de Andalucía (Inturjoven), Tel. 902 51 00 00, Fax 955 03 58 48, www.inturjoven.com.

Verkehrsmittel

Züge: Die gößeren Städte sind an das Streckennetz der Renfe angeschlossen. Der Hochgeschwindigkeitszug AVE verbindet Sevilla mit Córdoba (Fahrzeit 45 Min.) und Madrid. Knotenpunkte der Schienenwege sind Bobadilla (im Hinterland Málagas, bei Antequera) sowie Linares (im Norden der Provinz Jaén), wo für viele Verbindungen umgestiegen werden muss. Bahnfahren ist relativ preiswert. Am schnellsten und bequemsten sind Talgo- und Intercity-Züge. Zugauskunft: Tel. 902 24 02 02, www.renfe.de.

Busse: Der Bus ist in Andalusien ein bequemes, schnelles und relativ preiswertes Fortbewegungsmittel. Das Verbindungsnetz ist ausgezeichnet. Von den Provinzhauptstädten sind auch die Orte im Umland zu erreichen. Nur kleine, entlegenere Dörfer werden nicht täglich angefahren.

In Städten existiert meistens ein zentraler Busbahnhof, die *Estación de Autobuses,* wo die Betreibergesellschaften verschiedener Linien eigene Schalter unterhalten. Fahrplanauskünfte erteilen auch die Oficinas de Turismo.

Stadtbusse: Einzelfahrscheine löst man im Bus, die günstigeren *bonobus*-Mehrfachtickets gibt es in Tabakläden.

Mietwagen: Ab ca. 150 € pro Woche kann man einen Pkw leihen, sei es durch Vorabbuchung im Reisebüro oder direkt vor Ort. Das Angebot ist groß, auch an lokalen Vermietern. In der Nebensaison lassen Anbieter mit sich handeln. Internationale Agenturen sind in Flughäfen, größeren Städten und Touristenzentren an der Küste vertreten, wobei der Preisvergleich mit lokalen Anbietern lohnen kann. Eine Vollkasko-Versicherung ist meist bereits im Preis inbegriffen. Bezahlt wird mit Kreditkarte.

Taxifahren: Freie Taxis (grüne Pilotlampe auf dem Dach) halten auf Handzeichen. Der zu zahlende Betrag wird vom Taxameter angezeigt. Hinzu kommen feste Zuschläge für Fahrten vom/zum Flughafen und Bahnhof, für den Transport von Gepäck und Hunden sowie für Nacht- und Sonntagsfahrten. Die gültigen Tarife sind im Taxi angeschlagen.

Zeit

In Spanien gilt die Mitteleuropäische Zeit (MEZ) – und auch die bei uns übliche Sommerzeit.

Zeitungen

Die Tageszeitung ›El País‹ erscheint in Andalusien mit einem Regionalteil, der einmal pro Woche einen Kulturkalender enthält. Deutschsprachige Zeitungen und Zeitschriften sind in größeren Städten und Touristenzentren zu bekommen.

SPRACHFÜHRER

Aussprache

c	vor a, o, u wie ›k‹
c	vor e und i wie das englische ›th‹
ch	wie ›tsch‹
g	vor e und i wie ›ch‹
h	bleibt stumm
j	wie ›ch‹
ll	wie deutsches ›j‹
ñ	wie ›nj‹ in Kampagne

Begrüßung/Allgemeines

Guten Tag!	¡Buenos días!
Hallo!	¡Hola!
Guten Abend!	¡Buenas tardes!
Gute Nacht	¡Buenas noches!
Auf Wiedersehen	¡Hasta luego!
Entschuldigung!	¡Perdón!
Wie heißen Sie?	¿Cómo se llama Usted?
Wie heißt Du?	¿Cómo te llamas?
Ja/nein	sí/no
Ich möchte	quisiera
Wo ist?	¿dónde está?
Wann?	¿cuándo?
Wieviel?	¿cuánto?

Geld, Bezahlen

Euro	euro
Cents	céntimos
Bank	banco
Bankautomat	cajero automático
Kreditkarte	tarjeta de crédito
Trinkgeld	propina
zahlen	pagar

Unterwegs

weit/nah	lejos/cerca
geradeaus	recto
rechts	a la derecha
links	a la izquierda
dort	allí
gegenüber	enfrente
Haltestelle	parada
Bus	bus
Taxi	Taxi
Bahnhof	estación de trenes
Busbahnhof	estación de autobuses
Fahrschein	billete
Hin- und Rück-fahrt	ida y vuelta
10er-Ticket	bonobus
Fahrplan	horario
Wie weit ist es?	¿Á qué distancia está?

Unterkunft und Essen

Apartment	apartamento
Einzel-/Doppel-zimmer	habitación individual/doble
mit Dusche/Bad	con ducha/baño
Haben Sie ein Zimmer frei?	¿Tiene una habitación libre?
Wieviel kostet es pro Nacht?	¿Cuánto vale por una noche?
Frühstück	desayuno
Mittagessen	almuerzo
Abendessen	cena
Nachtisch	postre
Speisekarte	carta
Tagesmenü	menú del día
Tisch	mesa
reservieren	reservar
Messer	cuchillo
Gabel	tenedor
Löffel	cuchara
Teller	plato

Glas	vaso
zu Abend essen	cenar
Ein gezapftes	Una caña de cerve-
Bier, bitte.	za, por favor.
Die Rechnung!	La cuenta, por favor.

Speisekartenalphabet

Fleisch und	**carnes y**
Geflügel	**aves**
asado	Braten
buey	Ochse
choto	Zicklein
chuletas	Koteletts
cochinillo	Spanferkel
codornices	Wachteln
conejo	Kaninchen
cordero	Lamm
filete	Filet
hígado	Leber
jabalí	Wildschwein
lomo	Lende
pato	Ente
pérdiz	Rebhuhn
pollo	Huhn
rabo de toro	Stierschwanz
ternera	Rind
Gemüse	**verduras**
alcachofas	Artischocken
ajo	Knoblauch
alubias	Bohnen
berenjenas	Auberginen
cebolla	Zwiebeln
espárragos	Spargel
garbanzos	Kichererbsen
judías	grüne Bohnen
pimientos	Paprika
setas	Pilze
tomates	Tomaten
Fisch und	**pescado y**
Meeresfrüchte	**marisco**
atún	Thunfisch
besugo	Seebrasse

dorada	Dorade
langostinos	Langusten
lenguado	Seezunge
merluza	Seehecht
mero	Heilbutt
pez espada	Schwertfisch
rape	Seeteufel
rodaballo	Steinbutt
salmón	Lachs
trucha	Forelle
Tapas	**Häppchen**
aceitunas	Oliven
ahumados	geräucherter
	Fisch
albóndigas	Hackbällchen
almejas	kleine Muscheln
anchoas	Anchovis
bacalao	Stockfisch
bocadillo	Brötchen
boquerones	Sardinen,
en vinagre	in Weinessig
calamares	gebackene
	Tintenfischringe
callos	Kutteln
caracoles	Schnecken
champiñones	Champignons
chipirones	Tintenfischchen
chorizo	Paprikawurst
croquetas	Kroketten
gambas	Garnelen
jamón serrano	Gebirgsschinken
jamón ibérico	iberischer
	Schinken
mejillones	Muscheln
queso	Käse
ostras	Austern
patatas bravas	scharf gebrate-
	ne Kartoffeln
pincho moruno	Fleischspieß
pulpo	Krake
sepia	Tintenfisch
tortilla	Kartoffeltorte

235

Gesundheit/Notfall

Wo ist ein Arzt?	Dónde está un médico
Zahnarzt?	dentista?
Ich habe Fieber	Tengo fiebre
eine Erkältung	un resfriado
Entzündung	una inflamación
Durchfall	diarrea
Atemnot	falta de aire
Kopfschmerzen	dolor de cabeza
Wo ist eine Apotheke?	¿Dónde está una farmacia?
Ich brauche Erste Hilfe	Necesito primeros auxilios.
Rufen Sie einen Krankenwagen	¡Por favor, llame a una ambulancia!
Wo ist ein Kommissariat?	¿Dónde hay una comisaría?
Bitte rufen Sie die Polizei!	¡Por favor, avise a la policía!

Zeitbegriffe

heute	hoy
morgen	mañana
gestern	ayer
vorgestern	anteayer
letzte/nächste Woche	la semana pasada/que viene
Montag	lunes
Dienstag	martes
Mittwoch	miércoles
Donnerstag	jueves
Freitag	viernes
Samstag	sábado
Sonntag	domingo

Zahlen

0	cero
1	uno, una
2	dos
3	tres
4	cuatro
5	cinco
6	seis
7	siete
8	ocho
9	nueve
10	diez
11	once
12	doce
13	trece
14	catorce
15	quince
16	dieciséis
17	diecisiete
18	dieciocho
19	diecinueve
20	veinte
21	veintiuno
22	veintidos
30	treinta
31	treinta y uno
32	treinta y dos
40	cuarenta
50	cincuenta
60	sesenta
70	setenta
80	ochenta
90	noventa
100	cien
200	doscientos
1000	mil

REGISTER

Register

ANDALUSIEN-ATLAS

LEGENDE

1 : 800.000

0   20 km

E 1 A49	Autobahn	Flughafen	
N IV	Schnellstraße (vierspurig)	Flugplatz	
392	Fernstraße	Burg, Kastell; Ruine	
432	Hauptstraße	Kloster; Kirche, Kapelle	
	Nebenstraße	Sehenswürdigkeit	
	Straße in Bau/Planung	Archäologische Stätte	
	Straße ungeteert	Sendeturm	
	Fahrweg	Höhle	
	Fußweg	Leuchtturm	
	Fähre, Schifffahrtslinie	Berggipfel	
	Provinzgrenze	Pass	
	Nationalparkgrenze	Badestrand	

ANDALUSIEN

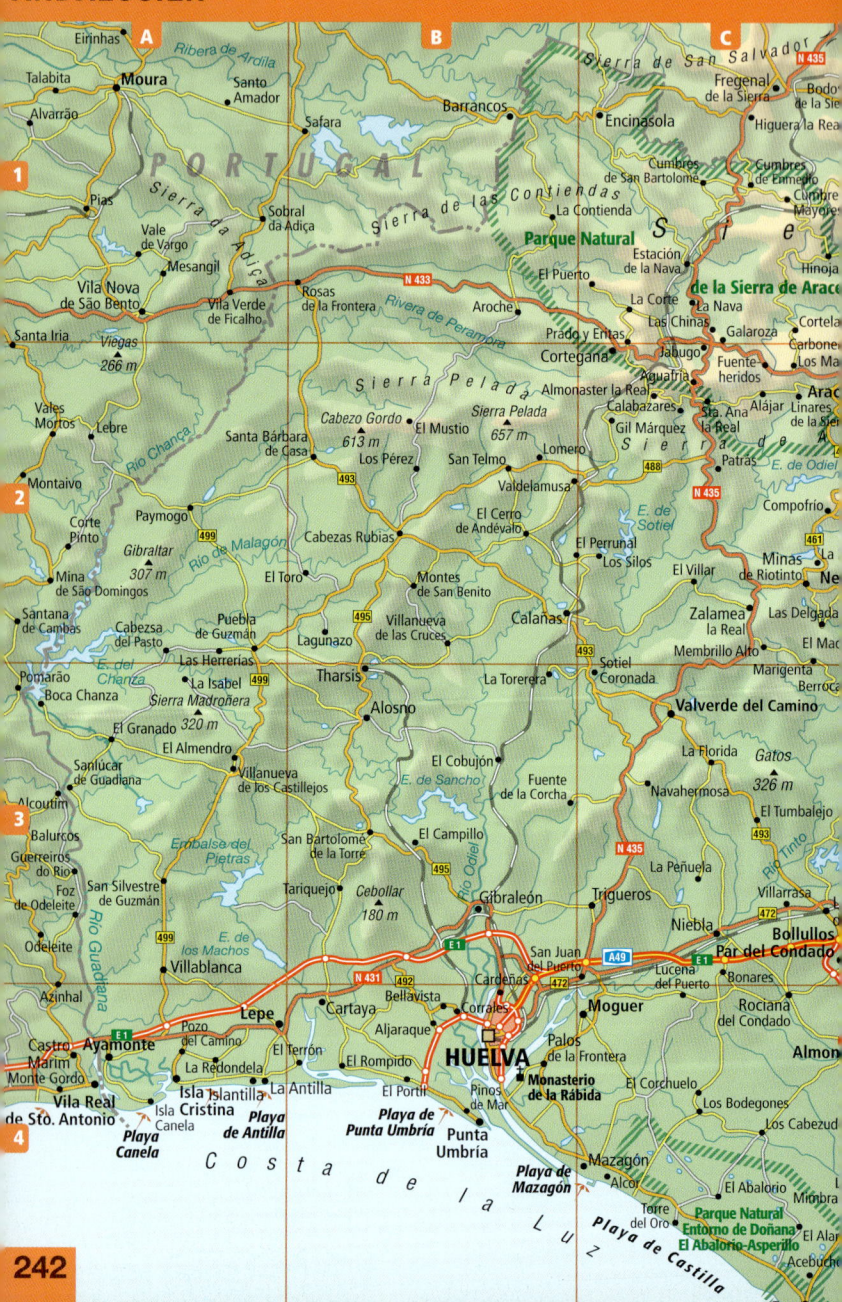

242

D   **E**   **F**

La Granja

N 630

La Cardenchos

Ribera
de Los Molinos

Llerena
Casas
de Reina

Valverde
de Llerena

Argal

Montemolin

Trasierra

Reina

S

eguera
e León

entes
León

Cabeza
la Vaca

Calera
de León

Aldea
de Pallarès

Puebla
del Maestre

Fuente
del Arco

Guadalcanal

La Nava

447

M   o   r   e   n   a

Monesterio

Puerto Cañada
642 m

432

Alanís

1

Tentudia
1110 m

Morena
912 m

San Niclàs
del Puerto

r   a

Arroyomolinos
de León

Venta
de Culebrín

Hoya
de Sta. María

Estación
de Alanís

Cerro
del Hierro

Navalvil

averal
León

*E. de
Aracena*

*Jabata
761 m*

Cala

Minas
de Cala

Puerto de
las Marismas

*Embalse de
Pintado*

Parque Natural

900 m

y Picos de Aroche

Santa Olalla
del Cala

El Real
de la Jara

*Puerto Padrona
738 m*

Cazalla
de la Sierra

432

Estación
de Cazalla
y Constantina

Puerto Gil

Puerto Moral

Valdezufre

Faustino

La Ganchoza

de la Sierra Norte

Constantina

*Embalse de
Zufre*

461

Almadén
de la Plata

de Sevilla

La Quint

iguera
a Sierra

Zufre

N 630

El Berrocal

El Membrillo

El Pedroso

El Travieso

*E. de
Huesna*

455

*Embalse
Juan Tora*

2

461

*Costalinero
506 m*

La Granada
de Riotinto

N 433

Valdeflores

La
Alcornocosa

El Ronquillo

La Parrilla

Sardinero

Setefilla

476

Minas
del Casillo

La Aulaga

El Castillo
de las Guardas

E. de Cala

Castilblanco
de los Arroyos

432

La Cantera

Villanueva
del Río y Minas

Lora
del Río

457

S. 244

Antón

Villagordo

El Álamo

El Alisar

Las Nieves

El Garrobo

*Embalse de
Gergal*

Cántillana

431

Tocina

Alcolea
del Río

457

La Trinidad

*Fuente
448 m*

E. de Agrio

Las Pajanosas

El Campillo

N 630

Hato Verde

Burguillos

Viar

Villaverde
del Río

La Estación

Los Rosales

Guadajoz

El Tor

Gerena

Brenes

Aznalcóllar

477

Conti

Torre
de la Reina

Guillena

Alcalá
del Río

El Rosal Alto

Los Jinetes

Santa
Clara

3

Tujena

Los Encinares
de Sanlúcar la Mayor

La Rinconada

San José
de la Rinconada

La Jarilla

El Caudal

Ar

lse de
bel Bajo

Tejada

Albaida
del Aljarafe

Ruinas
de Itálica

Santiponce

Valencina

La Algaba

Pino

El Viso
del Rocío

Necrópolis
Romana

Carmona

380

Las Cua

Escacena
del Campo

dado

Castilleja
del Campo

Olivares

Salteras

de la Concepción

Castilleja
de la Cuesta

Montano

Pino de San José

SEVILLA

La Cierva

Santo Domingo

392

El Palomar

A49

E1

Huévar

Umbrete

Bormujos

Mairena
del Aljarafe

Gelves

Torreblanca
de los Caños

El Viso del Alcor

Mairena del Alcor

Ma

Torrecuadros

Benacazón

Palomares del Río

Bellavista

Alcalá
de Guadaira

Gandul

Pilas

Almensilla

La Alegría

A92

Hinojos

Aznalcázar

Coria del Río

Tobalina

Dos Hermanas

360

Castillo del Cincho

P

Villamanrique
de la Condesa

Colinas

La Puebla
del Río

N IV

376

Estación
de Don Rodrigo

El Arahal

La
Gironda

360

Castill
árab

Parque Natural
Entorno de Doñana
Pinares de Hinojos
Preparque Norte

La Compañía

Adriano

362

Utrera

364

Los
Molares

Arroyo de la Al

4

El Rocío

Alfonso XII

Villafranca
del Guadalquivir

Isla

Los Palacios
y Villafranca

San Vicente Ferrer

Maribáñez

364

*El Casar
171 m*

Pantano
de la Torre
del Águila

376

El Coro

Parque Natural

S. 248

Preparque Este

Isla Mayor

Pinzón
Menor

Nuevo
Rocío

El Trobal

E5

A4

Vetaherrato

El Palmar
de Troya

*Embalse
Torre del
Águila*

3

La Señuela

San Leandro

Sacramento

243

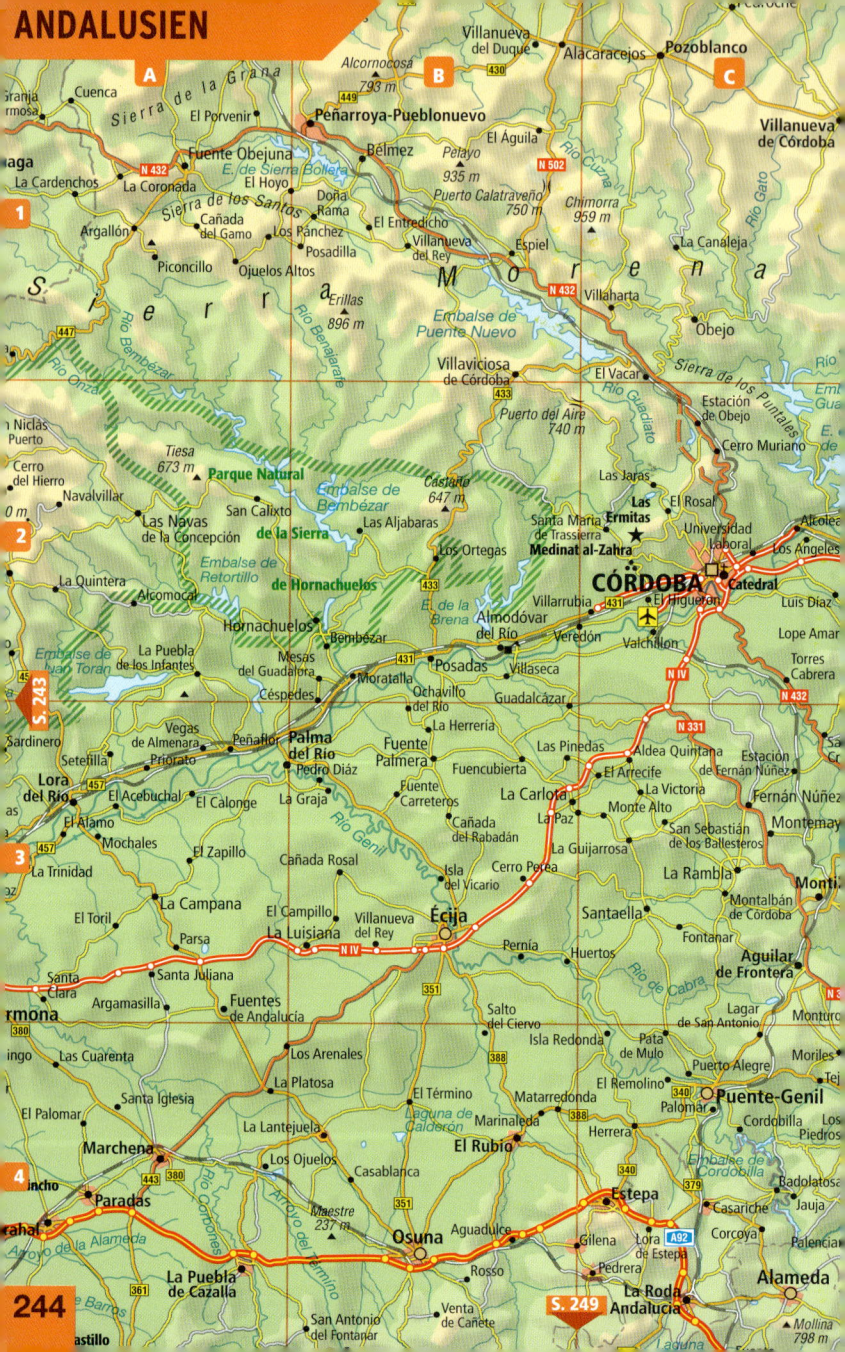

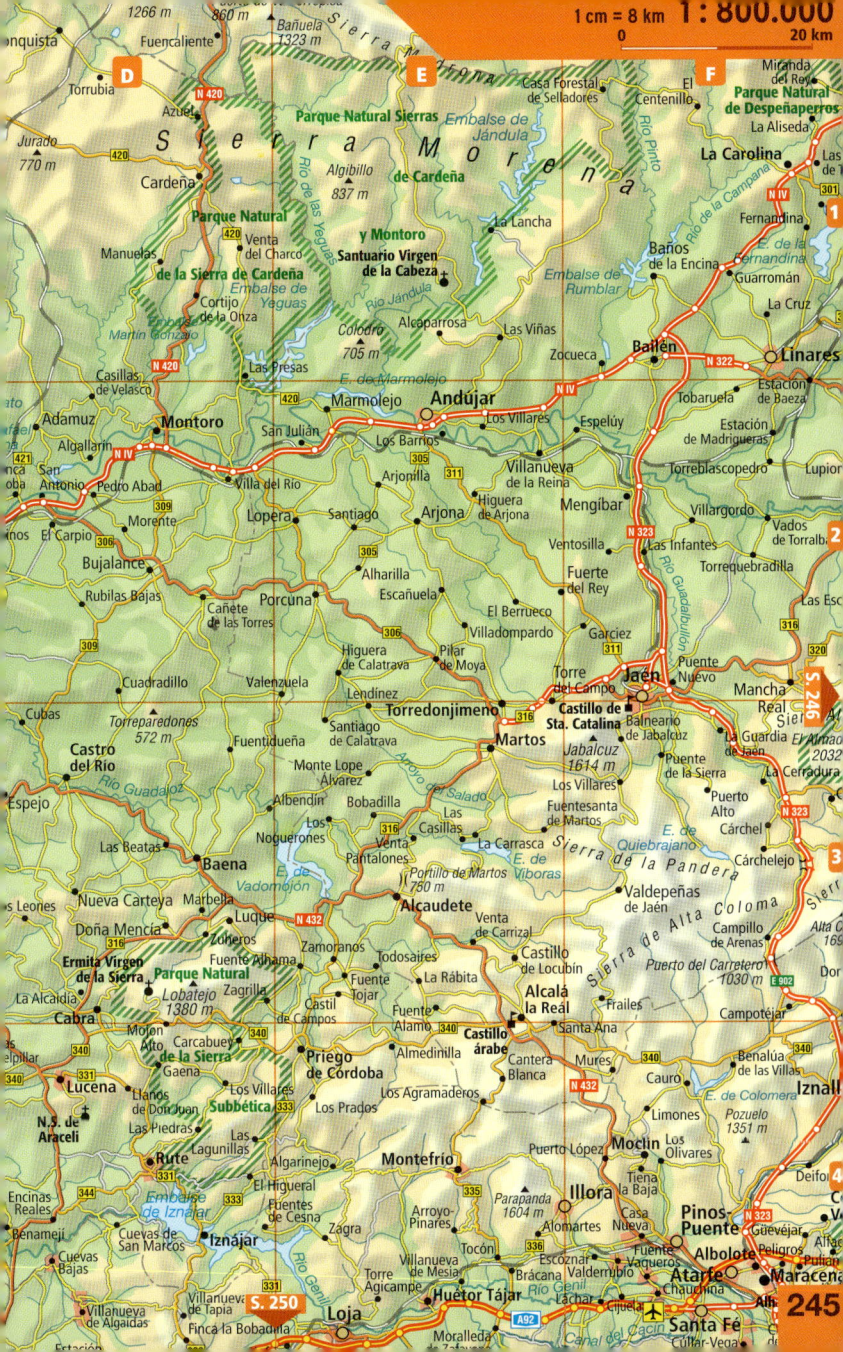

ANDALUSIEN

246

A **B** **C**

El Cabezudo
La Puebla del Rio
Los Minbrales
El Abalorio
El Rocio
Villafranca del Guadalquivir
Alfonso XIII
Los Palacios y Villafranca
S. 243
Utrera
Los Molares
San Vicente Ferrer
Maribáñez
El Casar 171 m
Pantano de la Torre del Aguil
Parque Natural Entorno de Doñana Pinares de Hinojos Preparque Norte
Isla Mayor
Pinzón Menor
El Trobal
Vetaherrado
El Palmar de Troya
Sacramento
rque Natural rno de Doñana alorio-Asperillo
El Alamillo
Acebuche
Parque Natural
Nuevo Rocío
La Señuela
San Leandro
Las Cabezas de San Juan
El Cuerno 181 m
La Encini

1

Torre de la Higuera
Matalascañas
Preparque Este
Marismilla
Marismilla

S. 242

Parque Nacional de Doñana
de Doñana

Lebrija
N IV
371

Playa de Castilla

Parque Natural Entorno de Doñana Pinares de Bonanza Marismas de la Algaida
Trebujena
Casablanca
Gibalbín 412 m
Gibalbín
Castillo
Espera
371
Bornos
382
Ermita de la Fuensanta
El Santiscal
371

2

C o s t a

Sanlúcar de Barrameda
La Jara
471
Mesas de Asta
Nueva Jarilla
Arcos de la Frontera
393
Embalse de Guadalca
Alc

Chipiona
Playa de Regla
Los Asientos
480
Jédula
Cortijo Faín
372

Costa Ballena
Peña del Águila
Jerez de la Frontera
Estella del Marqués
382
La Barca de la Florida
San José del Valle

Playa de la Ballena
491
La Almadraba
Fuente-bravia
San Marcos
N IV
El Portal
Los Alvarizones
La Ina
El Torno
Torrecera

d e

Rota
El Manantial
El Aricla
La Cartuja
A4
381
393
Pajarete

Playa de Costilla
El Puerto de Sta. Maria
Valdelagrana
E 5
Paterna de Rivera

3

l a

CÁDIZ
N IV
Puerto Real
El Pedroso
Castillo árabe de Luna
Embalse de Barbat

Playa de la Victoria
Matagorda
N 443
Barriada de Jarana
Medina Sidonia
381
Alcalá de los Gazules

Playa de la Ballena
Torre Gorda
Santa Teresa
390
San José de Malcocinado
Palacio Jaut

L u z
San Fernando
Parque Natural de la Bahía Cádiz
Chiclana de la Frontera
Pago del Humo
Naveros
Cueva de las Fig

Sancti Petri
Novo Sancti Petri
Los Gallos
Campaño
N 340
Casas Viejas
Embalse de Celemín

Playa de la Barrosa
Roche
El Colorado
Cantarranas

Playa del Puerco
Puerto de Conil
Fuente del Gallo
La Muela
Vejer de la Frontera

Conil de la Frontera
Playa de Bateles
El Palmar
E 5
Sierra de Retin
Río Almodov

4

Zahora
Los Caños de Meca
Barbate
Tahivilla

Golfo de Cádiz
Parque Natural del Acantilado y Pinar de Barbate
Zahara de los Atunes
La Zarzuela
Facina

Ensenada de Zahara
Ruinas Romanos de Baelo
Santuario N Señora de

Atlanterra
Bolonia

Punta Camarinal
Ensenada de Bolonia
N 340

Punta Palomas
Lances de Tarifa
Punta Marr o de T

E s t r e c h o

1 cm = 8 km   1 : 800.000
0   20 km

A B C

Nueva
Puent
Escóznar Fuente Albo
Brácana Valderrubio Atarfe
Villanueva Villanueva Agicampe Huétar Tájar Río Genil Láchar Chauchina
de Algaidas de Tapia Cijuela Santa F
Mollina Finca la Bobadilla Loja S. 245 A92 Cúllar-Veg
798 m Estación Riofrío Moralleda Gabia la Grand
Mollina de Archidona de Zafayona Chimeneas
N 331 Cartaojal Archidona Buenavista El Turro Castillo Malá Alhe
A92 Sierra de Loja de Tajaria Puerto del Sus
343 Ermita de Santa Cruz Cacín Ventas del A
San Isidro N 359 Villanueva Puerto de Los Alázores de Alhama de Huelma 86
del Trabuco 1040 m del Comercio Escúzar Venta
Antequera Milanos Alhama Agrón de Fra
N 331 Villanueva de Granada Castillo Herre
Cámaro Alto del Rosario Alfarnate árabe Embalse de los 1504
1369 m Cruz Zafarraya Arenas Bermejales Jayena Albu
Parque Natural 1443 m Villa Turística del Rey
Torcal de Puerto Mondrón de la Axarquía Fornes Venta
Antequera de las Pedrizas Periana Játar de Fra
Villanueva de Riogordo 335 Jayena
la Concepción 356 Maroma Sierra de Almijara Río Cebollo
Casabermeja Río Guaro 2065 m
Colménar Canillas Herre
Parque Natural de Aceituno Sedella Canillas Navachica Otivar
de los Montes Los Romanes Viñuela de Albaida 1832 m Jet
de Málaga Comares Bernamárgosa Archez Cómpeta
Almogía N 331 Puerto Benamargosa Arenas Sayalonga Frigiliana Cueva de
Embalse del León El Borge 335 Nerja
Casasola 960 m Vélez- Torrox S. 902
Guadalmedina Olías Moclinejo Benaque Málaga Algarrobo Nerja
Estación Santa Ines Almendrales carra La Caleta Maro Herradura
Cártama Pilar Macháraviaya Cajiz de Vélez N 340 La
del Prado N 340a Torrox-Costa Almuñé
Cártama El Palo Rincón de Torre Lagos Playa de Punta de la Mona
la Victoria de Mar Burriana
Alhaurín MÁLAGA Benajarafe Playa de Playa del
de la Torre Aeropuerto de Pablo Ruiz Picasso Ferrara Playazo
366 Churriana San Julián
Mijas Arroyo Playa de El Bajondillo Ensenada de
150 m de la Miel Torremolinos Málaga
ijas Benalmádena Montemar Playa de la Carihuela
N 340 Benalmádena-Costa Costa del Sol
Carvajal
Fuengirola Mar Mediterráneo
Castillo de Fuengirola
Faro y Torre de Calaburras Mittelmeer
Cala
de Mijas

S. 245 A92

Fiñana
Abrucena Ab
Almirez
Sierra Nevada
aujar d a
Andarax 348
ondón
Mortón s. oben
2242 m erra de
ja
audique po de Dal
as El Ejido
1000 a
Matagorda
as Viejas
Punta Entinas